MORITZ von USLAR
99 FRAGEN AN

MEHR BRAUCHT KEIN MENSCH

Kiepenheuer & Witsch

Die in diesem Buch versammelten Texte
erschienen zuerst im ZEITmagazin.

MIX
Papier aus verantwor-
tungsvollen Quellen
FSC® C083411

Verlag Kiepenheuer & Witsch, FSC®-N001512

1. Auflage 2014

Umschlaggestaltung: Walter Schönauer, Berlin
Illustrationen und Layout: Walter Schönauer, Berlin
Gesetzt aus der Miller
Satz: Felder KölnBerlin
Druck und Bindearbeiten: CPI books GmbH, Leck
ISBN 978-3-462-04647-2

Für Coco und Carl

Als Moritz von Uslar 2010 vom *SZ-Magazin* zum *ZEITmagazin* wechselte und wir uns zum Mittagessen trafen, stand die Frage natürlich sofort im Raum: Würde er, der Autor der legendären »100 Fragen«, die Interviewreihe bei uns im Magazin weiterführen? Geht so etwas überhaupt? Eigentlich nicht, sagten wir uns. Eigentlich. Andererseits: Wäre es nicht ein Jammer, für ihn – und für uns, seine Leserinnen und Leser?

Es ist nicht vielen Journalisten vergönnt, ein eigenes, unverwechselbares Format erfunden zu haben, das jeder sofort mit ihnen verbindet. Moritz von Uslar – das ist der Interviewer, der die Fragen stellt, die sich sonst keiner zu stellen traut, direkt, gleichermaßen unverschämt wie erhellend, auf Augenhöhe selbst mit internationalen Stars. Der keine Angst vor Oberflächlichkeit hat, weil er weiß, dass eben dort, auf der Oberfläche, Wahrheiten liegen. Der uns mit seinem inneren Monolog nicht nur an der Begegnung mit dem Prominenten teilhaben lässt, als wären wir

selbst dabei, sondern auch von seiner eigenen Haltung zur Welt erzählt. Der aus dem journalistischen Handwerk des Fragenstellens längst eine eigene Kunstform entwickelt hat, die einen bei der Lektüre dazu bringt, unvermittelt loszulachen: Jeder Uslar-Leser hat das schon einmal erlebt, zu Hause, in der U-Bahn, im Zug, am Flughafen.

Aus den »100 Fragen« wurden also »99 Fragen«. Denn: »Mehr braucht kein Mensch«, wie es der Autor selbst formuliert hat. Seitdem erscheinen sie im *ZEITmagazin*, in diesem Buch sind sie versammelt.

Erfunden hat Moritz von Uslar das Format gemeinsam mit Christian Kämmerling, in den Neunzigerjahren Chefredakteur des *SZ-Magazins*. »Die Stars geben Journalisten immer weniger Zeit, um relevante Fragen zu stellen. Eine traurige Realität«, hat Kämmerling über die Entstehung einmal geschrieben. »Unsere Reaktion: Dann stellen wir den Stars doch möglichst viele irrelevante Fragen. Zum Beispiel 100 Fragen in 15 Minuten. Könnte lustig sein. Moritz von Uslar war der perfekte Mann für diese Aktion.«

Er ist es bis heute, und er hat das Format weiterentwickelt: Er befragt nicht mehr ausschließlich die Diane Krugers und Mark Wahlbergs dieser Welt, sondern auch die David Hockneys und Hans-Magnus Enzensbergers (»Lebensprinzip Seitenscheitel?«, »Sind Sie, wie viele Intellektuelle, Fan der Wirtschaftskrise?«, »Vermissen Sie die goldenen Zeiten, als es für einen *Spiegel*-Essay 20 000 Mark gab?«). Ganz gleich, ob Uslar einer Fernsehmoderatorin oder Deutschlands bekanntestem Intellektuellen gegenübersitzt – bei seinen Interviews knallt und funkelt es, es brennen wahre Geistes-Feuerwerke ab. Hochkultur und Hollywood, Kunst und Unterhaltung.

Das heißt natürlich nicht, dass mit der Hochkultur alles unkompliziert wäre. Regisseur Frank Castorf, der Mick Jagger des deutschen Theaters, sagte mit klassischer Rockstar-Attitüde einen lange vereinbarten Interviewtermin im Vorfeld der Bayreuther Festspiele kurzfristig ab. Da hatten

wir nicht nur bereits die Fotos vorliegen, mit denen wir das Interview illustrieren wollten; Uslar, der für die profunde Vorbereitung seiner Interviews bekannt ist, hatte auch seine 99 Fragen längst formuliert. Und so erschienen sie ohne Castorfs Antworten, begleitet nur vom kursiv gedruckten, inneren Monolog des Interviewers. Dabei entstand ein ungewöhnliches Porträt eines ungewöhnlichen Künstlers. Als Uslar zwei Tage nach Erscheinen der *ZEITmagazin*-Ausgabe Castorf in Berlin zufällig über den Weg lief, meinte der Regisseur, er habe sich bei der Lektüre herrlich amüsiert.

Moritz von Uslar lässt jetzt, auch das ist eine Neuerung, seine Interviewpartner auch mal ausreden. Wahre Legenden wie Harry Belafonte (»Wie war es als erster Mensch auf dem Mond?«, »Mit 85 Jahren – sind Sie verwundert, dass es Sie immer noch gibt?«) und Werner Herzog (»Ist das für Sie wichtig, sich morgens extra nicht die Haare zu kämmen?«, »Selbst überrascht darüber, wie berühmt Sie mittlerweile in den USA sind?«) dürfen in fast schon epischer

Breite ihr ganzes Leben erzählen. Der Interviewer hat damit aus einer neuen Realität wieder einmal das Beste gemacht. Denn wenn es schon in den Neunzigerjahren kompliziert war, internationale Stars länger als eine Viertelstunde zu interviewen, um etwas über sie zu erfahren, was man noch nicht weiß, ist es heute oft gar nicht mehr möglich.

Früher waren Superstars auf Interviews angewiesen, um sich ihrem Publikum zu präsentieren. Heute nutzen sie Facebook, Twitter und andere soziale Medien, um sich mitzuteilen. Madonna ist jetzt auf Instagram. David Bowie gab bei seinem Comeback kein einziges Interview – er hatte iTunes und YouTube als PR-Kanal. Und selbst die Kanzlerin, die das Internet als »Neuland« bezeichnete, hat ihr eigenes Videoblog, um sich regelmäßig direkt an die Öffentlichkeit zu wenden.

Moritz von Uslar hat aber auch auf ganz andere Weise auf diese Veränderung reagiert: Er stellt seine »99 Fragen« jetzt regelmäßig live auf der Bühne. Durch die Digitalisierung und Individualisierung unseres Alltags ist die Sehnsucht nach gemeinsamem Erleben gestiegen: Nie gab es mehr Popmusikkonzerte als heute. Und auch Moritz von Uslars Publikum kann nun live erleben, was passiert, wenn er etwa Daniel Kehlmann oder Peer Steinbrück (»Verstehen Sie, wenn die Leute ein bisschen Angst vor Ihnen haben?«) interviewt. Mit diesen Gesprächen ist er dann nicht mehr ausschließlich im *ZEITmagazin*, sondern auch auf YouTube zu erleben. Warum sollte es der Star-Interviewer anders machen als die Stars, die er interviewt? Und ganz nebenbei hat Uslar so mit einem Mythos aufgeräumt, den so mancher Kollege früher gern verbreitet hat: dass seine Fragen in Wirklichkeit gar nicht so frech gestellt würden und erst im Nachhinein, beim Aufschreiben des Gesprächs, verschärft würden. Nein, Moritz von Uslars Sound ist auch live unverwechselbar Moritz von Uslar: klug, lustig, furchtlos – und sehr gut gelaunt.

Christoph Amend,
ZEITmagazin-Chefredakteur,
im Frühjahr 2014

11

Er hat – natürlich – erst einmal keine Lust. Am Telefon lässt er auf die Interviewanfrage den typischen Enzensberger-Singsang hören, rhetorische Abwehrvolten, Ausweich- und Ablenkungsmanöver, die in ihrem Charme, ihrer Absurdität und freundlichen Verspieltheit praktisch unerwiderbar sind (»Warum reden Sie nicht mit Ihrer Reinigungsfrau? Ihre Reinigungsfrau ist schlau, die weiß alles«). Dann sagt er: »Kommen Sie halt. Wenn's langweilig wird, dann hören wir auf.« Das ist doch eine schöne Verabredung. Wenn es einen gibt, mit dem man noch einmal alles, wirklich alles besprechen möchte – die Politik, die Krisen, den großen Bla im öffentlichen Raum –, dann ist es er: Enzensberger, Lyriker und Essayist, der Frische, Helle, Lichte. Wie kein Zweiter in der Geschichte der Bundesrepublik steht er für das Denken mit dem gesunden Menschenverstand. Im November letzten Jahres ist der große Helle achtzig geworden und hat zu der Ge-legenheit noch einmal entschlossen nichts gesagt.

Seine Arbeitswohnung liegt in München-Schwabing, Fußnähe zum Englischen Garten, in einem spektakulär unschönen Haus (Postmoderne, Siebzigerjahre). Er steht gleich derart angenehm zögerlich, fast verloren in seiner Wohnung herum, als wäre es nicht sein Zuhause. Klassizistische Möbel. Bücherwände. Bücherstapel. Seine lange, elegante Erscheinung. Er breitet die Arme aus. Schließt sie wieder. Bittet an den Tisch. Er ist ja auch Interview-König. Die gesammelten Enzensberger-Gespräche sind als Suhrkamp-Taschenbuch (»Zu große Fragen«) erschienen. Also besser: nicht so große Fragen. Wir machen den schönen Trick, ihm so unendlich große und breite Fragen zu stellen, dass er darauf alles antworten kann. Plauderstunde mit Hans Magnus Enzensberger. Nebenan in der Küche strömt das Leitungswasser aus dem Hahn, es soll an diesem Sommertag auf Trinktemperatur abkühlen. Strömendes Leitungswasser: brutal irritierend. Aschenbecher, Zigaretten, Wegwerffeuerzeug. Noch brennt keine Zigarette. Sein kreisrunder Kopf, die sprichwörtlich hellwachen Augen. Er freut sich jetzt schon. Über was, um Himmels willen, freut er sich? Grinsender Enzensberger: Wenn er grinst, kräuselt sich sein schlauer Mund. Zum Warmwerden ein paar Entweder-oder-Fragen. Entweder-oder: immer gut.

1 Bier oder Wein?
Bier macht mich müde.
2 Bach oder Beethoven?
Gerne eine Partita.
3 Blackberry oder iPhone?
Kein Handtelefon.
4 Das Wasser lieber mit oder ohne?
Nur aus dem Hahn. Das Münchner Leitungswasser ist ja ausgezeichnet. Flaschen schleppen, das gibt's bei mir überhaupt nicht.
5 Lieber den salzigen oder den süßen Snack?
Das Wort Snack ist mir fremd. Aber wenn Sie eine Mousse haben, gerne.

Eine Mousse! Unverändert grinsendes Gesicht. Der Enzensberger-Singsang: Er singt Bayerisch mit fränkischen Untertönen (in Kaufbeuren geboren, in Nürnberg aufgewachsen). Das Wasser in der Küche strömt unaufhaltsam: ström, ström. Noch einmal: Der Enzensberger-Kopf ist die totale Freude. Das Kreisrunde (Kopf) passt gut zum Langen (Körper). Unter der Tischplatte faltet er die Beine zu sagenhaften Schlangenlinien. Es ist, als hielte sich seine Denkfreude nicht nur in seinem Kopf, sondern in seinem ganzen Körper auf.

6 Können Sie ausschließen, dass wir uns gerade auf einer Dachterrasse befinden?
Es gibt hier einen Balkon. Da können Sie draußen in der Sonne sitzen, wenn Sie wollen. Ich bin lieber im Schatten.
7 Können Sie jetzt sagen, wo sich der Kellerschlüssel befindet?
An einem Schlüsselbund. Vermutlich. Ich könnte das, wenn Sie darauf bestehen, natürlich nachprüfen.
8 Wo liegt noch mal Kaufbeuren?
Im Voralpenland, im bayerischen All-

gäu. In einer Moränenlandschaft, an der Wertach.

9 Wo liegt noch mal New York?

Das wissen Sie nicht? Oder wollen Sie mich verblüffen mit der Mitteilung, dass New York etwa auf dem Breitengrad von Neapel liegt?

10 Wie lang brauchen Sie von Ihrer Münchner Wohnung nach Italien?

Zu Fuß ist es mir zu weit. Jedenfalls ist mein Italien nicht die Toskana.

Er steht auf, kehrt aus der Küche mit zwei blauen Gläsern zurück, mit Leitungswasser gefüllt. Der Wasserstrom ist gestoppt. Er nimmt eine Zigarette mit beiden Händen, rollt sie zwischen den Fingern hin und her, guckt. Er hat das Prinzip dieses Gesprächs natürlich sofort begriffen: Gesprächsvermeidung à la Enzensberger. Es muss nichts mehr gesagt werden. Denn: Es ist ja schon alles gesagt. In den ausgesparten, nicht den ausgesprochenen Gedanken hält sich der Geist auf. Beim Nichtssagen kommt es darauf an, immer den Hauch einer Möglichkeit zu lassen, dass gleich doch etwas Bedeutendes gesagt werden könnte – so ent-

steht Spannung. Wir müssen nun gemeinsam durch eine etwas langweilige Landschaft hindurch: die Politik.

11 Wann ist noch mal die nächste Bundestagswahl?

Wenn die Koalition auseinanderknallt, gibt es vermutlich vorgezogene Neuwahlen.

12 Warum muss man Merkel einfach gernhaben?

Ihr Charme ist hartnäckig. Die Medien bilden sich ein, sie könnten die Kanzlerin wegschreiben. Aber das ist eine schwer besiegbare Person. Die Pfarrerstochter aus dem Osten? In der hat sich schon Helmut Kohl getäuscht.

13 Ihr Kurzkommentar zum zukünftigen Kanzler Sigmar Gabriel?

Den kenne ich gar nicht.

Übers ganze Gesicht strahlender Enzensberger! Klar, das macht Freude, den SPD-Vorsitzenden für einen Moment lang nicht zu kennen.

14 Was lesen Sie im Gesicht des Bundespräsidenten?

Gekonnte Unauffälligkeit.

15 Was sagt es über unseren Bundespräsidenten, dass sein Lieblingsbuch »Der kleine Prinz« ist?
Ach. So etwas kann doch jedem mal passieren.

16 Über welches Talent verfügt Ihr Gemüsehändler, über das Guido Westerwelle nicht verfügt?
Natürlich über enorme Kompetenz! Man muss da allerdings von Fall zu Fall unterscheiden. Es gibt ja auch unfähige Gemüsehändler. Unserer kennt sich aus. Am Elisabethmarkt gibt es außerdem einen guten Fischhändler und einen exzellenten Käsestand. Der Viktualienmarkt ist zu teuer.

17 Mit welchem Mitglied der Bundesregierung könnte man wohl am ehesten einen vergnügten Abend verbringen?
Können Sie sich alle Minister merken? Da wäre ich überfragt. Manchmal kriegt man solche Einladungen mit einem goldenen Wappen drauf: Essen mit dem Präsidenten von Ghana. Dann sitzt man mit dem zuständigen Siemens-Vertreter am Katzentisch. Den Flug bezahlt das Auswärtige Amt. Das ist gut für die Lufthansa, aber nicht für mich.

18 Einverstanden, dass die Grünen die anstrengendste Partei sind?
Die Grünen sind ein wenig langweilig, aber nicht so schlimm. Es ist doch ein Vorzug der deutschen Innenpolitik, dass sie so langweilig ist. Zum Beispiel ihr Reformeifer. Schul-, Renten- oder Gesundheitssysteme, die gehören ja zur Klasse der unlösbaren Probleme. Wenn in den Nachrichten von der Gesundheitsreform die Rede ist, schalte ich den Ton ab.

19 Koch, Mixa, Köhler, von Beust, welcher ist Ihr Lieblingsrücktritt?
Der Ole von Beust war doch ganz gut. Und dass Herr Köhler es satthatte, kann ich verstehen.

20 Im Vergleich zu, sagen wir, 1960: Ist die Politik insgesamt langweiliger geworden?
Noch langweiliger? Das glaube ich nicht.

21 Wie geht's denn nun der deutschen Mittelklasse?
Letzten Endes landet man bei solchen Fragen bei einer Statistik. Und der glaubt doch sowieso niemand.

22 Wie lautet Ihr Widerspruch zu dem Trostlossatz »Alle Politiker sind korrupt«?
Die politische Klasse in Deutschland ist bescheiden. Ein Freiflug, ein Ausflug mit dem Dienstwagen, schon regt sich die Presse auf. In Frankreich, wo die Kuverts dicker sind, macht man sich lustig über diese Kleinigkeiten. Jeder Devisenhändler verdient doch mehr als die Bundeskanzlerin.

23 Wie lautet Ihr Widerspruch zu dem Satz »Der SPD fehlt das Personal«?
Vielleicht fehlt der SPD der Butler.

24 Sind Sie politikverdrossen?
Meine Vorliebe für die Politik hält sich in Grenzen.

25 Hängt Ihnen die Politikverdrossenheit auch so zum Halse raus?
Der Begriff der Politikverdrossenheit verdrießt mich.

26 ARD, »Bild«-Zeitung oder »FAZ«, welches Medium tut wohl am meisten für die Politikverdrossenheit?
Sie zu erzeugen gehört zum Businessplan aller Medien. Wir sind darin geübt, ihre Zumutungen zu ertragen, nicht nur, was die Politik betrifft. Der Sport ist schlimmer. Ganze Wochen, in denen sich die Fifa oder das IOC als Weltregierung aufspielt. Wenn Sie so wollen: Nach dieser Fußballweltmeisterschafts-Übung bin ich fußballverdrossen.

27 Stehen wir mit dem Rücken zur Wand?
Welcher Wand?

Er zieht die Augenbrauen hoch. Macht seinen Mund. Das hat ihm bis hierher, offensichtlich, mäßig Spaß gemacht. Er raucht noch immer nicht, wiegt die Zigarette in der rechten Hand. Des Enzensbergers belustigtes Gesicht ist natürlich auch eine Höflichkeitstaktik, und was ist Höflichkeit anderes als der wohlmeinende Versuch, zur Unzulänglichkeit seines Gegenübers eine Distanz einzunehmen, in der es erträglich wird miteinander. Jetzt muss vom Interviewer mehr kommen. Taktik für die nächsten zwanzig Fragen: Wir öffnen. Noch größere Fragen. Gesprächsthema »Die Zeit, in der wir leben«.

28 In einer weltweiten Umfrage wurde Deutschland gerade zum be-

liebtesten Land der Welt gewählt. Und nun, Herr Enzensberger?

Das klingt ja toll. Wer das wohl erfunden hat?

29 Wie war's eigentlich in Westnorwegen?

Ich habe da einige Jahre gelebt. Ein Hauptwunsch von jemandem meiner Generation war natürlich: nichts wie raus hier! Ich habe mir gedacht: Es gibt im Norden mehr Platz als bei uns. Beliebige Mengen von Natur. Die Leute sind angenehme Hinterwäldler. Außerdem ist das Land nicht so weit weg wie Neuseeland.

30 Wie lautet Ihre Kritik an der Deutschen Bahn?

Das Deutsche-Bahn-Kritisieren – noch so ein Volkssport, an dem ich nicht teilnehme. Der Zug ist ja, im Gegensatz zum Flugzeug, immer noch ein relativ zivilisiertes Verkehrsmittel. Leibesvisitationen finden dort nicht statt. Man wird nicht angeschnallt, man kann aus dem Fenster schauen.

31 Hat man als älterer Herr jetzt eigentlich Angst in der Münchner S-Bahn?

Woher denn?

32 Was fühlen Sie, wenn einer neben Ihnen eine Deutschlandfahne schwenkt?

Bei all diesen Ereignissen und Pseudoereignissen ist der Lärm lästig.

33 Wird's echt immer wärmer, oder bilden wir uns das ein?

Was sagt die Großmutter dazu? Sie erzählt von Wolkenbrüchen, Hagel, Überschwemmungen und Stürmen, von heißen Sommern und eisigen Wintern. Ich lehne es ab, mich übers Wetter zu ärgern.

34 Welcher bedeutende Satz über Europa muss unbedingt noch gesagt werden?

Europa ist eine Tatsache. Das genügt.

35 Sind Sie – wie viele Intellektuelle – Fan der Wirtschaftskrise?

Ich habe mich mal mit einem deutschen Emigranten beschäftigt, der in London gelebt hat: dem Doktor Marx. Der hat das Betriebssystem des Kapitalismus beschrieben, nach Maßgabe der damaligen Umstände. Krisen gehören zum Betriebssystem, ohne sie könnte es nicht funktionieren. Wenn man eine Wirtschaft wie die unsere haben möchte, muss man das in Kauf nehmen. Im Übrigen gibt es ja auch

Leute, die nicht nur beim Boom, sondern auch beim Crash verdienen. Das ist unangenehm, aber es ist nicht der Weltuntergang. Mit der Apokalypse kann ich nicht viel anfangen.

36 Welche vielleicht ganz unbedeutende Kleinigkeit haben Sie in den letzten zehn Jahren über Afghanistan gelernt?

Ich bin auch in diesem Fall der Ignorant. Ich war nie in Afghanistan. Aber: Eine flüchtige Kenntnis der Vorgeschichte dieser Weltgegend genügt, um zu sehen, wie die großen Imperien, die Briten, Russen, Perser – die Inder hatten Aspirationen –, dort gescheitert sind. Niemand ist dort ohne Blessuren herausgekommen. Ich glaube aber auch: Am schlimmsten ist Afghanistan für die Afghanen.

37 Kannten Sie Gerold Becker, den langjährigen Direktor der Odenwaldschule, persönlich?

Nein.

38 Ihr Eindruck von Boris Beckers derzeitiger Ehefrau Lilly Kerssenberg?

Von dieser Dame habe ich noch nie gehört.

39 Ist Claudia Kleinert vom Wetter die schönste Frau im Land?

Leider weiß ich auch in diesem Fall nicht, wer das ist. Es gibt eben unendlich große Flächen der Ahnungslosigkeit. Eine Frage, die viele Leute beschäftigt, heißt zum Beispiel: Wer ist der beste Friseur in München? Wieder andere Leute hören »Plasmaphysik«, und da ist Ebbe. Ich kann mir zum Beispiel die Namen von Schauspielern nur ganz schwer merken.

40 Bleiben wir noch ein bisschen bei den Ihnen Unbekannten – es macht ja trotzdem Spaß. Wie lautet Ihre Liebesbotschaft an Lena Meyer-Landrut, die in diesem Jahr den Eurovision Song Contest gewonnen hat?

Wieder Fehlanzeige. Aber das ist doch schön für Frau Landrut! Nachträglich meinen Glückwunsch.

Die Zigarette liegt nun wieder auf dem Tisch. Er raucht nicht. Spannung. Keine Ahnung, worauf er wartet. Was fehlt dem Raucher Enzensberger, der das Anzünden seiner Zigarette so beharrlich hinauszögert?

19

41 Was ist noch mal das Tolle an der eulerschen Zahl?

Jede Zahl hat mindestens eine Eigenschaft, die sie von anderen Zahlen unterscheidet. Das sagen wenigstens die Zahlentheoretiker. Nur sind diese besonderen meistens nicht besonders wichtig. Anders ist das bei Zahlen, die fundamental sind: Ohne die Zahl π kann kein Kreis beschrieben werden. Ohne die eulersche Zahl e können Sie Wachstumsprozesse nicht berechnen, und ohne die imaginäre Zahl i sind Sie arm dran, wenn Sie eine Turbine konstruieren wollen.

42 Welches Gebilde beschreibt der mathematische Fachbegriff der Enzensberger-Fläche?

Das ist eine charmante, aber ganz nebensächliche Geste vonseiten der Mathematischen Gesellschaft. Da gab's mal einen, der hat eine Mannigfaltigkeit, eine geometrische Funktion, beschrieben. Wenn man die visualisiert, also räumlich umsetzt, entsteht ein sternförmiges Objekt. Für irgendwelche angeblichen Verdienste haben die dieses Ding nach mir benannt – anstelle eines Preises. Ich bin ja kein Mathematiker, ich finde das nur amüsant.

43 Traumjob Schriftsteller?

Ich bin mit meinem Beruf ganz zufrieden. Ich habe keinen Chef. Außerdem habe ich Glück gehabt. Ich bin nie eingesperrt, nie zensiert worden.

44 Buchverleger oder Zeitschriftenverleger, welchen Beruf empfehlen Sie?

Keinen der beiden. Die meisten Leute müssen, wenn sie so etwas machen, ins Büro gehen. Das konnte ich vermeiden. Ich arbeite ohne Apparat, ohne Sekretärin, ohne Nebenstellenanlage.

45 Was ist ein Essay?

Das weiß niemand so genau. Ich verstehe darunter einen diskursiven Text, bei dem ich am Anfang noch nicht weiß, was am Schluss dabei herausspringt. Es kommt, wie der Name schon sagt, auf den Versuch an.

46 Killerfrage: Wie geht ein Gedicht?

Wollen Sie mich quälen? Wenn ein Gedicht etwas taugt, dann ist es besser als alles, was darüber gesagt wird.

47 Wann ist eine gute Zeit zum Gedichtschreiben? Gegen 16.30 Uhr?

Ich schaue nicht auf die Uhr. Und nur nicht zu viel dichten! Die Überproduktion ist der schlimmste Fehler.

48 Wird Lesen eher einfacher oder anstrengender mit den Jahren?

Die Lektüre ist ein Laster wie das Rauchen, und es ist ebenso schwer, sich diese Droge abzugewöhnen.

49 Dieses Jahr schon ein gutes Buch gelesen?

Eines? Ein paar Dutzende. Alles durcheinander. Ich bin ein Allesfresser. Wenn Sie hier mal schauen.

Er beugt sich vor, greift das oben liegende Buch von einem der Stapel. Legt das Buch weg. Zieht ein weiter unten liegendes Buch hervor.

Das ist die *MaxPlanckForschung*, dort wartet *Der äthiopische Prinz*, hier ist ein Buch über Algebra, die *Princesse de Clèves der Madame de La Fayette*. Außerdem *The Missionary Position. Mother Teresa in Theory and Practice* von Christopher Hitchens, einem berüchtigten englischen Publizisten: eine totale Entlarvung. Mit dem wunderbaren Titel »Die Missionarsstellung«. Und hier, hier haben wir eine dänische Dichterin. Ein Durcheinander!

Er steht auf, um die Bücher besser aus den Bücherstapeln ziehen zu können.

50 Gibt es ein gutes Buch von Daniel Kehlmann?

Natürlich. Man zieht doch intelligente Schriftsteller vor. Können ist auch von Vorteil. Ich meine nicht nur seinen Bestseller. Er hat auch ein Buch über einen Astrophysiker und ein anderes über einen parasitären Kunstkritiker.

51 Gibt's auch ein gutes Buch von Thomas Mann?

Ach, der Alte. Der war schon gut. Denken Sie an seine Hochstaplergeschichte, den Felix Krull. Die ist doch wunderbar.

Er setzt sich wieder. Und Gott sei Dank, jetzt raucht die Zigarette. Man hat gar nicht gesehen, dass er das Feuerzeug benutzt hat. Spöttisches Lächeln! Es ist das alles in Grund und Boden lächelnde Enzensberger-Gesicht. Das Gesicht sagt: Geben Sie sich keine Mühe, in mir drinnen ist es so oder so vergnügt, ganz gleich, wie sehr Sie sich mit Ihren Fragen anstrengen.

52 Die berühmte Rechnung: Wie viel Euro verdient Hans Magnus Enzensberger noch mal mit einem Gedicht?
Gottfried Benn hat ja immer behauptet, von seinen Einnahmen aus der Lyrik habe er die Kosten für seine Zündhölzer bestritten.

53 Vermissen Sie die goldenen Zeiten, als es für einen »Spiegel«-Essay 20.000 Mark gab?
Gerüchteweise kann man hören, ich sei geschäftstüchtig. Hätte ich richtig Geld verdienen wollen, wäre ich Banker geworden. Ich sehe aber nicht ein, warum ein Dichter der Idiot der Familie sein sollte. Ich lasse mich ungern über den Tisch ziehen. Hundert Euro für einen Vortrag bei einer deutschen Universität, das weiß ich nicht zu schätzen. Entweder ich mache etwas umsonst, oder ich werde anständig bezahlt. Die schlechten Bezahlungen, die finde ich unpassend.

54 Nach fünfzig Jahren, noch immer zufrieden mit dem Suhrkamp Verlag?

Ich habe einen guten Lektor. Ich werde gedruckt. Kein anderer Verlag würde meine Bücher jahrzehntelang lieferbar halten. Was soll ich mehr verlangen? Eine solche Beziehung ist haltbarer als ein Flirt.

55 Können Sie zugeben, dass Sie 1971 irrten, als Sie sich verlagsintern gegen die Einführung der Suhrkamp-Taschenbücher aussprachen?
Einer der beliebten Irrtümer, die Journalisten voneinander abschreiben – wie die Legende, ich hätte irgendwann den Tod der Literatur verkündet. Völlig sinnlos, so etwas zu dementieren. Man muss die Leute einfach reden lassen.

56 Wann erscheint endlich der Briefwechsel Unseld – Enzensberger?
Darum kümmere ich mich nicht. Kürzlich ist ein Briefwechsel mit Uwe Johnson erschienen. Meinetwegen! Die Editoren haben das tadellos hinbekommen, Stellenkommentar, Register und so weiter. Ich vergesse ja solche Sachen, ich schmeiße alles weg, es ist mir gleich, ich führe kein Archiv. Dieser Briefwechsel existiert

nur deshalb, weil der Uwe Johnson im Gegensatz zu mir ein Registrator seines eigenen Lebens war. Er hat nicht nur die Briefe aufbewahrt, die er bekommen hat, er hat auch Kopien derjenigen Briefe behalten, die er geschrieben hat.

Jetzt rauchen die Zigaretten, jetzt läuft's. Nachbemerkung zum Enzensberger-Singsang: Er spricht eben keine fertigen, keine abgeschlossenen Sätze. Er spricht nicht druckreif. Stattdessen kann man dem Schriftsteller dabei zuhören, wie er sich in seinen Sätzen nach vorne tastet, mal hier, mal dort einen Weg versucht, stehen bleibt, strauchelt, sich umschaut, die schöne Aussicht genießt: die berühmte Verfertigung der Gedanken beim Sprechen. Manchmal wirkt es, als stelle der Sprach-Spaziergänger auch einfach mal einen Satz in die Luft, um sich dann amüsiert anzugucken, wie er dort halb fertig hängt. Die Gedanken sind halt keine fertigen, also muss sich das auch in der Sprache ausdrücken. Zur Enttäuschung des Interviewers wird der Schriftsteller die Schriftfassung des Gesprächs spä-

ter bei der Autorisierung an einigen gut holprigen Stellen straffen, glätten, eindeutig machen. Auch wieder richtig: So wird man lesbar. Wir gucken nun in die Biografie Enzensbergers hinein: sein langes Leben, sein Wirken, der Einfluss, den so einer bis heute nimmt.

57 Können Sie noch einmal kurz beschreiben, worin genau Ihr Handgranaten-Trauma besteht?
Da gibt's kein Trauma, das ist ganz einfach: Ich bin in den letzten Tagen des Krieges zum sogenannten Volkssturm eingezogen worden. Und ich konnte nicht werfen. Das hat sich schon beim Handball gezeigt, ganz zu schweigen von den Handgranaten.

58 Wie lange ist das gefühlt her, dass Sie die chinesische Kulturrevolution gelobt haben, eher 50 oder 250 Jahre?
Auch so eine Journalisten-Sage. Natürlich, ich habe damals das Kursbuch herausgegeben, und ich erinnere mich: Im Kursbuch gab es richtiggehende Lobredner der Kulturrevolution. Und es gab dort andere, die darüber hergefallen sind.

59 Jetzt schon Angst vor 2018, wenn 1968 seinen Fünfzigsten feiert?

Ich fürchte, das wird uns nicht erspart bleiben. Es gibt diese merkwürdige Versessenheit auf dieses Jahr. Immer dieses Veteranentum und dieser absurde RAF-Kult! Damit kann ich nichts anfangen. Aber in der Summe hat 1968 diesem Land wahrscheinlich eher gutgetan. Die Revolutionsrhetorik war natürlich Unsinn, eine revolutionäre Situation hat es nie gegeben. Aber das Ganze war ein überfälliger Modernisierungsschritt. Es gab damals in der deutschen Gesellschaft noch Reste des Obrigkeitsstaates, geradezu wilhelminische Erscheinungen wie den Kuppeleiparagrafen, den Tschako, lauter idiotische und überständige Dinge. Das musste halt mal endlich alles weg. Marxistisch gesprochen: Die Verkehrsformen entsprachen nicht mehr den Produktionsverhältnissen.

60 Muss man im Rückblick nicht klipp und klar sagen: »Klar, die Sechzigerjahre waren das tollste Jahrzehnt aller Zeiten«?

Muss man nicht. Sollte man lieber lassen.

61 Können Sie sich jetzt – etwa zwei Sätze lang – noch einmal über das Geschenk der deutschen Einheit freuen?

Schon wieder eine solche Fangfrage! Also gut, wenn es sein muss. Ich habe es einfach nicht so gerne, wenn ganze Völker eingesperrt werden. Deshalb war ich froh, dass es damit vorbei war, und zwar nicht nur in Deutschland. Dass auf die Euphorie die Enttäuschung folgte, war vorherzusehen. Die Leute haben sich etwas Wunderbares vorgestellt. Aber vierzig Jahre Diktatur bringen schwere Beschädigungen mit sich, und die kann man nicht einfach durch einen Regimewechsel heilen. Ich habe damals gesagt: mindestens dreißig Jahre, bis sich so etwas wie Normalität einstellen wird.

62 Lebensprinzip Seitenscheitel?

Was soll das heißen? Meinen Sie meine Frisur? Meine gute Laune?

63 Was gibt's eigentlich dauernd zu grinsen?

Heiterkeit ist eine moralische Frage. Mürrische Leute, die andere mit ihren Problemen behelligen, die halte ich für rücksichtslos.

64 Haben Sie das erfunden, dass man auch als Intellektueller auf der sonnigen Seite des Lebens stehen darf?

Ich bin gern im Schatten, aber seine Depressionen sollte man für sich behalten. Das hat vielleicht auch eine objektive Seite: Es sind ja eigentlich keine griechischen Tragödien, die ich hier vorfinde, wenn ich aus dem Haus gehe. Im unangenehmsten Fall sind es Tragikomödien. Nicht nur der Literaturbetrieb und der Medienzirkus, aber auch größere Routinen wie Tarifverhandlungen und Koalitionskräche: Das sind ja unfreiwillig komische Erscheinungen.

65 Ihre letzte Straftat?

Als Student habe ich Bücher geklaut. Nie in Bibliotheken!

66 Wer hat den schönsten Essay auf Ihren Achtzigsten geschrieben?

Keine Ahnung. Vergessen.

67 Was soll eigentlich der grandiose Quatsch, dass Sie sich als ungebildeten Menschen bezeichnen?

Das müssen Sie wieder einmal in einer Zeitung gelesen haben. Ich verfüge über eine durchaus solide Halbbildung.

68 Wer ist der klügste Deutsche unter fünfzig Jahren?

Der Klügste, Beste, Blödeste: Auf solche Hitlisten lasse ich mich gar nicht ein.

69 Seid ihr Intellektuellen heimlich eifersüchtig auf die Politiker, weil die wenigstens entscheiden dürfen, wo eine Autobahn hingebaut wird?

Ich bedaure diese Personen aufrichtig. Wenn Macht ausüben, dann schon eher als Vorstandsvorsitzender eines interessanten Unternehmens. Solche Leute haben mehr Freiheitsgrade bei ihren Entscheidungen als unsere Politiker.

70 Würden Sie die Einladung des Bundestagspräsidenten annehmen, im Bundestag eine Rede zur Lage der Nation zu halten?

Im Bundestag? Warum denn im Bundestag? Die armen Abgeordneten, die muss man schonen, die haben es schwer genug. Es sind ja meistens auch nur zwanzig anwesend. Und wenn ich da reden würde, dann kämen wahrscheinlich nur zehn, weil die anderen ihre Ausschusssitzung nicht verpassen dürfen.

Zwischenstand: Zwei Drittel der Fragen sind beantwortet. Er guckt unverändert freundlich, spöttisch, amüsiert, als wollte er fragen: War das schon alles? Wann geht es denn jetzt endlich mal los? Es kommt aber kaum noch etwas, verehrter Herr Enzensberger, wir kurven jetzt, zurückgelehnt und mit langem Arm am Lenkrad, durch die letzten Kurven dieses Gesprächs. Ist das nicht angenehm? Ist das nicht fantastisch?

71 Sind die Schwabinger Frauen die schönsten auf der Welt?
Ja, sicher!
72 Wie war der letzte »Tatort«?
Tatort ist Landeskunde, Ethnologie und, weil es ihn schon so lange gibt, Alltagsgeschichte der Republik.
73 Was machen die Wolken?
Es zieht gerade ein bisschen zu.
74 Einverstanden, dass der Blick auf die Wolken, also der vom Flugzeugfenster, komischerweise ein ganz langweiliger ist?
Absolut uninteressant.
75 Warum ist das Internet komischerweise kein Thema?
Am Anfang war's doch ein Thema – in den Siebzigerjahren. Da wurde eine Art Idylle oder der Untergang der Kultur an die Wand gemalt. Die Leute wollen immer Gut und Böse.
76 Jetzt kommen die maximal philosophischen Fragen, philosophischer wird es heute nicht mehr: Warum drängeln Menschen beim Betreten eines Flugzeugs?
Das Betreten eines Flugzeugs gehört offensichtlich zu den schwierigsten Übungen, denen der moderne Mensch ausgesetzt ist. Es wird genestelt, gedrängelt, gestopft, ja manchmal auch um sich geschlagen. Die riesigen Dinge, die mit an Bord genommen werden: Ich weiß nicht, was es ist. In dieser Büchse ist der Mensch offensichtlich nicht gerne.
77 Warum macht es unbeschreiblich traurig, wenn man Geschäftsmänner mit riesigen Krawatten auf winzigen Telefonen herumdrücken sieht?
Es ist immer beklagenswert, wenn die Überzeugung von der eigenen Wichtigkeit überhandnimmt.
78 Warum schämt sich der Mensch völlig richtigerweise, wenn er einen Cappuccino mit Sojamilch bestellt?

Das habe ich noch nie gehört. Was ist denn das? Sojamilch? Wir entern wieder diese riesige Zone der Ignoranz.

Er sitzt nun zurückgelehnt, die Hände hinter dem Kopf verschränkt. Er stellt diesem Gespräch, so sieht es aus, jetzt nur noch die eine Hälfte seines Gehirns zur Verfügung. Die andere Hirnhälfte denkt schon über etwas anderes nach – vielleicht darüber, wo er später mit seiner Frau essen geht. Der Interviewer guckt hin, guckt weg und denkt den einfachen, trotzdem richtigen Satz: Es ist ja denkend praktisch unmöglich, dumm auszusehen.

79 Was tun Sie da eigentlich immer mit Ihren Händen und Armen?

Im Fernsehen ist das ein Nachteil. Da sieht man wie ein Hampelmann aus, wenn man sich so bewegt wie ich. Vor der Kamera müssen Sie steinern sein. Unbewegte Miene. Das ist Autorität. Ich bin nicht fernsehgeeignet.

80 Hat das eine Bedeutung, dass Sie eben nicht am Berliner Savignyplatz oder Gendarmenmarkt, sondern am Englischen Garten in München leben?

Ich will meine Ruhe haben. München hat den Vorzug, dass es ein klein wenig langweilig ist.

81 Ihr Münchner Lieblingsitaliener?

Es gibt hier in der Nähe meiner Wohnung noch Reste von bayerischen Lokalen. Hier um die Ecke ist der Weinbauer. Das ist etwas Zuverlässiges. Einen hervorragenden Kaiserschmarrn gibt es da. Diese Wirtschaft ist nicht lästig wie die Lokale an der Leopoldstraße, wo so eine Art *nightlife* tobt.

82 Ist das Ihr Trick, dass Sie so fröhlich tun, und dann sind Sie's wirklich?

Schon wieder! Wenn Sie so weitermachen, sabotieren Sie meine Laune.

83 Ist das Ihr rhetorischer Trick, dass Sie hinter Aussagen, die vollkommen überraschend, also alles andere als selbstverständlich sind, immer gerne ein »Ist doch klar« oder ein »Das weiß doch auch jeder« setzen?

Vieles liegt doch auf der Hand, man muss nur hinsehen. Außerdem soll man die andern nicht für dümmer halten, als sie sind. Das ist ja auch ein

27

Problem der Schule: Pädagogen halten Kinder gewöhnlich für blöder, als sie sind. Anstatt ein Kind zu unterschätzen, sollte man so viel wie möglich aus ihm herauslocken. Möglicherweise erfährt man so allerhand, was einem neu ist.

84 Kann man mit Hans Magnus Enzensberger sagen, dass die Welt, so wie sie ist, eigentlich ganz okay ist?

Ihre Drohung, dass Sie philosophische Fragen stellen, nähert sich der Gefahrenzone. Herr Schopenhauer hat sein ganzes Leben damit verbracht. *Die Welt als Wille und Vorstellung.* Tolles Buch! Vierzehnhundert Seiten. Leider bin ich kein Philosoph.

Enzensberger guckt sein Bücherregal an. Er macht wieder den Vielraucher-Trick, dass er sich die Zigarette nicht gleich anzündet. Das war doch jetzt unheimlich nett, dass er sich, obwohl er erst nicht wollte, diesen Fragen gestellt hat. Er hat einfach das, was schon alle wissen, noch einmal erzählt – aber eben ein bisschen anders: die Welt, in der wir leben, mit Anmer-

kungen von Hans Magnus Enzensberger. Mehr geht nicht.

85 Wie geht's dem Rücken?

Null Probleme.

86 Mit den Augen ist auch noch alles okay?

Ich hatte eine sehr interessante Operation. Der sogenannte Graue Star. Es ist eine leichte Eintrübung der Linse, die so allmählich voranschreitet, dass Sie es gar nicht merken. Der Eingriff ist Routinesache. Und ich sage Ihnen: Das ist phänomenal. Sie sehen die Welt wie neu. Fünfzigtausend Farben!

87 Wie geht das, eine Zigarette richtig zu genießen?

Ach, das Rauchen. Das ist doch auch so ein Ersatzthema.

88 Haben Sie einen Trick gefunden, wie man die vielen Bücher wieder loswird?

Ja, wegwerfen!

89 Mit einem Blick auf die Kunst an Ihren Wänden: richtige Beobachtung, dass Sie einen gewissen Widerwillen gegen das Abstrakte hegen?

Bilder, auf denen nichts drauf ist, interessieren mich nicht. Das ist natürlich ein sehr simples Kriterium. Auch Kinder können übrigens mit einem schwarzen Quadrat wenig anfangen.

90 Welche Form hat ein von Hans Magnus Enzensberger geschätztes Sitzmöbel?

Sie finden hier kein Möbelstück, das ein Designer entworfen hat. Ein Fahrrad, ein Wasserhahn, eine Gabel, ein Bett – an diesen Dingen gibt es nichts zu verbessern. Keine Mätzchen!

91 Was unterscheidet eine gute von einer sehr guten Strickkrawatte?

Ich vermeide Krawatten.

92 Woher kommt Ihre Vorliebe für das Kleingeblümte in Ihren Hemdenstoffen?

Die Hersteller von Hemden haben sich auf bürokompatible Streifen geeinigt. Diese Uniform ist nicht jedermanns Sache.

93 Sind Sie ein guter Tänzer?

Walzer, linksherum, rechtsherum.

94 Ihr Mittel gegen Müdigkeit?

Ich bin nicht müde.

95 Ihr Mittel gegen Selbstzufriedenheit?

Nackenschläge. Eine katastrophale Theaterpremiere, ein geplatztes Film-

projekt. Wenn etwas schiefgeht, das ist doch spannend. Ich schätze meine Niederlagen hoch.

96 Wie macht man einen guten Witz?

Mache ich ja nicht.

97 Immer eine wichtige Frage: Wo ist Ihre Frau?

Wir haben zwei Wohnungen, die Familien- und die Arbeitswohnung. Das finden wir angenehm.

98 Eine Ahnung, wie viel Grad es hier in Ihrem Arbeitszimmer hat?

Ja.

Er greift nach einem weißen Stück Plastik, das vor ihm auf dem Tisch liegt, schaut auf die LCD-Anzeige. Das Plastikstück trägt die Aufschrift »Mitsubishi Electric«. Es ist die Fernbedienung seiner Klimaanlage.

21 Grad.

99 Welcher Gedanke muss heute noch zu Ende gedacht werden?

Du lieber Himmel. Die meisten.

13. August 2010

29

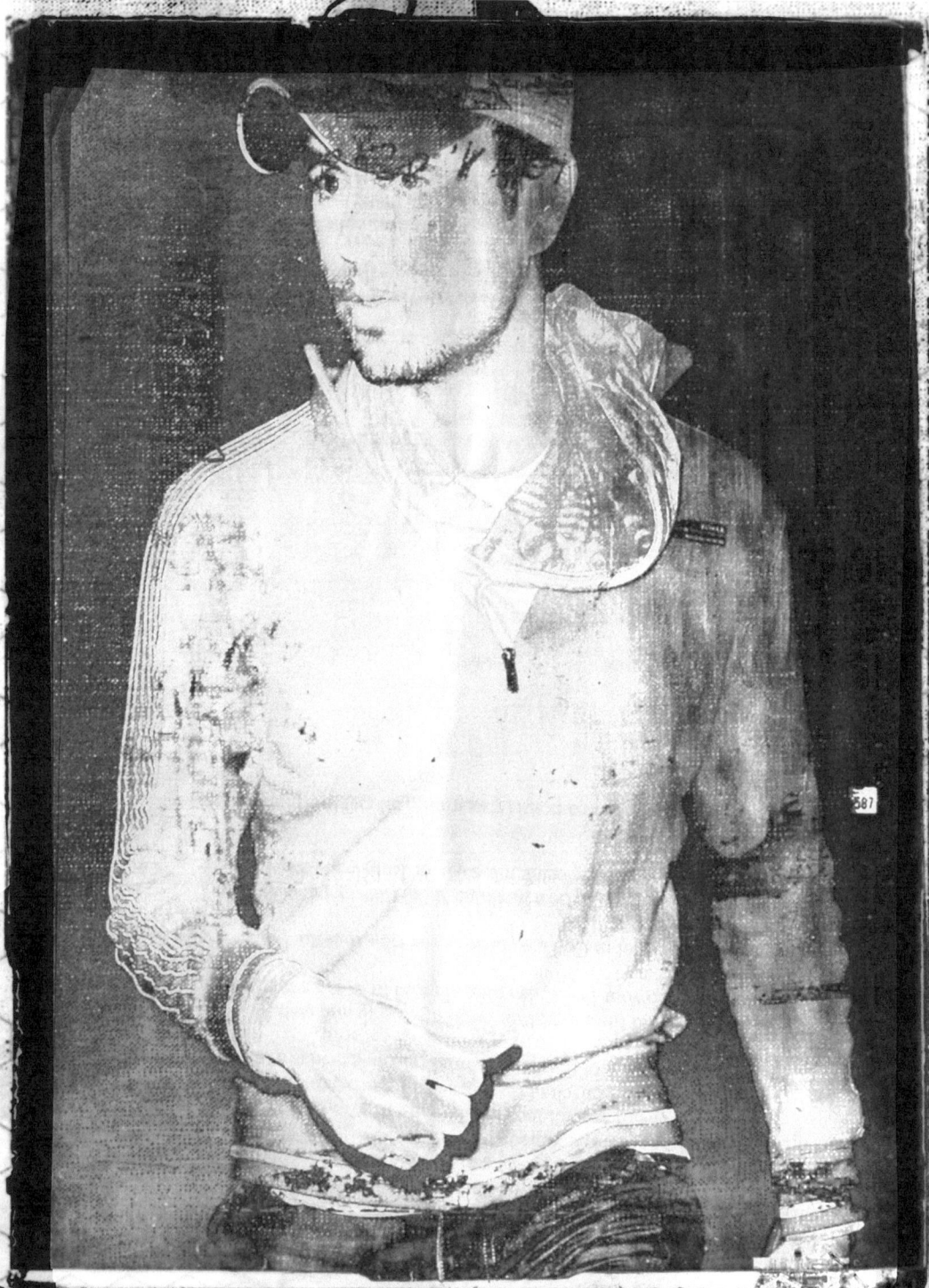

London, eine Suite des für seinen dezenten Luxus bekannten Hotels »The Langham«. Da sitzt sein Manager, ein Turnschuh-Typ, in die geblümten Polster hineingelegt, Computer auf den Knien, Handyknopf im Ohr, und tippt. 40 Minuten Interview mit dem Latin-Pop-Superstar Enrique Iglesias (in Spanien geboren, seit seinem achten Lebensjahr in Miami). Er ist der Star der kleinen Mädchen, schwulen Männer mit bürgerlichem Lebensstil, Hausfrauen, Sekretärinnen: in etwa so. Er gehört zu der Sorte total berühmter Superstars, von der kein Mensch ganz genau sagen kann, für was sie eigentlich berühmt ist.

Seine Musik ist ein Querschnitt aus allem, was ganz okay klingt und sich gut verkauft (Hip-Hop-Beats, Flamenco-Gitarren, sexuell leicht anzüglicher Schubidu-Gesang). Er ist der Sohn des Königs aller Schnulzensänger, Julio Iglesias, er führt eine Beziehung mit dem russischen Tennis-Pin-up Anna Kournikova, die schon erstaunlich lange hält (seit acht Jahren).

Die letzte Fußballeuropameisterschaft hat er mit dem Song »Can You Hear Me« eröffnet, gerade ist sein neues Studioalbum, sein fünftes, erschienen. Reicht doch. Es gibt mit ihm absolut nichts Sinnvolles zu besprechen außer den üblichen Frauenzeitschriften-Themen (Frauen, schöne Frauen, sexy Frauen, Körperpflege) – doch, halt: Mit Enrique muss man natürlich auch über seinen Vater Julio sprechen und sein Los, zu einem Leben als Sohn eines berühmten Vaters verdammt zu sein – da sollte der Interviewer ruhig ein wenig Psychologie reinbringen, das könnte lustig werden. Der Typ, der da gerade das Hotelzimmer betritt und nach einigermaßen nichts aussieht – Baseballkappe, Fleecejacke, Jeans, Dreitagebart –, ist er dann auch gleich: Enrique. Er hält eine Schüssel in der Hand, in der ein Hühnerfleisch-Sandwich auf einer Portion Pommes liegt, er setzt sich, kaut, die Schüssel in seinem Schoß: Entschuldigung, er sei heute vor lauter Interviews noch nicht zum Essen gekommen. Er guckt, kauend, mit seinen schönen Augen. Der Superstar Enrique Iglesias hat schlechte Haut und Ringe unter den Augen: angenehm. Der Manager hatte vor dem Interview durchgegeben, dass wenigs-

tens die ersten Fragen von der Musik und vom neuen Album »Euphoria« handeln sollten.

1 Haben Sie in den letzten Monaten einen Gitarrenakkord dazugelernt?

Ich kann jetzt drei Akkorde auf der Gitarre spielen. Ich setze auf die klassischen spanischen Akkorde, ich setze auf Moll.

2 Kann Ihre Stimme etwas, was sie auf den letzten Alben noch nicht konnte?

Ich kann meine Stimme nun gleichmäßig über ganz unterschiedliche Rhythmen hinwegfließen lassen. Das ist mir auf früheren Alben noch nicht so gut gelungen.

Er spricht mit vollem Mund, entschuldigt sich erneut, dass er den Mund voll hat. Höflicher Superstar Enrique Iglesias.

3 Jemals einen Song in Ihrem Privatflugzeug geschrieben?

Das ist vorgekommen, ja.

4 Wahres Gerücht, dass Sie Ihre Songs gern im Jacuzzi, eingerahmt von flackerndem Kerzenlicht, schreiben?

Das ist ein vollkommener Blödsinn. Wer hat Ihnen diesen Quatsch erzählt?

5 Sind alle Enrique-Iglesias-Songs Sommersongs?

Mit der Idee, dass alle meine Songs Sommersongs sind, kann ich etwas anfangen, ja.

6 Einverstanden, dass ein Enrique-Iglesias-Song sich in Los Angeles vollkommen anders anhört als, sagen wir, in Berlin oder irgendeiner trostlosen Plattenbau-Metropole in China?

Aber das gilt doch für alle Songs, nicht nur für meine. Die Qualität eines Songs verändert sich mit den Umständen, unter denen du den Song hörst, der Frage, wo du bist, wie du die Nacht zuvor geschlafen hast, wie es in deinem Zimmer riecht, ob du einen Hund oder eine schöne Frau in deiner Nähe hast.

7 Ihre Definition von Latin Pop?

Das ist der Einfluss Südamerikas auf die moderne Popmusik. Keine Ahnung. Es ist warm, und Sie möchten tanzen.

8 Wenn Elvis der Großvater des Rock ist, wer ist dann der Großvater des Latin Pop?

Einer der ganz großen Latin-Musiker, aber sicherlich noch kein Großvater dieser Gattung, ist Juan Luis Guerra. Ich habe auf meinem neuen Album mit ihm zusammengearbeitet.

9 Wenn Sie sich für einen Song im Werk Ihres Vater entscheiden möchten, welcher wäre es?

Das wären eine Menge Songs.

Sie sollen sich jetzt bitte für einen entscheiden.

Dann nehme ich gleich seinen ersten Song, *La Vida Sigue Igual*. Er hat ihn selbst geschrieben. Und er ist in diesem Song noch ganz er selbst.

Er hat, spätestens jetzt, verstanden, dass das hier ein bisschen komisch wird: anders als die anderen Gespräche, die er heute noch gibt. Es kostet ihn keine besondere Anstrengung. Aber es nervt ihn, es stört den Medienprofi, den Kontrollfreak, den international agierenden Pop-Unternehmer, dass er noch nicht abschätzen kann, worauf die Sache hier hinausläuft. Blick zum Manager auf dem Blumensofa: Der guckt in den Computer. Enrique hat beide Hände in der Pommes-Schüssel. Die Stirn des Popstars wirft Falten.

10 Welches Kompliment Ihres Vaters, Ihre Musik betreffend, werden Sie nie vergessen?

Ich habe mit meinem Vater nie über meine Musik gesprochen. Das mag schwer zu glauben sein, aber es ist mein Ernst. Ich habe überhaupt nur ein einziges Mal mit meinem Vater über Musik gesprochen. Das war am Morgen meines 18. Geburtstags.

11 Wann zuletzt mit Ihrem Vater an einer Bar gesessen und zwei, drei große Gläser Whisky zusammen ausgetrunken?

Machen Söhne das mit ihren Vätern? Bei uns ist das jedenfalls noch nie vorgekommen. Lassen Sie es mich so beantworten: Ich habe nie mit meinem Vater zusammengesessen und hatte auch nur einen Tropfen Alkohol in meinem Körper.

12 Ganz andere Frage: Wann haben Sie Ihren Vater zuletzt gesehen?

Vor zwei Jahren. Beim Tod meines Großvaters.

13 War es für Sie eine wichtige Entscheidung, anders als Ihr Vater nicht spanisch, sondern englisch zu singen?
Auf meinem neuem Album befinden sich englisch- und spanischsprachige Songs. Das war eine bewusste Entscheidung – und ein ganz natürlicher Vorgang. Die Songs, die ich schreibe, stellen sich in einem frühen Stadium als englisch- oder spanischsprachige Songs heraus.

14 Richtig, dass Sie niemals im weißen Jackett auf die Bühne treten würden, weil Ihr Vater seine Weltkarriere barfuß und im weißen Jackett beschritten hat?
Nein. Das würde ich durchaus tun. Das habe ich auch schon getan.

15 Stimmt das irre Gerücht, dass Sie mittlerweile doppelt so viele Platten wie der Hitparaden-Millionär Julio Iglesias verkauft haben?
Ich weiß nicht, wie viele Platten mein Vater verkauft hat: Sind es mehr als Elvis? Mehr als die Beatles?

Pause. Orientierung. Die Fragen über den Vater hat er wie eine Eins genommen, locker, freundlich, äußerst konzentriert, aufmerksam und effizient, also ohne auch nur ein Gramm mehr Gefühl oder Information herauszulassen, als unbedingt nötig ist (auf Vater Julio werden wir, weil es zu schön ist, später noch zurückkommen). Der Fairness halber kündigt der Interviewer an, dass es nun in das Reich der grauenhaft seichten Fragen geht. Ihm ist das gleich. Er ist gerade fertig mit essen. Er beteuert, auch wenn das keineswegs stimmen muss, dass er sich absolut großartig fühlt.

16 Ihre Größe in Zentimeter?
190.
17 Ihre Schuhgröße?
11.
18 Der Name Ihres Eau de Cologne?
Azzaro.
19 Der Name Ihrer Nachtcreme?
Hängt davon ab, was im Hotel gerade so herumliegt.
20 Nass rasieren oder trocken rasieren?
Trocken.
21 Deodorant oder kein Deodorant?
Deodorant. Ich putze mir auch die Zähne, falls Sie das noch wissen wollen.

22 Wie lautet die Firma Ihrer Unterhosen?

Hugo Boss.

23 Welche Sportart bildet Ihrer Erfahrung nach den schönsten männlichen Körper?

Schwimmen. Gut für die Muskeln, gut für die Knochen.

24 Wie heißt der Beauty-Spezialist, dem Sie persönlich am meisten vertrauen?

Ich gehe zum Hautarzt. Ich gehe nicht zum Kosmetiker.

25 Waren Sie jemals eine ganze Woche lang in Ihrem Leben nicht dunkelbraun gebrannt im Gesicht?

O ja. Vor zwei Wochen war ich ein paar Tage auf einem Boot in Miami. Davor war ich blass wie ein New Yorker im Februar.

26 Stimmen Sie zu, dass Männer insgesamt – seitdem okay aussehende Kleidung so preiswert geworden ist und der Durchschnittsmann in Europa und Amerika vor dem Zubettgehen eine Gesichtscreme aufträgt – heute wesentlich besser aussehen als noch vor zehn Jahren?

Dem kann ich nicht zustimmen. Ich muss auch sagen: Diese Frage verstehe ich nicht. Was soll mit dem Aussehen von Männern passiert sein?

27 Ihre Baseball-Kappen-Firma?

Adidas.

28 Können Sie mir heute, mit dem Abstand von zehn Jahren, die Wollmützen erklären, die Sie in Ihren Popvideos in den Jahren 1999 und 2000 getragen haben?

Richtig, da habe ich Mützen getragen. Aber ich erinnere mich nicht genau, was das für Mützen waren. Mützen halt.

Er lächelt.

Vielleicht auch deshalb, weil er glaubt, sich in diesem Gespräch nun auszukennen: Da kommt, so seine Einschätzung, nun nicht mehr viel. Wir gehen – alter Trick der subtilen Gesprächsführung – von den seichten zu den ultraseichten Fragen über. Das Tempo wird angezogen: etwa 20 Schwachsinnsfragen pro Minute. Er sitzt vornübergebeugt, die Hände gefaltet, den Schirm seiner Baseballkappe über den Augen, dauerlächelnd. Das kann man auch genießen, mit einem Sexsymbol so explizit über Sex zu reden. Let's go.

29 Die Namen Ihrer zwei besten Freunde?

Andres und Gonzo.

30 Wie müssen wir uns eine wirklich wilde Nacht mit Andres, Gonzo und Enrique vorstellen?

Wir gehen auf ein Boot. Wir trinken Wodka. Wir fahren nackt Wasserski bei Nacht. Der Typ, der das Boot lenkt, würde übrigens nie etwas trinken, das ist mir ganz wichtig, da kenne ich keinen Spaß.

31 Blond oder braun?

Keine Vorlieben.

32 Blau oder braun?

Keine Vorlieben.

33 Was wollen alle Frauen?

Sie wollen ihren Prince Charming.

34 Was wollen alle Groupies?

Sie wollen fünf Minuten deiner Zeit.

35 Bett oder Sofa?

Sofa.

36 Strand oder Swimmingpool?

Strand.

37 Segeljacht oder Privatjet?

Das Flugzeug.

38 Scarlett oder Penélope?

Beide sind sehr sexy. Auf ganz unterschiedliche Art.

39 Wer ist die schönste spanische Frau?

Die kennen Sie nicht.

40 Kennen Sie eine schöne deutsche Frau?

Natürlich. Eine Karen. Wunderschön. Aus Baden-Baden.

41 Ihr ewiges James-Bond-Girl?

Die aus *For Your Eyes Only (In Tödlicher Mission)*.

42 Ihr Lieblings-Unterwäschemodell?

Da nehme ich die Holländerin – die, die alle gerade sexy finden. Ich habe den Namen gerade vergessen.

43 Einverstanden, dass Leonardo DiCaprio wirklich großes Talent im Brutal-sexy-Freundinnen-Finden hat?

Bar Refaeli, natürlich! Sie ist unglaublich.

44 Können Sie zugeben, dass Sie mittlerweile lieber das dritte Bier bestellen, als mit der aufregenden Frau, die neben Ihnen an der Bar steht und deren Vornamen Sie nicht kennen, nach Hause zu gehen?

Kommt ein bisschen auf die Frau an, nicht wahr? Aber richtig: Ich trinke lieber den dritten Wodka, als mit der Frau nach Hause zu gehen, deren Vornamen ich nicht kenne. Also: Ich trinke Wodka, kein Bier. Ich bin kein großer Biertrinker.

45 Wie sagen Sie »I love you«?

So: I love you.

46 Haben Sie eine nette Art gefunden, Nein zu einer attraktiven Frau zu sagen?

Du lächelst.

47 Korrekte Beobachtung, dass die fünfzigjährigen Frauen die neuen Zwanzigjährigen sind?

Ich hörte, dass die Vierzigjährigen die neuen Zwanzigjährigen sind.

48 Verstehen Sie, wovon Frauen reden, wenn sie sich einen humorvollen Mann im Bett wünschen?

Gegenfrage: Wollen Frauen einen humorvollen Mann im Bett haben?

49 Fühlen Sie sich als Liebhaber manchmal unter Druck gesetzt, weil Sie der Sohn von Julio, des Königs aller Liebhaber, sind?

Ich verspüre keinerlei Druck.

50 Hat Ihnen Ihr Vater, die Frauen betreffend, jemals einen Ratschlag gegeben?

Nein.

51 Hat Ihnen Ihr Vater, der ja wie kein anderer Vater die Frauen kennt, die russischen Frauen besonders ans Herz gelegt?

Nein.

52 Welche besondere Qualität zeichnet russische Frauen Ihrer Erfahrung nach aus?

Ich glaube nicht, dass russische oder tschechische oder südamerikanische Frauen über einen besonderen Charakter verfügen. Ich glaube überhaupt, dass es Quatsch ist, Frauen einem nationalen Charakter zuzuordnen – ich jedenfalls denke so nicht über Frauen. Es ist meine feste Überzeugung, dass man über Frauen nur als Individuen reden kann. Jede Frau, auch jede russische Frau, ist anders.

53 Richtiger Eindruck, dass Sie manchmal ein bisschen erschöpft davon sind, immer der sexy Enrique Iglesias sein zu müssen?

Sexappeal ist das Gegenteil von Anspannung, von Verkrampfung. Du darfst nicht zu viel wollen. Es passiert entweder ganz natürlich, oder es passiert nicht.

54 Welche Sexseite im Internet empfehlen Sie?

Keine Ahnung. Solange du erwachsen bist, ist Sex im Internet okay.

55 Ihre Lieblings-Anna-Kournikova-Site im Internet?

Die offizielle natürlich. Kournikova. com.

56 Wo ist Ihre Freundin jetzt gerade?

Bei uns zu Hause. In Miami.

57 Einverstanden, dass die Beziehung, die Sie seit nun acht Jahren zu der russischen Tennisspielerin Anna Kournikova unterhalten, auf eine schwer fassbare Art etwas Moderneres, Avancierteres, im besten Sinne Zeitgemäßeres ist als einfach eine Beziehung?

Moment. Eine Beziehung ist eine Beziehung. Sie basiert auf Vertrauen, Verständnis, Mitgefühl. Fertig. Aus.

58 Ihr Geheimnis einer langen Beziehung?

Privatsphäre.

Er lacht. Er lacht jetzt richtig laut. Das ist ein schöner Anblick, den Geschäftsmann und Kontrollfreak Enrique von Herzen lachen zu sehen. Da schaut sogar der Manager auf dem Blumensofa einmal kurz hoch. Dass er, der Latino-Popstar Nummer eins, es hinbekommt, gegen alle Wahrscheinlichkeit noch ein Privatleben zu haben, das ist sein Sieg.

59 Und noch ein irres, wieder absolut schwachsinniges, weil frei vom Himmel herunter erfundenes Gerücht, wie folgt: Können Sie bestätigen, dass Heidi Klum Ihr Angebot abgelehnt hat, die Rolle Ihrer Freundin zu übernehmen, die Ihnen für Partys und PR-Auftritte zur Verfügung steht?

Das ist absoluter Blödsinn. Ich habe Heidi Klum nie getroffen. Übrigens, auch sie ist eine sehr schöne, eine äußerst attraktive deutsche Frau. Ein absoluter Hammer.

Er muss jetzt noch einmal richtig lachen. Der Interviewer lacht mit. Fröhliches Gelächter bei Star und Interviewer: Ja, Mensch, wir verstehen uns! Es tut ihm offensichtlich gut, einmal nicht über seine Musik zu sprechen, über die es ja wahrscheinlich auch für ihn nicht ganz einfach ist, etwas zu sagen. Wir müssen nun aufpassen, dass es nicht zu albern wird. Wir brauchen: Gefühl, Tiefgang, irgendeinen Sinn. Tiefsinn mit Enrique Iglesias: Wie, um Himmels willen, soll das gehen?

60 Wie geht's Ihrem guten Freund Mickey Rourke?

Das letzte Mal habe ich ihn vor den Oscars in einer Bar in Los Angeles gesehen. Er war, wie er immer ist: sehr großzügig, großherzig, humorvoll, unterhaltsam.

61 Wie geht's Ihrer lieben Freundin Sarah Connor?

Längere Zeit nicht mit ihr geredet, aber sie ist wunderbar. Wie Sie wissen, habe ich sie in Los Angeles beim Dreh eines Musikvideos kennengelernt.

62 Hängt es Ihnen zum Hals raus, dass Sie immer wieder erklären müssen, dass Sie von den zwei berühmtesten Latin-Pop-Sängern des Planeten nicht der sind, der gerade sein Coming-out hatte?

Diese Verwechslung hat meines Wissens nie stattgefunden.

63 Freuen Sie sich über das Coming-out Ihres Kollegen Ricky Martin?

Ich bin glücklich darüber, ich bin erleichtert. Sein Coming-out war ein mutiger Schritt, ich gratuliere ihm dazu. Ricky steht unter ständiger Beobachtung. Einen so wichtigen Teil seiner Persönlichkeit nicht offen zeigen zu können, muss eine furchtbare Last gewesen sein. Lassen Sie es mich so ausdrücken: Wäre ich schwul, ich würde es öffentlich machen, je früher, desto besser.

64 Als Schwulenikone, die Sie natürlich auch sind: Haben Sie eine Botschaft an Ihre homosexuellen Fans?

Ich habe viele homosexuelle Freunde. Aber, nein, ich habe keine besondere Botschaft an Homosexuelle – wohl aber eine Botschaft an all diejenigen, die Homosexuelle nicht akzeptieren: Bewegt euch, hört auf, so intolerant zu sein! Ich habe eine Botschaft an die vielen Eltern, die ihre Kinder nicht akzeptieren, weil sie schwul sind – sie lautet: Eltern, die ihre Kinder ablehnen, weil sie anders sind, ganz gleich, auf welche Art anders, sind keine guten Eltern.

65 Wie lautet Ihre Botschaft an die Sekretärinnen dieser Welt, die kreischen, wenn sie Ihre Musik hören?
Oh, ich liebe Sekretärinnen. Zwei Fantasien haben mich mein Leben lang beflügelt: Sekretärinnen und Lehrerinnen. Ich hatte eine umwerfende Literaturlehrerin, sie hat mich immer durchfallen lassen. Die engen Kostüme, die Brillen ... die intellektuelle Aura, die diese Frauen umgibt, ist brutal sexy. Meine Botschaft an alle Lehrerinnen und Sekretärinnen der Welt lautet: Danke, dass es euch gibt.

Er freut sich. Natürlich, er freut sich darüber, dass er dieses Gespräch beherrscht und seine Antworten zusehends mehr Drive, Charme und Persönlichkeit bekommen. Enrique Iglesias, was für ein netter, gerader, offener und sympathischer Mensch. Er redet keinen Quatsch. Und wenn es darauf ankommt, ist er sogar ein guter, ein politisch korrekter Mensch (die Rechte von Schwulen und Sekretärinnen betreffend). Wir wollen nun erleben, dass er einmal von sich selbst überrascht ist. Wir wollen ihm – gegen alle Wahrscheinlichkeit – einmal wirklich nahekommen.

Zeit für ein Spielchen, den Self-Rating-Test. Sie schätzen Ihr Talent zwischen zehn Punkten, grandiose Begabung, und null Punkten, keinerlei Begabung, ein.
Okay.
66 Unterwäsche-Modell.
Null. Ich hätte keine Chance, eine Unterwäschekampagne mit Würde zu überstehen, glauben Sie mir. Ich sähe wie ein Vollidiot aus.
67 Don Juan.
Drei Punkte.
68 Frank Sinatra.
Fünf.
69 Fußballspieler.
Sieben.
70 Stierkämpfer.
Da wäre ich eine Pussy. Drei. Zwei.
71 Flamenco-Gitarrist.
Acht.
72 Sohn.
Mein Talent als Sohn? Da gebe ich mir eine Zehn. Ich bin ein guter Sohn.
73 Sie sind nicht rauschgiftsüchtig und kein Alkoholiker, Sie blicken auf eine Weltkarriere zurück, Sie

haben eine prima Freundin, tragen Baseballkappen, stehen mit beiden Füßen auf dem Boden. Manchmal überrascht darüber, dass Sie Ihren Vater seelisch überlebt haben?
Ach, wissen Sie ...

Er denkt nach. Wahrscheinlich hätte jeder Mensch sich an dieser Stelle einen Moment zum Nachdenken genommen, also auch der ultrasympathische Herr Iglesias. Wir werden härtere Seiten aufziehen müssen, ihn ärgern und erschrecken müssen, um doch noch ein Stück Wahrheit aus ihm herauszukitzeln: mal hören.

Niemand ist perfekt. Ich versuche, mich so gut es geht zu schlagen – als Sohn, als Kumpel, als Sänger, als Typ, der gar nicht so sehr anders ist als ihr Typen da draußen. Manchmal denke ich: Meine Erziehung hat einfach gut hingehauen. Auch wenn meine Eltern selten zu Hause waren, sie waren schlau genug, mir eine Kinderfrau, also eine zuverlässige Kraft, an die Seite zu stellen, die auf mich aufgepasst hat.
74 Ihre Mittel gegen Einsamkeit?
Songs schreiben.

75 Sind Sie jetzt gerade todtraurig?
Überhaupt nicht.
76 Sind Sie brutal gelangweilt?
Nein. Null.
77 Geht Ihnen das Sonnenlicht auf die Nerven?
Nie.
78 Überfällt Sie manchmal die Lust, einem wildfremden Menschen voll ins Gesicht zu hauen?
Du lieber Himmel, nein! Haben Sie diese Träume? Da kann ich Ihnen nicht folgen. Ich bin ein friedfertiger Mensch.
79 Wie geht's Ihrer wunderbaren Kinderfrau Mrs. Elvira Olvarez?
Ich habe sie zu mir geholt, jetzt lebt sie bei mir in meinem Haus in Miami. Sie war immer streng. Mittlerweile ist sie 70 Jahre alt, sie kümmert sich um meine Hunde.

Er liegt tief hinten im Sessel. Lächelnd. Die Hände gefaltet. So haben wir uns diesen Enrique Iglesias vorzustellen: als einen, der mit seinen Hunden spielt, einen, der seine Kinderfrau auf ihre alten Tage zu sich nach Hause holt. Der Manager hält eine Hand hoch: noch fünf Minuten.

80 Ihr Lieblingsspiel auf dem iPhone?

Ich spiele nicht auf dem iPhone.

81 Ist es einfach, auf einer Bühne vor 100.000 Menschen ein glücklicher Mensch zu sein?

Das ist das Einfachste. Ich kann auf der Bühne so gut entspannen wie an keinem anderen Ort. Der Mensch auf der Bühne ist der glücklichste Mensch der Welt.

82 Was ist der Sinn des Lebens?

Entsetzlich, entsetzlich! Diese Frage hätte ebenso gut Norbert Körzdörfer, der Promi-Interviewer der »Bild«-Zeitung, stellen können, aber wir wissen uns nicht anders zu helfen, wir wollen jetzt auf die letzten Meter unbedingt noch irgendeinen Sinn!

Alles läuft auf dein persönliches Glück hinaus. Ich denke, Glück, das ist, wenn du Verantwortung für dich und ein Stück Verantwortung für die Welt übernimmst.

83 Eine große Frage, die ich mir immer gestellt habe: Welche sinnvolle Tätigkeit soll der Mensch am Rand eines sonnenüberfluteten Swimmingpools verrichten?

Da sage ich: mit seinen Hunden spielen.

84 Was sagt der Psychiater?

Ich war nie bei einem. Vielleicht sollte ich aber mal einen aufsuchen. Eine Therapie hat noch niemandem geschadet.

85 Wie heißt Ihr Einschlafmittel?

Ich nehme Ambiant. Es macht – angeblich – nicht körperlich abhängig.

86 Welches Hotel hat die besten Matratzen auf der Welt?

Das Ritz in Paris.

87 Lesen Sie immer noch »Micky Maus« zum Einschlafen?

Nein.

88 Können Sie versprechen, dass Sie niemals mehr als zwei Schlaftabletten pro Nacht nehmen?

Exakt zwei Tabletten sind mein Limit.

89 Sicher, dass Sie kein Alkoholiker sind?

Ich bin zu hundert Prozent sicher, dass ich kein Alkoholiker bin.

Der Manager klappt seinen Computer zusammen, steht auf. Von der Mitte des Raums stellt er eine Frage auf Spanisch. Enrique antwortet auf

Spanisch. Er, Latin-Popstar, steht nun ebenfalls auf. Seine große, schlanke Gestalt. Ach, ihr Baseballkappen-Typen: Wenn Profitum bedeutet, unter widrigen Umständen die Laune hochzuhalten, dann ist er, Enrique, Vollprofi. Der Manager und sein Popstar haben nun Wichtiges zu besprechen. Er gehört uns nicht mehr, er ist eigentlich schon weg. Noch zehn Fragen an Enrique Iglesias.

90 Die Namen Ihrer zwei Hunde?
Lucas und Grammy.

91 Sind Sie eher 30 oder 40 Jahre alt?
Ich bin 35.

92 Soll Ihre wunderschöne Freundin jetzt endlich mal schwanger werden?
Ich freue mich darauf, Vater zu werden – zum richtigen Zeitpunkt. Dieser Zeitpunkt ist noch nicht gekommen.

93 Wissen Sie, wie viele Geschwister Sie haben?
Natürlich. Es sind neun. Der Jüngste ist drei Jahre alt, er heißt Guillermo und lebt bei seiner Mutter.

94 Eine Ahnung, wie viele Kinder Sie haben?
Ich habe keine Kinder.

95 Als Einwohner Floridas wissen Sie das: Wird sich der Golf von Mexiko jemals von der Ölkatastrophe erholen?
Ich wohne an der Ostküste von Florida. Die hat das Öl Gott sei Dank nicht erreicht.

96 Wird Spanien die Wirtschaftskrise überleben?
Ich lebe in den USA, aber ich vertraue dem spanischen Volk. *Viva España.*

97 Kennen Sie einen guten Titel für eine Greatest-Hits-Sammlung?
Der beste Titel für eine Greatest-Hits-Sammlung lautet *Greatest Hits.*

98 Traurig darüber, dass Sie jetzt nicht mit mir nach draußen gehen und sich zu den Leuten in die Sonne setzen können?
Stellen Sie sich vor: Ich tue das. Ich tue meistens genau das, worauf ich gerade Lust habe.

99 Welchen Elvis-Song möchten Sie in diesem Leben noch einmal neu aufnehmen?
Wenn einen Elvis-Song, dann *Can't Help Falling In Love With You.*

25. August 2010

43

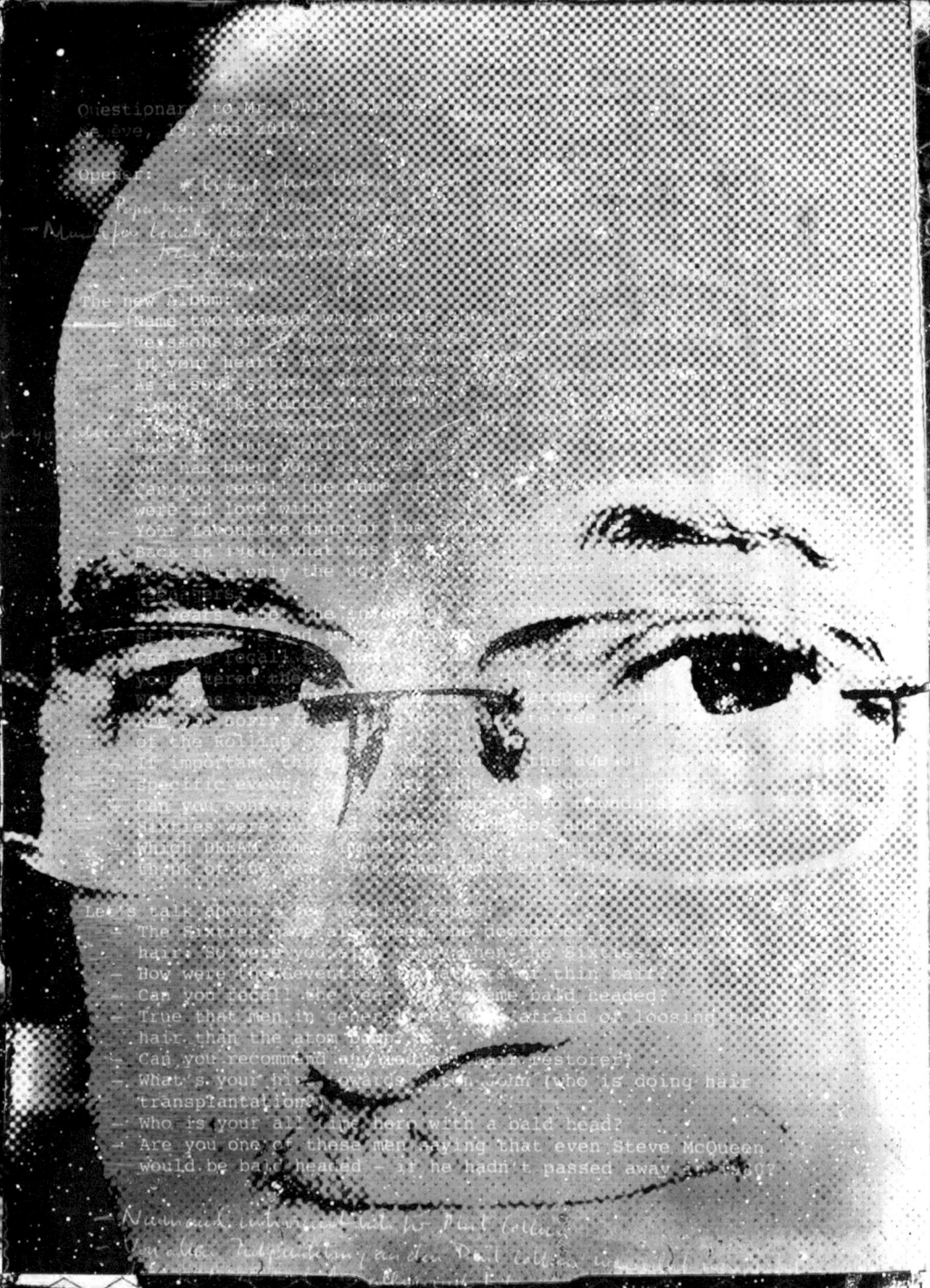

PHIL COLLINS

Hotel Beau Rivage, Genf. Er trägt Polohemd und eine dieser randlosen Brillen, deren Glas sich bei Sonneneinfall dunkel einfärbt. Da sitzt der berühmteste Glatzkopf des Pop. Viereckiger Kopf, kräftige, kurze Unterarme. Phil Collins sieht aus wie Phil Collins, genauer wie ein Handwerker,

Elektroinstallateur oder IT-Manager, der Phil Collins erstaunlich ähnlich sieht: gleich vollkommen sympathisch. Vor 15 Jahren hat der Popmillionär sich in ein Haus am Genfer See zurückgezogen. Die Pressedame erklärt die Modalitäten dieses Interviews: Nach 25 Minuten wird sie unterbrechen und anzeigen, dass das Gespräch in weiteren fünf Minuten beendet ist. Die ersten fünf Minuten soll bitte über das neue Album »Going Back«, eine Sammlung von Phil Collins' Versionen von Motown-Klassikern aus den Sechziger- und Siebzigerjahren, geredet werden. Kein Mensch hat Lust, Phil Collins gemeine Fragen zu stellen – er hat ja, seit er 1980 seine Solokarriere und eine der größten Hit-Maschinen des Pop in Gang setzte, praktisch nur Verachtung von Journalisten zu spüren bekommen. Die mittelgemeinen Fragen reichen hier also vollkommen aus. Wir sitzen, hoppla, erstaunlich eng aufeinander. Der Interviewer könnte, falls das nötig werden sollte – letztes Mittel, um einen aufgebrachten Popstar zu beruhigen –, Phil Collins' Arme anfassen.

1 Nennen Sie zwei Gründe, warum die Leute sich Ihre Versionen von Motown-Klassikern anhören sollten.

Das möchte ich nicht. Es muss sich ja niemand diese Songs anhören.

2 Wie viele Top-Ten-Hits sind auf der neuen CD?

Es sind 18 Songs, und alle sind Hits.

3 In Ihrem Herzen sind Sie Soulsänger?

Ich sehe keinen Grund, warum ich mich nicht als Soulsänger bezeichnen sollte. Ich habe Soulsongs geschrieben. Wenn Soul die Musik ist, die ausdrückt, wie du dich fühlst, dann habe ich meine ganze Solokarriere lang Soulmusik geschrieben.

4 Als Soulsänger, was unterscheidet Ihre Stimme von der von Curtis Mayfield?

Seine Bandbreite ist größer, er kann einfach viel mehr ausdrücken. Spielen Sie auf das Vorurteil an, dass man schwarz sein und gelitten haben muss, um ein guter Soulsänger zu sein? Ich habe gelitten. Ich war drei Mal verheiratet.

Lächelnder Collins. Schon nach vier Antworten ist klar, unter welchen Vorzeichen er dieses Gespräch gerne stattfinden lassen möchte: Er gibt sich selbstbewusst, im Gegenzug liefert er selbstironische Pointen, die ihn als fehlbaren, weichen, umgänglichen Menschen darstellen. Es ist eine alte Leier des Pop: Nachdem seine nicht so gute, aber immens erfolgreiche Musik jahrzehntelang die Welt vollgequakt hat, wünscht sich der Popstar, mittlerweile im letzten Viertel seiner Karriere angekommen, dass die Menschen ihn als Kumpel akzeptieren, als einfachen, bodenständigen, normal gebliebenen Typen. Mal sehen, ob wir ihm das durchgehen lassen.

5 Gehen wir zurück nach 1966: Sie waren 15 Jahre alt. Konnten Sie damals tanzen?

Aber ja. Ich besuchte die Schlagzeugschule. Ich spielte Modern Jazz.

6 Im Jahr 1964: Was war Ihr Minderwertigkeitskomplex?

Ich kann mich an keine besonderen Komplexe erinnern. Ich war der am Schlagzeug. Die Leute sagten: Was ist mit dem kleinen Schüchternen dahinten? Antwort: Er spielt das Schlagzeug. Verstehen Sie, das funktioniert immer.

7 Können Sie zu dem schmalen weißen Schlips, den der Junge Phil auf dem Coverfoto der neuen CD trägt, eine Geschichte erzählen?

An die Krawatte erinnere ich mich nicht, aber an das Hemd mit dem kleinen, runden Kragen: Ich trug es in dem Beatles-Film *A Hard Day's Night*, in dem ich eine kleine Nebenrolle spielen durfte.

8 Wer war Ihr Sixties-Postergirl?

Soll ich an ein Frauengesicht der sechziger Jahre denken, taucht Pattie Boyd vor meinen Augen auf: das Fotomodell, die spätere Frau von George Harrison. Mittlerweile kennen Pattie und ich uns gut, wir sind befreundet. Verehrt habe ich sie, lange bevor ich sie kennengelernt habe.

9 Der Name der ersten Band, die Sie live im Marquee Club, dem berühmtesten Rockclub des Swinging London, gesehen haben?

Meine erste Band im Marquee waren

die Yardbirds. Es war der Tag, an dem Eric Clapton die Band verlassen und Jeff Beck seinen Posten an der Gitarre übernommen hatte.

10 Ist das ein tragischer Umstand Ihres Lebens, dass Sie zu jung waren, um den ersten Auftritt der Rolling Stones im Marquee Club mitzuerleben?

Moment – ich kann Ihnen hier die Geschichte erzählen, wie ich vor dem Marquee Club auf der Straße stand und bis nach draußen hörte, wie Howlin' Wolf, begleitet von den Rolling Stones, buchstäblich um sein Leben schrie. Den Bluessänger Wolf durch die Wände eines Rockclubs schreien zu hören, das ist ein Erlebnis, das kein Mensch jemals vergisst.

11 Im Rückblick, waren die Sechziger nicht ein rührend braves Jahrzehnt?

Ich sage, für den Pop war es das beste Jahrzehnt, das wir je hatten.

12 Wenn der Spruch stimmt, dass der Mensch mit 17 noch Träume hat, haben Sie damals den unmöglichen Entschluss gefasst, es als Popstar zu versuchen?

Ich stelle mir vor, wie sich die Leute jetzt wieder fragen: Howlin' Wolf und Phil Collins – diese beiden Sänger trennen doch Universen! Er soll ihn beeinflusst haben? Genauso ist es geschehen.

Phil und der Blues: was für eine schöne Geschichte. Der Interviewer beugt sich nach vorne und tippt dem Popstar auf den Unterarm, eine kumpelhafte Unterwerfungsgeste à la Reinhold Beckmann, die Collins registriert, indem er die Brauen hochzieht: Wir müssen nun, Entschuldigung, doch ein bisschen gemein sein. Wir ziehen an, wir packen die ungemütlichen Fragen aus.

13 Die Sechziger- und Siebzigerjahre waren Jahrzehnte der vollen und langen Haare. Insofern, war es eine schlimme Zeit für Sie?

Überhaupt nicht. Ich hatte ja lange Haare. Ich habe sogar einen langen Bart getragen.

14 Echt wahr, dass Männer vor Haarausfall mehr Angst haben als vor der Atombombe?

Ich hatte vor beidem, Haarausfall und Atombombe, nie Angst.

15 Können Sie rückblickend das Jahr benennen, in dem Sie glatzköpfig wurden?

Ich hatte schon als Teenager einen stark rückläufigen Haaransatz. Und ich habe nie versucht, das zu verbergen.

16 Welches Haarwuchsmittel können Sie empfehlen?

Kein Haarwuchsmittel. Ich habe ja nie eins benutzt.

17 Ihr Tipp an den Kollegen Elton John, der angeblich aufwendige Haartransplantationen an sich vorgenommen hat?

Ich verehre Elton ganz außerordentlich, er ist ein Freund. Aber Elton ist eitel.

18 Wenn Buddy Holly und John Lennon die ersten Popstars mit Brille waren, waren Sie dann der erste Popstar mit Glatze?

Das glaube ich nicht. Sehen Sie ... schon als Sänger von Genesis habe ich immer diese komischen Komplimente bekommen, zum Beispiel: Wir lieben die Musik, aber am meisten mögen wir den kleinen Kerl mit Glatze, der die Lieder singt. Verstehen Sie? Es waren schon immer diese merkwürdig verqueren Komplimente.

19 Gehören Sie zu den Leuten, die darauf hinweisen, dass selbst das ewige Schönheitsidol Steve McQueen heute wohl einen Glatzkopf hätte, wäre er nicht 1980 als mitteljunger Mann verstorben?

Dieser Gedanke ist mir nie gekommen.

20 Ihr Lieblingsheld der Popgeschichte mit Glatzkopf?

Ich habe keinen. Mein Lieblingsschauspieler mit Haaren ist Jack Nicholson. Es scheint ihm gleich zu sein, wie er aussieht. Sein Haar steht in irren Büscheln von seinem Kopf ab, unmöglich. Und der Typ ist trotzdem sexy.

Das waren acht Glatzen-Fragen an Phil Collins. Keine Ahnung, ob ihn eine der Fragen verletzt hat. Der Interviewer wiederholt das Popstar-am-Arm-Tätscheln. Wir nehmen ihn uns nun vom Kopf bis zu den Füßen vor: Gesundheitscheck bei Phil Collins. Der Körper und die Seele.

21 Spontan: Wissen Sie, wie alt Sie sind?

Ich bin 59 Jahre alt.

22 Wie geht's den Ohren?

Ich hatte ein Problem mit dem rechten Ohr, ein Virusinfekt. Es geht besser. Auf der Bühne komme ich mittlerweile wieder ganz gut zurecht. Nur das Telefon muss ich an das linke Ohr halten.

23 Wie geht's den Händen?

Ich musste mich einer Reihe von Operationen unterziehen. Die Nerven arbeiten nicht mehr richtig. Ich kann heute keine Liveshow auf dem Schlagzeug mehr spielen: *In The Air Tonight* vor Publikum – das geht nicht mehr. Als ich das neue Album aufnahm, musste ich mir die Schlagzeugstöcke mit Klebeband an den Händen befestigen.

24 Macht der Magen Probleme?

Keinerlei Beschwerden.

25 Welchen Schweizer Arzt können Sie empfehlen?

Meine Ärzte sind meine Ärzte. Nichts für die Öffentlichkeit.

26 Noch einmal Ihr Gebrechen am rechten Ohr betreffend: Könnten Sie sich vorstellen, wie Beethoven eine ganze Sinfonie nur mit Ihrem inneren Gehör zu schreiben?

Mein inneres Gehör funktioniert gut.

27 Nach vier Jahrzehnten als Popstar: Haben Sie einen Weg gefunden, mit den schlechten Kritiken umzugehen?

Es war nie einfach. Es bleibt schwer.

28 Hassen Journalisten Sie, weil Sie zu viele Hits geschrieben haben?

Das klingt nach einer furchtbar platten Erklärung. Aber es mag die richtige Erklärung sein.

29 Glauben Sie mir, dass ich Sie nicht hasse?

Ich glaube Ihnen, ja.

30 Wann zuletzt einen Journalisten angerufen, um sich bei ihm über die schlechte Kritik zu beschweren?

Zuletzt habe ich das in Minneapolis gemacht. Der Journalist hatte über die miese Stimmung im Publikum geschrieben, tatsächlich hatten die Leute vom ersten Ton an mitgesungen. Der Typ konnte natürlich schwer fassen, dass es Phil Collins selber war, der ihn da am Telefon zur Rede stellte. Ich fragte das erschrockene Kerlchen: Was tust du da? Warum schreibst du diesen Quatsch?

31 Wann zuletzt einem dummen Kritiker einen Klaps auf den Hinterkopf gegeben?

Ich bin mal einem hinterhergerannt. In New York. Aber er war schneller als ich.

32 Was rät Ihr Psychotherapeut?

Ich gehe nicht zum Psychotherapeuten. Ich glaube nicht daran – mehr noch, ich habe schlechte Erfahrungen mit dieser Sorte Arzt gemacht: Vor meiner dritten Scheidung habe ich mit meiner Ehefrau einen Paartherapeuten aufgesucht. Wir mochten uns, bevor wir seine Praxis aufsuchten. Und wir hassten uns, als wir diesen Raum wieder verließen.

33 Ihre Erklärung, warum Hits einen so schlechten Ruf haben?

Die Menschen schämen sich für ihren Erfolg. Warum?

34 Mal daran gedacht, die schlechten Kritiken gar nicht erst zu lesen?

Das kriege ich dummerweise nicht hin.

35 Welche überraschende Wahrheit hat ein Kritiker über Sie geschrieben?

Sehen Sie: Ich habe schlechte Songs geschrieben. Aber es gibt eben auch ein paar gute Phil-Collins-Songs. Es ist merkwürdig, aber anders als bei Filmschauspielern scheint man uns Musikern nicht zu verzeihen, wenn wir einen Flop hinlegen.

Das ist doch toll, was man diesen Star alles fragen kann. Seine Aufrichtigkeit tut weh. Da sitzt er, klein, gedrungen, tapfer entschlossen, gegen alle Bosheit, Häme und Unaufrichtigkeit dieser Welt ein netter Mensch zu bleiben. Wir wollen nun, ganze 25 Fragen lang, nur freundlich sein.

36 In aller Kürze, Ihre Einschätzung Ihrer eigenen Schlagzeuger-Qualitäten?

Laut.

37 Ihre Einschätzung der Schlagzeuger-Qualitäten von Ringo Starr?

Unterschätzt.

38 Ihre Einschätzung der Schlagzeuger-Qualitäten des britischen Premierministers?

Den habe ich noch nicht gehört.

39 Ihre Einschätzung der Schlagzeuger-Qualitäten der britischen Königin?

Unzerstörbar. Sie hält den Beat.

40 Ihr Lieblings-Schlagzeugsolo in der Rockgeschichte?

Irgendwas, was John Bonham von Led Zeppelin gemacht hat. Ich habe John noch als Schlagzeuger der Yardbirds erlebt.

41 Was ist schlimmer, ein Schlagzeug- oder ein Saxofonsolo?

In der gedehnten Fassung sind beide Soli schwer zu ertragen.

42 In vielen Bands ist der Schlagzeuger der Spaßmacher. Weshalb?

Der Schlagzeuger muss kompensieren.

43 Richtig, dass Sie den Sänger Phil Collins lieber mögen als den Schlagzeuger?

Ich habe beide, Sänger und Schlagzeuger, ganz gern.

44 Echt wahr, dass Sie nie ein großer Elvis-Fan waren?

Richtig. Hat mich nie berührt.

45 Welcher Beatles-Song ist gut?

Ich mag *I'm Only Sleeping*.

46 Welchen Phil-Collins-Song sollen die Menschen in hundert Jahren erinnern?

Vielleicht *Take Me Home*. Von *No Jacket Required*. Es ist ein Song, der, mehr als die anderen Songs, den Fans gehört.

47 Wie erklären Sie den musikalischen Kern des Hits »Groovy Kind Of Love«?

Keine Erklärungen.

48 Können Sie zugeben, dass Ihr Großhit »One More Night« von 1985 auf äußerst simplen Harmonien aufbaut?

Es ist ein einfacher Song, richtig. Es war eine Reaktion, eine Abgrenzung von den aufwendigen Songschreiber-Prozessen, die bei Genesis stattgefunden hatten.

49 Verletzt es Sie, wenn die Leute sagen, dass Sie von Mozart gestohlen haben?

Ich hätte es lieber, wenn die Leute sagen: Er hat von Beethoven gestohlen. Beethoven ist rhythmisch interessanter.

50 Ihre Lieblingswerbung, die mit einem Phil-Collins-Song unterlegt ist?

Ich mag das Gorilla-Filmchen.

Er setzt nun das Gesicht eines Gorillas auf und trommelt. Das ist natürlich ein Anblick für die Ewigkeit: Da sitzt der Pop-Gorilla Phil Collins in den Polstern eines Luxushotels am Genfer See und trommelt seinen Hit »In The Air Tonight«.

51 Wann zuletzt einen Nachtklub betreten, in dem die 9-Minuten-58-Sekunden-Version von »In The Air Tonight« lief?
Ist mir nie passiert.

52 Wie viele verschiedene Versionen von »In The Air Tonight« haben Sie in Ihrer Plattensammlung stehen?
Es sind an die vierzig verschiedene Versionen auf meinem iPod.

53 Denken Sie manchmal voller Wehmut an die Tausende von Tanzflächen, auf denen in den Achtzigerjahren die Endlosversion von »In The Air Tonight« lief?
Nein. Nie.

54 Ihr Kommentar zur Roland-Drum-Machine CR-78?
Wie allgemein bekannt ist, stammt der Beat von *In The Air Tonight* daraus.

55 Nach 29 Jahren, in denen der Song »In The Air Tonight« im Radio läuft, in Supermärkten, Freibädern, Sonnenstudios, Strandbars, auf Modenschauen, in Gefängnissen und Polizeistationen, müssen Sie nun endlich eine Erklärung geben: Was ist das Geheimnis dieses Songs?
Es ist das Schlagzeug. Menschen mögen das Schlagzeug. Es ist ein bedrohlicher Song.

56 »I've been waiting for this moment all my life«: Auf welchen Moment genau haben Sie gewartet?
Das kann ich Ihnen nicht sagen. Der Song ist nachts in einem Studio entstanden, ich habe den Text improvisiert. Die Worte sind einfach aus meinem Mund herausgekommen.

57 Ein persönlicher Moment, den Sie mit Michael Jackson verbracht haben?
Ich habe ihn auf seiner Ranch Neverland besucht. 1991 oder 92. Ich moderierte eine Billboard-Award-Show in Amerika, er gewann den Preis für

den besten Sänger und das beste Album. Er war sehr liebenswürdig. Er sagte: »Entschuldige mein Make-up, ich habe Hautprobleme.« Er hat ganz reizend mit meiner Tochter gespielt.

58 Madonna, Elton John, die Pet Shop Boys – wer ist Ihr Lieblings-Popveteran aus den achtziger Jahren?

Ich konnte die Achtziger ja nie besonders leiden.

59 Bronski Beats »Smalltown Boy«, Sandras »Maria Magdalena«, F. R. Davids »Words« – welcher ist Ihr peinlicher Lieblingshit aus den Achtzigerjahren?

Ich habe fast die ganzen Achtziger auf Tournee verbracht. Im Ernst, ich kenne den Pop der Achtzigerjahre kaum.

60 Echt wahr, dass die Achtzigerjahre nur vom Kohlescheffeln gehandelt haben?

Nicht bei mir. Ich habe viel Geld verdient. Aber das war nur ein Nebeneffekt davon, dass ich Schlagzeug gespielt und Songs geschrieben habe.

61 Hat es den Moment gegeben, in dem Sie vor einer bis zum An-schlag aufgedrehten Musikanlage zum explodierenden Schlagzeug von »In The Air Tonight« wie verrückt durch ein Zimmer gehüpft sind?

Nein. Selbstvergessenheit liegt mir nicht. Ich weiß eigentlich immer, was ich tue. Leute laufen an einem Schaufenster vorbei und lächeln ihr eigenes Spiegelbild an – das könnte mir nie passieren.

Ein guter Moment. Nachdenklicher Phil Collins. Ein Popstar, dem sein eigenes Spiegelbild egal ist – das hat natürlich was.

62 Reden wir von Ihrem alten Freund Peter Gabriel. Wie geht es Peters Haaren?

Ganz ähnlich wie meinen. Wenn die Leute dünnes Haar wie Peter und ich bekommen, dann tun sie gut daran, es kurz zu tragen.

63 Ist Peter Gabriel ein Intellektueller?

Er bezeichnet sich zumindest selber so.

64 Ihr Lieblings-Genesis-Song vor 1975?

Wot Gorilla?, der Instrumentalsong auf *Wind and Wuthering*.

65 Haben Sie den Begriff Progressive Rock jemals verstanden?

Ja, natürlich.

66 Haben Sie die Telefonnummer von Peter Gabriel?

Ja.

67 Hängt es Ihnen zum Hals heraus, schlecht über Peter zu reden?

Ich habe nie schlecht über Peter geredet.

68 Welche Ihrer Ehen war die erfolgreichste?

Ich muss sagen, und ich versuche dabei gar nicht, diplomatisch zu sein: Ich habe zu allen meinen drei Exfrauen ein ausgesprochen gutes Verhältnis. Meine Exfrauen verstehen sich sogar untereinander gut, und meine derzeitige Freundin versteht sich gut mit meinen drei Exfrauen. Sie ist es, die Bilderrahmen mit Fotos meiner Exfrauen im ganzen Haus aufstellt.

69 Welchen Fehler werden Sie in der vierten Ehe garantiert nicht wiederholen?

Ich werde nicht noch einmal heiraten.

Und nun gehen wir richtig ab. Wir wollen wissen, welches Leben Phil Collins da in seinem Haus am Genfer See führt. Wir wollen uns den Alltag des Pop-Tycoons vorstellen – verstehen, ob so eine Millionärsexistenz in der Abgeschiedenheit der Schweiz ein trister Stumpfsinn oder doch einfach ein wunderbares Leben ist. Große Nähe zwischen Popstar und Interviewer. Der Interviewer tätschelt dem Popstar – ist das peinlich, ist das schön – den Arm.

70 Richtig, dass ihr Besitzer eines Hauses mit Seeblick glücklichere Menschen seid?

Glücklicher als wer? Glücklicher als die Leute, die nicht am Wasser wohnen?

71 Welche philosophische Einsicht ist Ihnen beim Blick aus Ihrem Wohnzimmerfenster auf den Genfer See gekommen?

Ich bin mit dem Blick aufs Wasser – auf Boote am Fluss – aufgewachsen. Ich begreife es als tröstliche Wendung, im letzten Drittel meines Lebens wieder aufs Wasser zu schauen.

72 Wie geht es Alain Delon?
Er ist ein Nachbar, richtig? Ich habe ihn nie getroffen.

73 Welche irre Geschichte können Sie über Ihren Nachbarn Michael Schumacher erzählen?
Auch nie getroffen.

74 Richtig, dass russische Waffenhändler und Pornofilmproduzenten mehr und mehr zum Problem für die exklusive Anwohnerschaft hier am Genfer See werden?
Ich kenne diese Menschen nicht.

75 Mal daran gedacht, das Château de Chillon am Genfer See zu kaufen?
Die Burg am See? Die wäre mir zu groß. Sie sollten mein Zuhause sehen: Mein Lebensstil ist bescheiden.

76 Was ist der Name Ihres Boots?
Fil d'or.

77 Der Vorname der netten Frau, die morgens nach dem Rechten gucken kommt?
Denise. Sehr nette Frau.

78 Der Name Ihrer Schweizer Bank?
Meine Bank ist in England. HSBC.

79 Ihr Schweizer Lieblingskäse?
Vacheron.

80 Der Name eines Kumpels, der abends mal auf ein Bierchen vorbeikommt?
Da nenne ich Paul und Johnny. Beide leben hier in Orten in der Nachbarschaft, einer in Gland, der andere in Givrins.

81 Wie sieht der Kamin in Phil Collins' Wohnzimmer aus?
Klein.

82 Ihr Tipp, wie man den perfekten Kaminholzstapel längs der vom Wetter geschützten Hauswand aufschichtet?
Da habe ich keine Tipps. Ich hebe mein Kaminholz in Säcken in der Garage auf.

83 Im Vergleich zu Rod Stewarts sagenumwobener Modelleisenbahn, die gigantische Ausmaße angenommen haben soll, was macht Ihre Modelleisenbahn?
Gegen Rod hat niemand eine Chance. Mich hat immer weniger die Eisenbahn, immer mehr das Aufbauen der Landschaft, der Hügel und Häuser, interessiert. Meine Jungs mögen die Bahn.

84 Was ist denn nun das Lustigste, was man an einem Freitagabend in

einem Dorf in der Schweiz anstellen kann?

Man winkt den Leuten zu. Und sie winken zurück. Es sind entspannte, freundliche und friedliche Leute hier in der Schweiz, ganz anders als in England.

85 Das Leben genießen, Mr. Collins, wie geht das?

Ich empfehle, sich auf die Kinder zu konzentrieren. Meine zwei jungen Söhne halten mich auf Trab. Ich knie am Boden und setze Spielzeugteile zusammen.

86 Können Sie einen Alltag ohne Frauen empfehlen?

Zumindest ist das mein Alltag. Meine Freundin lebt in New York, sie ist Nachrichtensprecherin bei CBS. Ich sehe sie nur etwa einmal im Monat.

87 Ist kein Alkohol auch keine Lösung?

Ich fange gerade wieder vorsichtig mit dem einen oder anderen Glas Wein an. Alkohol erschwert den Heilungsprozess meines Nervenleidens.

88 Sind reiche Menschen langweilige Menschen, Mr. Collins?

Einige reiche Menschen sind langweilige Menschen, ja.

89 Macht Geld glücklich?

Es macht zumindest nicht unglücklich.

90 Eine kleine Sache im Leben, die glücklich macht?

Wie gesagt, mein jüngster Sohn Matthew ist ziemlich klein: fünf Jahre alt.

91 Freuen Sie sich darüber, dass Sie als Bewohner der Schweiz nicht Teil der Euro-Krise sind?

Mir kommt das Leben in der Schweiz manchmal wie eine alte englische Komödie vor – *Das Glück kam über Nacht* mit Alec Guinness, *Ladykillers,* diese Richtung: Die Menschen tragen Hut und winken sich gegenseitig auf der Straße zu. Ich liebe die Schweiz für ihre Lebensqualität, man kann nur schwer etwas gegen dieses Land haben.

92 Nach 15 Jahren Schweiz, welches ist Ihr lebendigster englischer Charakterzug?

Manchmal vermisse ich den britischen Humor.

Er sieht zufrieden aus. Er hat sich, zumindest während dieses Gesprächs, als souveräner Kopf erwiesen. Allein: Seine Musik macht das nicht besser. Die Pressedame hat vor einigen Minuten den Raum betreten. Noch zwei Minuten.

93 Großfrage: Warum ist es praktisch unmöglich, ein wirklich aufregender Rock 'n' Roller jenseits des 50. Lebensjahrs zu sein?

Ich habe es einfach mit dem Älterwerden, weil ich in der Disziplin »Total aufregender Rock 'n' Roller« nie mitgemischt habe. Ein aufregender Rockstar – das war ich ja nie. Wenn ich Jagger sehe, dann muss ich doch sagen: Es funktioniert. Und wenn ich Charlie Watts sehe, dann weiß ich, dass es möglich ist, als Schlagzeuger in Würde zu altern. Charlie ist ein Gentleman und der am besten angezogene Mann des Rock 'n' Roll.

94 Mussten Sie lachen, als das englische »Mail On Sunday«-Magazin neulich mit Ihrem Foto auf dem Titel und der Zeile »Mr. Cool« herauskam?

Da musste ich lachen, ja. Heute gelte ich als cool, und Oasis gelten als uncool. Das ist doch ziemlich lustig.

95 Und nun schildern Sie bitte noch einmal jenen wunderbaren Moment, in dem der Rapper Ice T. Sie kürzlich als eines seiner musikalischen Idole bezeichnete.

Das war ein großartiger Moment, tatsächlich: Ich sitze vor dem Fernseher und sehe diese Dokumentation, in der Ice T. seine Plattensammlung vorführt. Er hält plötzlich eine Phil-Collins-Single in der Hand, als er zum Interviewer sagt: »Don't fuck with my friend Phil.« Und: »Phil Collins ist eines der größten musikalischen Genies unserer Zeit.« Das hat er wirklich gesagt! Ich fiel fast vom Sessel.

96 Haben Sie eine coole Art gefunden, Ihren sechzigsten Geburtstag zu feiern?

Ich würde am liebsten gemütlich mit den Kindern abendessen gehen.

97 Was schreibt Prince Charles auf die alljährliche Weihnachtskarte?

Das Übliche: Frohe Weihnachten und ein gutes neues Jahr. Vor einigen Wochen habe ich eine handgeschriebene Karte von ihm erhalten mit Genesungswünschen für meine rechte Hand.

98 Fürchten Sie die iranische Atombombe?

Mir gelingt es, dieses sicher gravierende Problem zu verdrängen.

99 Wer hat Sie zuletzt richtig in die Arme genommen?

Seine Pressefrau nickt freundlich. Phil Collins zeigt auf seine Pressefrau.

Sie. Gleich heute Morgen.

30. September 2010

Ein Motel in der österreichischen Landeshauptstadt Graz: kein Luxus, kaum Komfort, stattdessen hellgrüne Billig-Design-Sofas. Christine Neubauer dreht hier die ARD-Produktion »Hannahs Entscheidung«. Wenn Quoten Maßstab für Erfolg sind, dann ist sie Deutschlands erfolgreichste Schauspielerin (die neben Veronika Ferres), ihre Filme (»Wer zu lieben wagt«, »Ein Sommer auf Sylt«) sehen bis zu acht Millionen Zuschauer. Natürlich ist es mutig, dass sie sich hier zum Interview einfindet, die seriösen Zeitungen mögen sie ja nicht besonders (zu erfolgreich). Neubauers Spezialgebiet ist das aller Quotenköniginnen: das Gefühl. Kaum eine kann am Strand oder auf der Bergwiese so schön den Mann stehen lassen, der sie enttäuscht hat, oder dem Mann, während der Romantiksound von Klavier und Geigen anschwillt, mit einem Blick verzeihen. Sie wartet an der Bar. Der Interviewer entschuldigt sich besser gleich mal: Auch die gemeinen Fragen, die da kommen werden, seien eigentlich nicht gemein gemeint, weil Gemeinsein immer dumm und sinnlos sei. Sie lächelt. Sie macht gleich ganz schön was her (Haare, Augen, Nase, Busen). Die Quotenkönigin ist eine gut aussehende Frau. Frau Neubauer erklärt, dass ihr noch ein bisschen warm sei, bis gerade habe sie auf dem Teppichboden ihres Hotelzimmers eine Mischung aus Stretching und Power-Yoga gemacht.

1 Frau Neubauer, was, um Himmels willen, haben Sie hier in diesem Hotel in Graz verloren?

Die Historie des nächsten Films ist in diesem Ort lebendig. Ich spiele eine Tischlerin im Jahr 1952. Ihr Mann, Edgar Selge, kehrt aus russischer Kriegsgefangenschaft zurück, und dann geht das Ehedrama los. Die alte Tischlerei, die haben wir hier in der Steiermark gefunden.

2 Traumberuf Schauspielerin?

Ja.

3 Was entgegnen Sie den Leuten, die die Schauspielerei für einen glamourösen Beruf halten?

Das ist der Blick von außen: ein verschleierter Blick. Was man von innen sieht, ist frühes Aufstehen, Disziplin, lange Arbeitszeiten, oft 12 oder 16 Stunden am Stück. Und ist der Film fertig, kriegt man oft noch eins auf die Mütze.

4 Trauma Otto-Falckenberg-Schule?

Da habe ich mich schon mit 16, noch während der Schule beworben. Beim Vorsprechen habe ich das *Clärchen aus Heilbronn* in tiefstem Dialekt gesprochen, es muss eine Komiknummer gewesen sein, aber diesen Humor hat man damals dort noch nicht verstanden.

5 Für was gab's noch mal Ihre zwei Grimme-Preise?

Den ersten gab es 1992 zum Ende der Familiensaga Löwengrube, einer Serie, wie man heute keine mehr dreht: Drei Minuten am Tag, das ist Kinoqualität, und so sahen die Filme am Ende dann auch aus. Den zweiten Grimme-Preis gab es für Krambambuli, Regie Xaver Schwarzenberger.

Pause. Lächeln. Das ist, wie bei Schauspielern üblich, ein werbendes, ein unsicheres Lächeln. Sie spricht ein offenes, klares, bayerisch eingefärbtes Deutsch. Sie atmet hörbar ein und hörbar wieder aus, wobei sich ihre Brust auf eindrucksvolle Weise hebt und senkt: Das war mehr als Luftholen, eher eine Atemübung. Sie legt ihre Hände noch einmal anders auf die Bar.

6 Prädikat Vollweib?
Ja. Hier bin ich nicht ganz unschuldig, weil ich diesen Titel für fünf Bücher verwendet habe. Außerdem gibt es den Film *Vollweib sucht Halbtagsmann*. Die Presse hat die Titulierung Vollweib dann aufgegriffen, und ich habe mich nicht dagegen gewehrt, sondern das als Kompliment empfunden.

7 Welches andere Vollweib neben Ihnen fällt Ihnen sofort ein?
Da weiß ich spontan niemanden.

8 Gibt's auch das Halbweib?
Nein. Das klingt nicht gut. Also gibt es das auch nicht.

9 Habt Ihr Vollweiber mehr Seele als andere Frauen?

Furchtbares Klischee!

10 Ist euch Vollweibern schneller warm als anderen Frauen?
So ein Quatsch.

11 Warum fahrt ihr Vollweiber eigentlich alle immer diese großen Geländewagen?
Vielleicht fahren die anderen das gar nicht. Ich fahre diese Autos schon immer, ganz früher mal einen Mitsubishi, heute einen VW Touareg.

Und schon schämen wir uns beide: normal. Aber es nützt nicht, wir wollen exakt hier weitermachen – weiter über ihren Körper reden, Sexappeal, Image, Popularität. Das gehört bei ihr ja alles zusammen. Die Neubauer'sche Atemübung. Wir rücken nahe: ihrem Körper, ihren Kurven, der populärsten Figur der deutschen Fernsehunterhaltung.

12 Haben Sie immer schon gewusst, dass die Marilyn Monroe – die Zeitungen entdecken sie gerade neu – eine starke und emanzipierte Frau war?
Mir hat besonders immer ihr komisches Talent gefallen. Die ist ja urko-

misch. Sie wurde aber immer auf das Sexsymbol reduziert. Modern und emanzipiert war sie insofern, als dass sie viele Männer im Griff hatte.

13 »Sie hat nicht nur was in der Bluse, sondern auch in der Birne.« Ist das ein schönes Kompliment?
Wenn Sie im Internet die Stichworte »Schauspielerin«, »Deutschland«, »große Oberweite«, »nicht dumm« eingeben, dann erscheine ich.

14 Ihr Idealgewicht?
Das kenne ich nicht.

15 Wo liegen die sogenannten Problemzonen?
Da, wo sie bei allen Frauen liegen: Hintern, Oberschenkel, Taille.

16 Ist das Wort »Figur«an sich eigentlich schon ein abwertendes?
Denke, nein.

17 Das schönste Kompliment, das Sie je zu Ihrer Figur erhalten haben?
Da fällt ja ein Wort immer wieder: das Kurvige. Das Publikum mag mich eben dafür, dass ich nicht verhungert aussehe. Mein Geheimnis ist, dass ich in echt dann gar nicht so üppig bin. Ich bin eine 38, keine 40. Die Kamera macht jede Figur üppiger.

18 Schauen Sie auf Frauen herab, die keine üppige Oberweite haben?
Ich kann jede Figur gelten lassen. Bis zu dem Punkt, an dem man mich angreift: Dann wehre ich mich.

19 Einverstanden, dass eine Oberweite nicht groß genug sein kann, solange die Fesseln einer Frau schmal sind?
Von dieser Regel weiß ich nichts.

20 Mit welchen Worten warnen Sie noch nicht volljährige Frauen, ihre Brüste mit Implantaten vergrößern zu lassen?
Das ist doch alles ein Wahnsinn. Wer ein A-Körbchen hat, der kann eben nicht plötzlich ein Doppel-D tragen.

21 Zu seiner Figur stehen: Was, bitte, soll das genau sein?
Ich kann hier vielleicht ein bisschen aus meiner Biografie erzählen: Als ich die *Löwengrube* gedreht habe, war ich natürlich um einige Kilogramm schwerer – und habe die Rolle unter anderem ja genau deswegen bekommen. Was für mich ein schauspielerischer Glücksfall war: Ich habe zu meiner Figur gestanden und bin damit durchgekommen. Ich durfte mit einer Charakterrolle anfangen.

22 Sich in seinem Körper wohlfühlen: Wie genau geht das?
Entscheidend ist, dass Sie selber entscheiden, ob Sie sich wohlfühlen. Diese Entscheidung dürfen Sie nicht jenen überlassen, die Sie anschauen.

23 Welche Zutaten gehören in einen guten Sommersalat?
Im Winter? Gemischte Blätter.

24 Welches leichte Gericht macht die Supermutter Christine Neubauer ihrem Sohn zu Mittag, wenn der aus der Schule kommt?
Immer gut: Spaghetti.

25 Echt wahr, dass der Mensch auch abnimmt, wenn er nur Leberkäs isst?
Das ist sehr einseitig.

26 Volkswahn Abnehmen?
Die Achtziger waren das Jahrzehnt der Diäten. Da habe ich alles durchgemacht. Wir waren Diät-Junkies.

27 Mit welchen Worten beschreiben Sie die Essenz der »Vollweib-Diät«?
Das ist ja nun schon ein paar Jahre her. Ich würde zu meiner Diät heute eine Übung hinzufügen, die ich gemacht habe, bevor ich in dieses Interview gekommen bin, und zwar auf dem Teppich in meinem Hotelzimmer: eine Mischung aus Stretching und Power-Yoga.

Die entsetzlichsten Fragen liegen hinter uns: Erleichterung. Frau Neubauer hat deutlich an Fahrt aufgenommen. Lächeln. Ruhiger Atem. Ihr gefällt das jetzt. Sie möchte jetzt bald, so merkt der Interviewer, einmal laut lachen.

28 Wer ist die schönste Frau in Hollywood?
Die schönste Frau in Hollywood ...

29 Wer ist die schönste Frau im Bayerischen Fernsehen?
Das weiß ich nicht, ich bin ja nicht im Bayerischen Fernsehen ... Es geht ja auch gar nicht um Schönheit. Es geht um Talent.

30 Raffael, Rubens, Botticelli, welcher Alte Meister hat die schönsten Frauen gemalt?
Ein anderer Meister: Gustav Klimt.

31 In welcher bayerischen Kapelle hängt die schönste nackte Frau?
Da hängt doch nichts. Die Engel schweben an den Decken.

32 Wie lautet Ihre Kurzkritik am Model Kate Moss?

Gegen eine wie Kate Moss muss ich mich nicht auflehnen, mit ihrem Bereich der Kunst und Fotografie habe ich nichts zu tun. Mir gefallen einfach andere Models – Gisele Bündchen, Bar Refaeli – besser.

33 Zu hundert Prozent eine Frau sein, wie geht das?

Jedenfalls anders als vor vierzig Jahren. Die Generationen verschieben sich: Die Vierzigjährigen sind die neuen Zwanzigjährigen. Was sich zur 68er-Generation verändert hat: Die starke Frau will heute einen starken Mann an der Seite haben. Ich denke, wir Frauen können den starken Mann an unserer Seite heute besser ertragen.

34 Angela-Merkel-Fan?

Ja. Schon.

35 Ihr Gruß an Alice Schwarzer?

Entspannen Sie. Auf dieses Lebenswerk können Sie stolz sein.

36 Ihre Erklärung, warum es auf dem Land kaum weibliche Ärzte gibt?

Mit diesem Thema habe ich mich bei den Dreharbeiten zur Landärztin befasst. Das ist ein Überbleibsel aus den Fünfzigerjahren, der Zeit, in der der Frau noch kein eigenes Leben zustand: kein Beruf, kein Bankkonto, keine eigene Meinung. Wie alle studierten Berufe war der Arzt ein Männerberuf.

37 Brauchen wir eine gesetzliche Frauenquote in Unternehmen?

Bräuchten wir nicht, wenn die Leistungen gleichermaßen anerkannt wären. Mein Standpunkt ist: Weder Mann noch Frau sollten deshalb eine Position bekommen, weil sie Mann oder Frau sind.

38 Nach Ihrer Meinung: Ist nach der Emanzipation der Frauen nun wieder die Emanzipation der Männer dran?

Die Zeit der Weicheier ist jedenfalls vorbei.

39 Wenn Sie vom kernigen Typen schwärmen, dann meinen Sie wen?

Ein Mann kann eine starke Meinung haben und sagen, wo es langgeht, ohne dass er unsensibel ist. Ich mag die starken Männer. Ich möchte schon das Testosteron spüren.

40 Darf der moderne Mann einen leichten Bierbauch haben?

Wenn er dafür akzeptiert, dass die Frau einen leicht zu dicken Hintern hat, dann sind wir im Geschäft.

41 Unter Umständen: Darf ein Mann einer Frau auch eine runterhauen?

So weit sollte keine Emanzipation gehen, dass wir uns gegenseitig schlagen.

Stopp. Neuer Ansatz. Kurswechsel. Wir wollen nun über ihren Beruf reden. Die Frage lautet: Wie schaut Deutschlands größter Fernsehstar fern?

42 Zahlen schwanken zwischen 150 und 185 Auftritten: Wie oft waren Sie im Jahr 2010 im deutschen Fernsehen zu sehen?

Diese Zahlen stimmen alle nicht. Im letzten Jahr zum Beispiel können es nur sechs Erstausstrahlungen gewesen sein, weil ich nur sechs Filme gedreht habe. Alles andere waren Wiederholungen. In diesem Jahr gab es nur zwei neue Fernsehfilme mit Christine Neubauer, einen im April, einen im November, und trotzdem vergeht kaum eine Woche, in der ich nicht im Fernsehen bin. Bei mir laufen Wiederholungen eben besser als viele Erstaussendungen. Wenn beim ZDF Deutschland gegen die Türkei spielt, dann bringen sie in der ARD einen Christine-Neubauer-Film.

43 Ihre Rekordquote?

Wahrscheinlich bei *Moppel-Ich*. 8,2 Millionen Zuschauer oder 24 Prozent Marktanteil.

44 Denkt die Quoten-Queen Christine Neubauer manchmal »verfluchte Quote«?

Nein. Die Quote ist das Barometer, an dem ich gemessen werde.

45 Wie reagieren Sie, wenn Sie Ihr Gesicht zufällig im Fernsehen sehen, dranbleiben oder umschalten?

Ich schaue mir jedenfalls nicht den ganzen Film an.

46 Wie war's neulich bei der Verleihung vom Deutschen Fernsehpreis?

Ich habe gedreht. Und hätte ich nicht gedreht, ich wäre trotzdem nicht hingegangen. Ein Film wie *Haltet die Welt an*, der im April ausgestrahlt wurde, hätte mehr Beachtung verdient. Er hat überhaupt keine Beachtung bekommen.

47 Ihre Lieblingssendung im deutschen Fernsehen?

Darf ich auch eine amerikanische Sendung nennen? Ich war Fan der *Desperate Housewives*, ein absoluter Fan.

48 Bei welcher Sendung sagen Sie »Das ist unter meinem Niveau«?

Bei den gespielten Gerichtssendungen, diesen grauenhaften Laien-Darstellern. Das ist so schlecht, dass es mir wirklich Schmerzen bereitet.

49 Wie erklären Sie Ihrem achtzehnjährigen Sohn, warum er für ARD und ZDF Gebühren zahlen soll?

Ich sage: Das ist der Topf, aus dem unter anderem meine Filme finanziert werden.

50 Wie fällt Ihre konstruktive Kritik an ARD und ZDF aus?

In drei Sätzen: Traut euch mehr. Unterscheidet euch. Riskiert was. Ihr müsst das machen, was bei den Privaten nicht geht. Der Film, den ich jetzt gerade drehe, wäre bei den Privaten nicht drin.

51 Ein Jammer, dass Harald Schmidt bei der ARD gekündigt hat?

Nein. Er gehört zu Sat1. Bei der ARD wirkte er angestrengt.

Der nächste Schritt: sie als Schauspielerin ernst nehmen. Das tun nur wenige, wir wollen aber exakt dies tun. Vielleicht weiß sie, Christine Neubauer, ja etwas über die Schauspielerei, was andere nicht wissen. Moment mal, warum ist das automatisch ausgeschlossen, dass Deutschlands erfolgreichste Schauspielerin interessant über Schauspielerei reden kann? Es wäre – doch – denkbar.

52 Wann zuletzt sieben Tage am Stück keinen Film gedreht?

Vor den jetzigen Dreharbeiten hatte ich vier Wochen Pause.

53 Ihr Mittel gegen die Drehfreier-Tag-Depression?

Sport. Später gehe ich dann noch mit meiner Maskenbildnerin zum Shoppen nach Graz.

54 Ist es schwer, nicht mit dem Saufen anzufangen, wenn man drehfrei hat?

Das ist so das Bild, das man so von abgetakelten Chansonnetten hat: Sektchen und raus auf die Bühne.

Die neue Generation von Schauspielerinnen kann sich das nicht mehr leisten. Ich feiere gerne, aber nur in Gesellschaft. Alleine rühre ich keinen Schluck Alkohol an.

55 Wie beschreiben Sie die Szene, auf die Sie sich gerade gedanklich vorbereiten?

Manche Szenen gehen nicht ohne Vorbereitung: Da ist im Moment zum Beispiel eine Szene, die darin eskaliert, dass ich von meinem Mann geschlagen werde. Das kann man plump oder alles andere als plump machen. Die Frage ist: Wie erträgt die Frau die Schläge? Es müssen in dieser Szene die körperliche Niederlage und der seelische Zusammenbruch liegen. Da bin ich noch am Suchen, wie ich das machen kann.

56 Wie geht das, lachen?

Nicht technisch. Lachen ist in Filmen oft ganz grauenvoll. Lachen ist schwerer als Weinen.

57 Wie geht das, sich die Haare gekonnt nach hinten zu werfen?

Diese Geste würde ich vermeiden. Wirkt immer affektiert.

58 Wie geht das, eine enttäuschte Liebe im Gesicht zu tragen?

Enttäuschung ist ein universeller Schmerz. Den kann ich jederzeit hochholen.

59 Der romantischste Satz, den Sie je im Fernsehen gesagt haben?

Schon einfach »Ich liebe dich«.

60 Wo geht »Ich liebe dich«-Sagen besser, am Strand in Sylt oder in den Alpen?

Ich finde, am Strand.

61 Wie reitet man auf einem Tiger?

Das bin ich nie.

62 Wie reitet man auf einem Araberhengst?

Araberhengste sind schöne Tiere, aber filmisch unbrauchbar, weil zu feurig.

63 Echt wahr, dass Sie mit einer doppelläufigen Jagdflinte umgehen können?

Ich habe schon scharf geschossen, allerdings nur mit Kleinkaliber und Pistole.

64 Was gilt es zu beachten, wenn man an der Steilwand hängt und der Adler angreift?

Wichtig: den Adler nicht mit der Hand berühren. Der Greifvogel Adler tötet mit den Krallen, nicht mit dem Schnabel – wenn der Mensch die Hand ausstreckt, dann deutet er das als Angriff. Bei der Liebesszene, die ich in Geierwally mit dem Adler habe, nähere ich mich deshalb mit dem Gesicht. Der Adler, das werde ich nicht vergessen, hatte Mundgeruch.

65 Wann zuletzt beim Drehen fast ertrunken?

Bei einem privaten Ausflug. Im Río Maipo. In Chile.

66 Was können die amerikanischen von den deutschen Schauspielern lernen?

Ich habe ja öfter mit Amerikanern gedreht, zuletzt mit dem Hollywood-Schauspieler James Cromwell, bekannt als Bauer aus *Das Schweinchen Babe*. Die Europäer, so kann man vielleicht sagen, haben einfach eine andere Tradition: mehr Tiefe, weniger Technik.

Sie fühlt sich wohl. Sie soll sich natürlich, Hilfe, auch nicht zu wohlfühlen! Neuer Cappuccino, neues Mineralwasser.

67 Warum gibt Afrika am Ende immer die schönste Kulisse für Liebesfilme ab?

Der letzte Film, den ich in Afrika gedreht habe, *Die Minensucherin*, der in Angola spielt, war ja alles andere als ein Liebesfilm.

68 »Weißblaue Geschichten«, »Ein Bayer auf Rügen«, »Der Bergdoktor«, »Die Landärztin« – von welcher der Reihen, in denen Sie mitgewirkt haben, sagen Sie selber, ja, das ist Schund?

Wirklich unglücklich war ich mit dem Versuch, das Traumschiff in ein Segelschiff umzuwandeln: Unter weißen Segeln. Da bin ich aber Gott sei Dank früh ausgestiegen.

69 In einem Satz, was ist das, gut gemachte Unterhaltung?

Die Romantic Comedies, die ich fürs Fernsehen gemacht habe, sind genau das: gut gemachte Unterhaltung.

70 Von den deutschen Autorenfilmern – Wenders, Schlöndorff, Tom Tykwer, Dominik Graf, Christian Petzold – welcher geht Ihnen da besonders auf die Nerven?

Diese Leute gehen mir nicht auf die Nerven, weil ich mir deren Filme nicht anschaue. Wen ich immer gut fand, ist Detlev Buck.

70

71 Großfrage: Kann ein Film zu viel Gefühl haben?

Nein. Gefühl ist im Film etwas Positives. In vielen deutschen Filmen ist zu wenig Gefühl.

72 Nach dreißig Jahren Schauspielerei, kennen Sie noch einen wahren Satz über die Liebe?

Liebe kann man nicht erzwingen. Sie passiert.

Und plötzlich ist die gemeinsame Zeit vorüber. Sie spürt es, dann merkt es der Interviewer. Ihr schwerer Atem ist wieder da. Wir ziehen noch mal an, wir geben nun auf dem Gebiet der gerade noch fairen, gerade noch fragbaren Fragen Gas. Respekt für die Unterhalterin Christine Neubauer.

73 Warum sind Sie bei der »Wetten, dass ...?«-Show im Oktober vor 9,5 Millionen Zuschauern dann doch nicht vom 10-Meter-Brett gesprungen?

Ich wäre sofort gesprungen. Ich hatte nur wirklich nicht die richtige Unterwäsche an. Aber Moment, der Flug im Flying Fox in fünfzig Metern Höhe über das Münchner Olympiastadion war ja auch nicht ohne.

74 Ich möchte nun lauter Fragen aus der Boulevard-Presse stellen, ein Best-Off aus »Bunte«, »Aktuelle«, »Frau im Spiegel«, »Bild der Frau«, »Das Neue«.

Ich spreche selten mit diesen Zeitschriften. Wenn doch ein Interview erscheint, dann ist es frei erfunden oder aus alten Gesprächen zusammengesetzt. Ich bin gerade wieder auf den Titeln von drei Klatschmagazinen – und habe keins dieser Interviews gegeben.

75 Mal bei der Geburt mit einem Kalb dabei gewesen?

Einmal fast. Ich kam knapp zu spät.

76 Wie gefährlich ist Kokain wirklich?

Keinerlei Erfahrung.

77 Wie verletzlich sind Sie?

Schwer verletzlich.

78 Wer liebt mehr, die Mutter oder die Ehefrau?

Die Mutter liebt immer mehr.

79 Thema Landminen: Ist das von allen ernsten Themen das ernsteste Thema, das Sie kennen?

Der Krieg an sich ist ein ernstes Thema, ja.

80 Welchen sicher schönen Kosenamen hat Ihr Mann sich für Sie ausgedacht?

Das gehört hier nicht hin.

81 Das Geheimnis Ihrer dreißigjährigen Ehe?

Es gibt kein Geheimnis, kein Rezept.

82 Sagen Sie »Nie ohne meine Lederleggins«?

Die liegt oben.

83 Wie lebt es sich in einem 600-Quadratmeter-Schloss in Pullach?

Wie kommen Sie auf 600 Quadratmeter? Das ist Schund.

84 Wie kommt der Mensch in Weihnachtsstimmung?

Die kommt beim Glühwein auf dem Christkindlmarkt in München.

85 Was kommt hinter dem Sonnenuntergang?

Im besten Fall der Vollmond.

86 Der berühmte Talenttest, Sie schätzen bitte Ihr Talent ein, von null Punkten, keine Begabung, bis zu zehn Punkten, grandiose Begabung. O-Zapferin beim Oktoberfest?

Fünf Punkte. Das kann spritzen.

87 Katholikin.

Eins.

88 Mutter der Nation?

Was soll das sein? Null Punkte.

89 Quotenkönigin.

Zehn.

90 Was weiß das Publikum, was die Kritiker nicht wissen?

Das Publikum hat seinen eigenen Geschmack.

91 Ein Christine-Neubauer-Film, auf den Sie wirklich stolz sind?

Am schwierigsten sind, was allgemein bekannt ist, die Komödien. Insofern bin ich auf *Moppel-Ich* schon stolz.

92 Wie geht's der Uschi Glas?

Ich denke, gut. Wir haben einen freundschaftlichen Kontakt. Es gibt ein Projekt, bei dem wir beide uns zusammen einmal anders zeigen sollen. Das fände ich spannend.

93 Ihr Gruß an Ihre Intimfeindin Doris Dörrie?

Ich habe keine negativen Gefühle.

94 Wie wird man den Weltstar Pierce Brosnan, der kurz in Sie verknallt war, wieder los?

Das war doch lustig. Er ist halt einen Abend lang auf mich abgefahren.

95 Sind Sie Volksschauspielerin?

Das ist ein belasteter, kein angenehmer Begriff. Wenn Sie mit Volksschauspielerin die meinen, die die Leute mögen: ja.

96 Ihr Trick beim Geländewagenrückwärts-Einparken?

Kein Trick. Ich fahre halt einfach gut.

97 Sind ein paar Leute immer zu gemein zu Ihnen?

Finde schon, ja.

Ein guter Moment. Sie guckt. Komisch, jetzt berührt sie einen. Wenn alle ihre Antworten mit letztlich kaltem und berechnendem Herzen gegeben worden sind, wovon bei Schauspielern auszugehen ist – diese Antwort war authentisch. Oder es war alles Quatsch. Dann wäre sie, man stelle sich das vor, doch eine richtig gute Schauspielerin. Danke.

98 Was sagt Ihr Herz?

Bumm Bumm.

99 Ein Satz auf Bayerisch?

Wahrscheinlich hab' i' vui zu vui G'fühl.

12. Dezember 2010

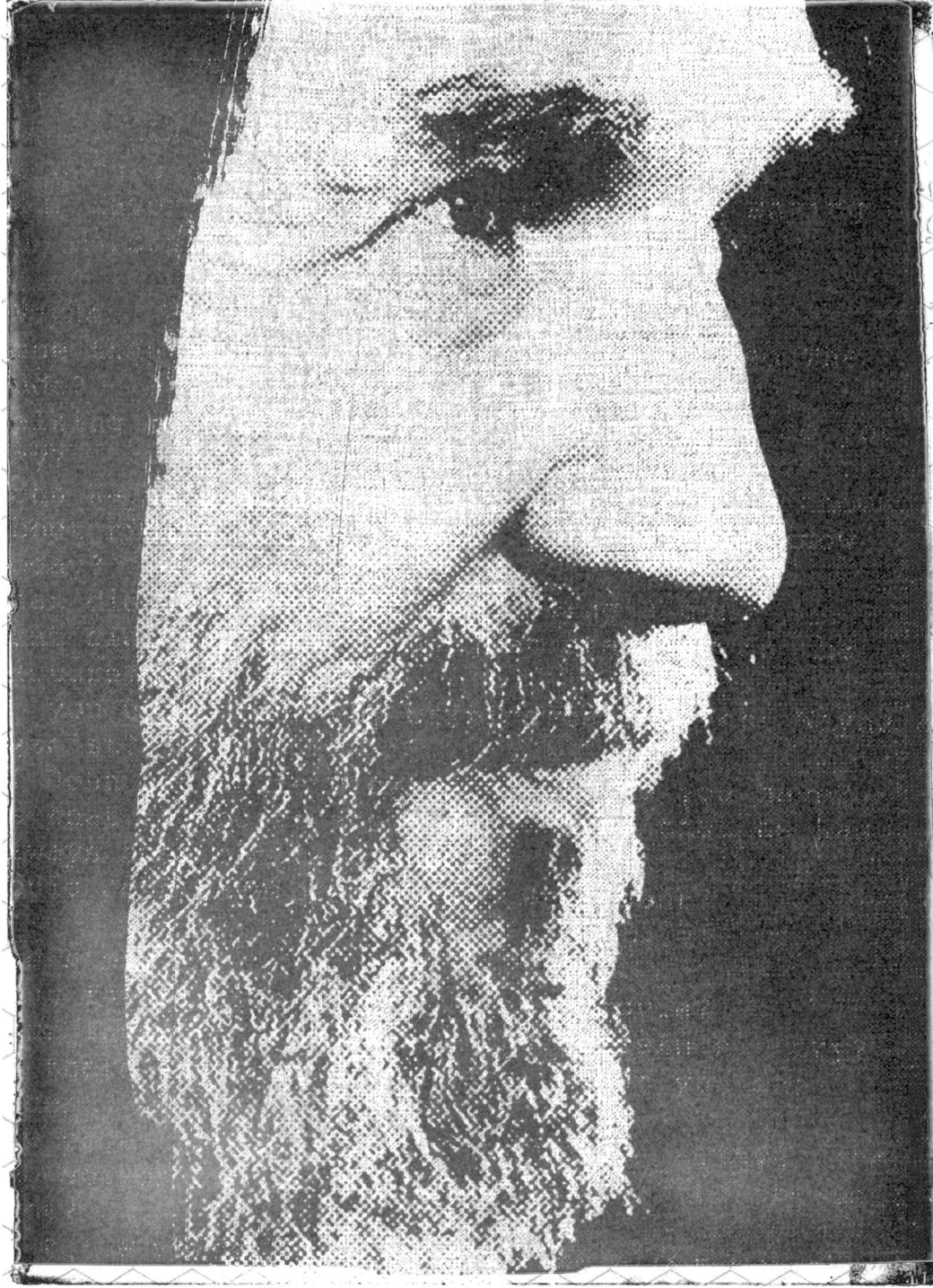

Das Luxushotel »Le Meurice«, Paris: weißes Holz, Gold, Spiegel. Er gibt Interview-Slots für gleich zwei Filme, den Cyberspace-Film »Tron Legacy« und den Western »True Grit«, das neue Werk der Coen-Brüder, ein Remake des gleichnamigen Films von 1969, für den John Wayne den Oscar bekam. Die beiden Filme mit Jeff Bridges in der Hauptrolle sind in den USA die Kassenschlager der Saison.

Wir haben einen Zwanzig-Minuten-Slot zu »True Grit«, sind also angehalten, Fragen zum Western zu stellen, zu Cowboys und zu der Augenklappe, die John Wayne vor 40 Jahren trug und nun Jeff Bridges in der Rolle des Marshals Reuben J. Cogburn trägt. Zwanzig Minuten mit Jeff Bridges: der pure Luxus. Er ist auf dem Zenit seines Ruhms, seiner Kraft, seines Könnens, seiner Erfahrung.

Wenn es in Hollywood einen Star gibt, mit dem man wirklich gerne Zeit verplempert, dann ist es er: Jeff Bridges – der Dude aus »The Big Lebowski«, großer Slacker, Hippie, Cowboy, Gentleman. Bridges gilt als maulfaul und wenn nicht als schlichter, dann doch als bequemer Denker:

ideale Bedingungen für die 99 Fragen. Wir wollen ja praktisch nichts, keine großen Antworten, nur ein bisschen Stimmung aufnehmen. Seine Pressefrau bringt ihn herein, er steht gleich sympathisch unentschlossen mit seinem großen Körper im Raum herum: Cowboystiefel, Jeans, Gold-Rolex. Was für ein Mann.

Bridges verkörpert jene altmodische Männlichkeit (mit Vollbart, zurückgekämmten Haaren, Bauchansatz), die hippe, junge Männlichkeits-Darsteller in New York und Berlin, denen jedes Talent zur Männlichkeit abgeht, so gerne nachahmen. Er begibt sich nun – Achtung, man stelle sich das vor – in die folgende Zuhörposition: Sitzen auf der äußersten Kante des Stuhles, Rausstrecken des Bauchs, Zurücknehmen der Schultern, Ablegen der Hände auf den Kniespitzen.

Gut, viel geiler kann man nicht dasitzen: gleichzeitig vollkommen entspannt und vollkommen anders als andere Menschen. Wer weiß, vielleicht ist das eine Entlastungsposition für seinen Rücken. Husten, Räuspern, der Körper des Hollywoodstars spricht. Fragen zu seinem großen Vorgänger, *dem Supermann und Supercowboy John Wayne. Die berühmten Jeff-Bridges-Äuglein lächeln.*

1 Was ist beim Schauspielern mit Augenklappe zu beachten?
Spielen mit Augenklappe ist nicht viel anders als Spielen ohne Augenklappe.
2 Haben Sie die Augenklappe über dem rechten oder dem linken Auge getragen?
Über dem rechten Auge.
3 Ist das das Auge, über dem John Wayne die Augenklappe getragen hat?
John trug die Klappe über dem linken, ich über dem rechten Auge. Keine Ahnung, warum, aber das rechte Auge hat für mich einfach besser funktioniert. Es war keine politische Entscheidung.
4 Wie lautet Ihre Erklärung dafür, dass Marshal Reuben J. »Rooster« Cogburn, obwohl er eine Augenklappe trägt, ein derart sicherer Schütze ist?
Übung.
5 Kann es einen cooleren Gegenstand auf Erden geben als eine Augenklappe?

Keine Ahnung.
6 Haben Sie als Marshal Rooster Cogburn mit echten Waffen geschossen?
Ob ich im Film mit echten Waffen geschossen habe? Nein. Es ist alles immer nur Attrappe.
7 Ihr Lieblingsspruch als Marshal Cogburn in »True Grit«?
Der berühmteste Spruch fällt natürlich, als der Marshal sich die Zügel in den Mund stopft, damit er die Hände zum Schießen frei hat: *»Fill your hands, you son of a bitch.«*
8 Was wusste John über das Reiten?
Er vergisst einfach alles, was gerade keine Rolle spielt. Und reitet.
9 Was wusste John über das Schießen, das Schauspieler heute nicht mehr wissen?
Er zieht den Hahn.
10 Echt wahr, dass John Wayne so grandios wie kein Zweiter auf der Mitte der Straße stehen konnte?
Die besten amerikanischen Schauspieler konnten die einfachen Dinge gut, schießen, guten Tag sagen, dastehen.

11 Wenn John Wayne Angie Dickinson in »Rio Bravo« hatte, wen haben dann Sie?

Ich habe meine Frau.

12 Echt wahr, dass John Wayne auf denselben Spitznamen hörte wie Sie, »The Dude«?

Nein! Ich bin der Dude. Er ist der Duke.

13 Müssen wir davon ausgehen, dass John Wayne den Dude nicht besonders gemocht hätte?

Ich habe keine Ahnung. Aber ja, wenn ich darüber nachdenke: Ich glaube auch, dass er den Dude nicht besonders gemocht hätte.

14 Wäre er ein guter Präsident gewesen?

Erneut, ich habe keine Ahnung. Seine Ansichten waren nicht meine Ansichten. Verstehen Sie? Ich nehme die andere Richtung.

15 Ist das wahr, dass liberale Menschen in den USA John Wayne bis heute gerne als Faschisten bezeichnen?

Ich habe nie gehört, dass John Wayne als Faschist bezeichnet wurde. Er war ein Konservativer, das ist richtig.

16 Wenn Sie sich mit dem Geist von John Wayne unterhalten, was sagen Sie dann?

Hey, Duke. Hier spricht der Dude.

17 Manchmal Angst davor, dass John Wayne Ihnen oben im Himmel grollen könnte, weil Sie so unverschämt waren, seine Rolle, für die er 1970 den Oscar bekam, neu zu interpretieren?

Ich habe mich lange mit den Coen-Brüdern unterhalten, und sie haben mir gesagt: Wir drehen kein Remake des Films, wir drehen eine Neuinterpretation des Buches von Charles Portis. Das Buch war die Referenz, nicht der Film mit John Wayne. Ich ziehe mir nicht die Stiefel des Dukes an – du liebes bisschen, wer wäre so verrückt, das zu tun.

Wir wissen – zu diesem Zeitpunkt – noch gar nichts über Jeff Bridges. Und so wird es, aller Voraussicht nach, auch bleiben. Er sitzt unverändert da: Bauch raus, die Hände auf den Knien. Seine Interview-Mantra-Position. Seine wunderbar angenehme Stimme: Es ist ein warmes Brummknödeln, das aus den Tiefen seiner Brust kommt. Wenn Bridges Erstaunen ausdrücken möchte, kann diese Stimme überraschend hohe, fast jauchzend helle Pirouetten drehen.

18 Ihr Lieblings-Schwarz-Weiß-Western von John Ford?
Red River, ist das Hawks oder Ford? Ich bringe die beiden manchmal durcheinander. Also, *Red River* von Howard Hawks. Ich mag *She Wore A Yellow Ribbon*. Ist das John Ford?
19. Ihr Lieblings-Spaghettiwestern?

Er pfeift. Es ist Ennio Morricones Thema von Sergio Leones »The Good, the Bad and the Ugly« – »Zwei glorreiche Halunken«.

Wer das ist? Also, *The Good, the Bad and the Ugly*.
20 Die ewige Western-Frage: Was ist Ihre Erklärung dafür, dass Cowboys stets von rechts in den Bildschirm hineinreiten und links wieder hinaus?
Fantastisch. Ich habe keine Erklärung. Ich habe noch nie etwas von dieser Regel gehört.
21 Was mögen Männer an Western?

Männer spielen Cowboy, wenn sie kleine Jungs sind, nicht wahr?
22 Was werden Frauen nie an Western verstehen?
Wollen Frauen Western verstehen?
23 Wenn Männer Western haben, was haben dann Frauen?
Filme mit Vampiren?

Lachender Interviewer. Er, Interviewer, lacht nicht, zieht stattdessen die Augenbrauen hoch und lässt sie wieder fallen. Er sitzt unverändert da. Es ist natürlich längst ein Kräftemessen geworden, wenn auch ein leichtes, nicht weiter dramatisches: Wird es dem Interviewer gelingen, eine Frage zu stellen, für dessen Antwort der Star einmal die Hände bewegt?

24 Wie geht es Nashville?
Ich kann keine Diagnose abgeben, wie es der Stadt geht. Aber ich bin dort gerade mit meiner Band aufgetreten. Das war gut.
25 Wie heißt das amerikanische Volkslied, in dem für Sie die gesamte amerikanische Kultur steckt?
Es sind zwanzig, dreißig Lieder. Also

gut, ich nehme *This Land is Your Land*, den Song von Woody Guthrie. Es hält das amerikanische Versprechen.

26 Mit welchen Worten beschreiben Sie das Talent Ihres Freunds, des Blues- und Countrysängers T Bone Burnett?

Er ist eine Legende, einer der großartigsten Sänger und Komponisten, die wir haben. Er hat die Musik für *Crazy Heart* geschrieben, und diese Musik hat den Oscar gewonnen. Kennen Sie die Songs, die T Bone mit Elvis Costello aufgenommen hat? Das sollten Sie. Ein alter Traum wird sich erfüllen, wenn ich in diesem Jahr mit T Bone ins Studio gehe und wir zusammen ein Album aufnehmen. Und, mal schauen, wir werden sicher auch ein paar Konzerte zusammen spielen.

27 Kennen Sie einen guten Countrysänger, der nach 1960 geboren wurde?

Natürlich, Ryan Bingham. Sein Song *The Weary Kind*, produziert von T Bone Burnett, hat bei den Oscar-Verleihungen im letzten Jahr den Preis für den besten Song gewonnen.

28 Echt wahr, dass alle großen amerikanischen Filmschauspieler heimlich davon träumen, Rockgitarrist zu sein?

Für mich stimmt das. Die Musik ist meine Seele.

29 Der beste Cowboy, den die Unterhaltungsindustrie heute noch zu bieten hat?

Wir haben Clint, natürlich. Ich möchte hier außerdem Sam Elliott nennen, den großen Fremden mit dem Schnurrbart. Er gibt einen guten Cowboy ab.

30 Welchen Cowboy hat die Politik heute noch zu bieten?

Da fällt mir niemand ein.

31 Sind Sie auch deshalb ein so guter Schauspieler, weil Sie eigentlich Musiker sind?

Ich mag diese Frage, aber ich glaube nicht, dass ich sie verstehe. Ich bin ein Schauspieler, der ein bisschen Gitarre spielt. Nichts anderes.

32 Spontan, fallen Ihnen drei Hollywood-Schauspieler ein, die immer noch Alkohol trinken?

Es wäre nach wie vor einfacher, drei Schauspieler zu nennen, die keinen Alkohol trinken.

33 Welcher Schauspiellehrer hat Ihnen das Reiten beigebracht?

Mein Vater. Ich habe immer auf Pferden gesessen. Ich glaube, ich konnte erst reiten, dann meine Schnürsenkel zubinden.

34 In einem Satz, was wissen Sie über das Schauspielern?

Tu wenig, sag wenig. Und wenn dich einer anspricht, antworte.

35 Was wissen Ethan und Joel Coen über die Schauspielerei, was Sie nicht wissen?

Sie geben keine Tipps. Sie geben einem nie das Gefühl, dass sie irgendetwas besser wissen.

36 Ist das Ihr Ding, dass Sie erst mal jede Rolle ablehnen?

Ich muss viel ablehnen, richtig, damit ich zu den wenigen Rollen komme, die mir etwas bedeuten.

37 Einverstanden, dass Sie Ihre sagenhafte Hollywood-Karriere vor allem Ihrer großen Statur und Ihrem schönen, vollen Haar zu verdanken haben?

Den Start meiner Karriere habe ich meinem Vater zu verdanken, da mache ich mir nichts vor: Ich war der Sohn von Lloyd Bridges.

38 Wann in Ihrer Filmkarriere haben Sie zuletzt *»true grit«* – echten Mumm, Charakter, Rückgrat – aufbringen müssen, um nicht nur eine gute, sondern die richtige Entscheidung zu treffen?

Diesen Mut versuche ich immer aufzubringen. Wissen Sie, was true grit genau bedeutet? Es bedeutet, an etwas dranzubleiben. Es bedeutet, ein Ding vom Anfang bis zum Ende durchzuziehen, ganz gleich, was die Leute sagen.

39 War es zu einem Zeitpunkt in Ihrem Leben denkbar, dass es mit der tollen Karriere nichts wird?

Es war lange denkbar, dass ich nicht Schauspieler werde, oh ja. Ich wollte ein Mensch werden, den die anderen Menschen nicht kennen. Diese Aussicht fand ich attraktiv.

40 Im Rückblick, verstehen Sie, warum Sie nicht schon 1971 den Oscar gewonnen haben?

Ja, klar. Ganz einfach, weil Ben Johnson in *Die letzte Vorstellung* so verdammt gut war. Erinnern Sie sich an seinen Monolog am Staudamm, in dem er von den guten alten Zeiten schwärmt? Der ist doch unglaublich.

41 Optimistisch, dass Sie den Oscar in diesem Jahr gleich noch einmal gewinnen?
Ich bin der Oscar-Gewinner des letzten Jahres, in diesem Jahr gewinnt jemand anders.

Jeff Bridges lächelt sein kleines Lächeln, wieder mit den Augen, nicht mit dem Mund. Amüsiert er sich? Machen ihm diese Fragen Spaß? Unerheblich, dieser Meisterschauspieler ruht in sich, das bisschen Plaudern kostet ihn kaum Kraft. Wir reagieren. Wir gehen ins Private. Die Fragen müssen knapper, klarer, härter werden.

42 Echt wahr, dass selbst die Angestellten in Ihrem Supermarkt in Santa Barbara Sie »Dude« nennen?
Immer wieder finden es fremde Leute lustig, mich so zu nennen, ja. Und ich kann das aushalten. Ich kann das gut aushalten.

Pause. Er öffnet den Mund, macht ihn wieder zu. Ein Schauspieler bei der Arbeit: Er holt ein Gefühl hoch.

Jeff Bridges tut nun so, als verspüre er einen kleinen, angenehmen Schmerz.

Verstehen Sie, ich liebe den Dude.

43 Wie sieht der Kamin im Wohnzimmer Ihrer Ranch in Santa Barbara aus?
Groß, ziemlich groß, so wie Kamine auf dem Land eben aussehen. Es sieht bei uns alles so aus wie in den Häusern, die rechts und links von unserer Farm stehen.

44 Haben Sie Pferde auf Ihrer Ranch in Santa Barbara?
Ich habe viele Pferde besessen, aber sie waren alt und sind gestorben.

45 Kühe? Schweine? Hühner?
Ich habe eine Ranch in Montana. Da gibt es all das.

46 Wie heißt Ihr Lieblingshund?
Wir haben viele Hunde. Der Hund meiner Kindheit hieß Bonzo. Heute heißen sie Ella, Bailey und Reefer.

47 Gehen Ihnen die Millionäre in Ihrer Nachbarschaft – das Film-Establishment, das in Hollywood arbeitet und in Santa Barbara seine Ruhe sucht – auf die Nerven?
Ich sehe nicht viele Filmstars. Ich se-

he nette Leute, die ihre Hunde aus-
führen.

48 Welche Sportsbar in Santa Barbara können Sie empfehlen?

Ich gehe nicht oft in Bars.

49 Welchen Antikladen in Santa Barbara können Sie empfehlen?

Ja, *The Sacred Space*, die 101 Richtung Osten, in Summerland gelegen.

50 Wie fällt das Loblied auf Ihre Widelux-Kamera aus?

Fotos mit Struktur. Warme Bilder.

51 Wie sollen wir uns die Werkstatt vorstellen, in der Jeff Bridges, der Hobbykeramiker, seine Vasen und Töpfe herstellt?

Ich bin gerade umgezogen, es hat sich noch keine Aura, keine Patina in diesem neuen Raum eingestellt. Ich arbeite viel vor der Werkstatt unter freiem Himmel. Ein großer Stein dient mir als Werktisch.

52 Wo in Santa Barbara muss ich anhalten, um ein Tütchen Gras zu kaufen?

Hm ...

Schweigen. Maximal ruhiger, friedlicher, ausbalancierter, still vor sich hin lächelnder Bridges. Er meditiert. Er hält die Mantra-Position. Wir ziehen weiter an.

53 Scotch oder Bourbon?

Ich bin der Wodka-Typ.

54 Haschisch oder Gras?

Ich sage: Gras. Obwohl: Haschisch kann auch nett sein, wenn es mal einer dahat. Was allerdings selten vorkommt.

55 Levi's oder Wrangler?

Levi's.

56 Was macht einen Hut zu einem guten Hut?

Das ist ein ewiges Geheimnis. So viel: Die Krempe sollte ein bisschen abgerieben sein. Ein alter Hut ist gut, ein neuer Hut ist praktisch untragbar.

57 Wie sehen gute Plastiksandalen aus?

Exakt so wie die, die ich in *The Big Lebowski* trage. Es sind meine Sandalen, ich besitze viele Paare dieser Sandalen.

58 Wie geht's dem alten Bademantel, in dem Sie in »The Big Lebowski« durch die Gegend latschen?

Gut, sehr gut. Danke der Nachfrage.

59 Wann zuletzt in Unterhose vor dem Fernseher gesessen, die Fernbedienung in der Hand, eine Tüte Kartoffelchips im Schoß?

Kann mich nicht entsinnen, das je gemacht zu haben.

60 Wann zuletzt mit einem Joint in der Badewanne gesessen?

In Ordnung, das ist schon vorgekommen.

61 Echt wahr, dass Sie die Socken nur einmal die Woche wechseln?

Das ist nicht wahr.

62 Wahres Gerücht, dass Sie duschen nicht besonders mögen?

Nein! Ich dusche sehr gerne, ich bin ein sauberer Mann.

63 Haben Sie Ihren Spitznamen »The Dude« eigentlich jemals ganz verstanden?

In Verbindung mit meiner Person bedeutet dieser Name ziemlich genau das Gegenteil von dem, was er eigentlich bedeutet: Der Dude ist keine auffällige Persönlichkeit, sondern die normalste und durchschnittlichste, die man sich vorstellen kann.

Da! Er verlässt seine Position. Er nimmt die rechte Hand vom Knie, *greift nach einem Glas Wasser. Trinken, abstellen des Glases. Der Schauspieler legt nun beide Hände in die Hüfte, streckt den Oberkörper, weitet die Brust. Er lässt das Geräusch hören, das Männer machen, wenn sie beim Wachwerden den Körper dehnen: »Auuuuah!« Ausschütteln der Jeansbeine, Rückkehr in die Ausgangsposition. An seinem Bauch hat er offenbar selber viel Freude. Es ist möglich, dass er in diesem Moment denkt: Noch wenige Minuten, dann ist der Quatsch hier vorbei. Im Lächeln Jeff Bridges' liegen alle Ruhe und Friedlichkeit der Welt.*

64 Sind Sie Mitglied der National Rifle Association?

Nein.

65 Vermissen Sie Charlton Heston als Vorsitzenden der National Rifle Association?

Nein.

66 Wo heben Sie Ihre Schießeisen auf, im Waffenschrank oder unter dem Bett?

Ich bin kein Waffentyp. Es gibt keine Waffen in meinem Leben.

67 Können Sie drei Gelegenheiten

im Leben eines Mannes nennen, zu denen er seine Sporen abnehmen sollte?

Männer sollten nie ihre Sporen ablegen, ich trage gerade unsichtbare Sporen.

Pause. Gut gesetzte Pause. So ein Hollywood-Schauspieler weiß natürlich, wo man die Pausen setzt. Jetzt überlegt er, ob er lachen soll. Er tut es dann, natürlich sehr bewusst, doch nicht.

Ich würde übrigens nie Sporen tragen, die Verletzungen zufügen. Meine Sporen sind die freundlichen Sporen, sie haben kleine Gumminoppen über den Sternspitzen, damit die Pferde sich nicht verletzen.

68 Kennen Sie einen guten Trinkspruch?

Auf die Beständigkeit unserer Liebe!

69 Was wussten Frank und Dino über das Trinken, das wir vergessen haben?

Ich denke, die Lieder. Sie haben daran gedacht, dass man immer singen muss.

70 Die schmutzigste Sache, die Sie je mit Mr. George Clooney angestellt haben?

Wir haben einmal so getan, als ob wir LSD nehmen. Das war in dem Film *Männer, die auf Ziegen starren.*

71 Gibt es einen Barmann auf Erden, dem Sie Geld schulden?

Nein.

72 Wann zuletzt betrunken am Filmset aufgetaucht?

Diesen Fehler habe ich relativ früh gemacht, in einer Tanzszene am Anfang meiner Karriere.

73 Jemals eine gute Bar an einem Flughafen gefunden?

Ja. Als mein Bruder und ich uns auf *Die fabelhaften Baker Boys* vorbereiteten, sind wir in einer Bar am Flughafen von Los Angeles versackt. Das war in Ordnung. Die Baker Boys hätten in dieser Bar auftreten können.

Er hat natürlich längst gewonnen. Es gab nie einen Zweifel daran, dass Jeff Bridges in diesem Gespräch gewinnen würde: Wer fünf, zehn, fünfzehn Minuten lang auf einer Stuhlkante sit-

zend Fragen pariert und sich dabei nicht bewegt, der hat bei Interviews automatisch recht.

74 Wie geht's Amerika?
In einigen Gebieten: leider nicht sehr gut. Aber ich bin großer Hoffnung.

75 In wenigen Worten, wofür engagiert sich die Wohltätigkeitsorganisation »No Kid Hungry«, deren erster Botschafter Sie sind?
Wir versuchen, den Hunger bei Kindern und Jugendlichen in Amerika zu mindern, weil wir es für eine Schande halten, dass eines der wohlhabendsten Länder der Erde die schwächsten und hilfsbedürftigsten seiner Einwohner nicht ausreichend ernähren kann.

76 Welches Land sollte Amerika Ihrer Meinung nach als Nächstes angreifen, Nordkorea oder Iran?
Es sollte sich selber angreifen, wirklich wahr. Einige Zustände in diesem Land sind unerträglich. Derzeit sind es 70 Millionen Kinder – jedes vierte in unserem Land –, die nicht sicher sein können, ausreichende Mahlzeiten zu erhalten. Wenn uns ein anderes Land diese Schmach, diese Schande antun würde, dann wären wir im Krieg.

77 Was ist das Beste an Ms. Sarah Palin ?
Dass sie hübsch aussieht.

78 Gehören Sie zu den Leuten, die von Präsident Barack Obama persönlich enttäuscht sind?
Ich denke viel darüber nach, was Amerika derzeit tun müsste, um den richtigen Kurs zu halten. Es liegt nahe, ihn zu kritisieren. Und andererseits, es ist ein tougher Job, der Präsident der Vereinigten Staaten von Amerika zu sein, ich möchte nicht in Präsident Obamas Stiefeln stecken. Ich stehe hinter ihm, ich unterstütze ihn. Er hat sich kürzlich dahin gehend geäußert, dass er bis 2015 den Kinderhunger in Amerika abgeschafft haben möchte. Dieses Ziel ist auch mein Ziel.

79 Wir kommen zum berühmten Self-Rating-Test. Beurteilen Sie bitte Ihr eigenes Talent in den folgenden Kategorien, von null Punkten (kein Talent) bis zehn Punkte (grandioses Talent). Hippie.
Hippie ... ich gebe mir fünf.

80 Keramiker.
An einem guten Tag: neun Punkte.
81 Schwarz-Weiß-Fotograf.
An einem guten Tag: neun Punkte.
82 Gewinner.
Ob ich gut gewinnen kann? Ob mir das Spaß macht? Hier gebe ich mir erneut neun Punkte.
83 Verlierer.
Neun Punkte.
84 Ehemann.
Neun Punkte.
85 John Wayne.
Hier bin ich eine Null, aber das macht nichts. Ich bewundere den Schauspieler. Der Mensch John Wayne interessiert mich weniger.

Nun lacht er – an einer Stelle, an der es selbstverständlich nichts zu lachen gibt. Es ist ein wunderbar freies Lachen, für das er den ganzen Körper einsetzt: Hahaha. Er lacht für all die Gelegenheiten mit, an denen er vorher nicht gelacht hat. Jeff Bridges nickt, als wolle er sagen: Ging doch, hat doch Spaß gemacht, jetzt haben wir es gleich geschafft. Dieser Mann ist drüber. Nicht mehr als zwei Bewegungen während knapp zwanzig Minuten Interview, ein Lachen und ein Griff nach einem Wasserglas: Das kann sich sehen lassen, das ist großes Kino. Die Pressefrau tritt ein, hält drei Finger hoch: noch drei Minuten. Sein grandioser Bauch. Letzte Fragen an den großen Jeff Bridges.

86 Wie geht's Ihrem Rücken?
Meinem Rücken geht es gut in diesem Moment, er fühlt sich großartig an.
87 Probleme mit den Knien?
Null Probleme, alles super.
88 Die Augen machen auch keine Probleme?
Die üblichen Altersprobleme: Schwierigkeiten beim Lesen. Ich könnte Ihnen ein paar echt wirkungsvolle Übungen zeigen, wie Sie Ihre Altersweitsichtigkeit reduzieren. Alles im Leben ist Training.
89 Das Geheimnis Ihres schönen, kräftigen Haars?
Die Gene. In diesem Fall die Gene meiner Mutter.
90 Einsam?
Selten.
91 Ist Ihnen oft langweilig?

Selten, wirklich selten. Jedem ist doch mal langweilig.

92 Wann sind Sie einsam?
Wenn ich über lange Zeiträume von meiner Frau getrennt bin.

93 Was sagt der Psychiater?
Ich habe keinen Psychiater.

94 Wie geht es Peter Bogdanovich?

Mit dem Regisseur Peter Bogdanovich drehte Jeff Bridges »Die letzte Vorstellung«. Der Film gewann 1971 den Oscar und brachte Bridges Karriere in Bewegung. Wenn es einen Klassiker im amerikanischen Kino gibt, dann ist es dieser Film.

Oh, es geht ihm großartig. Wir haben uns gerade vor ein paar Tagen in Texas getroffen. Wir planen, die Fortsetzung von *Die letzte Vorstellung* miteinander zu verfilmen. 1990 haben wir mit *Texasville* die erste Fortsetzung gedreht, und nun, wieder zwanzig Jahre später, soll die Geschichte weitergehen, wieder nach einem Roman von Larry McMurtry. Wäre das nicht großartig?

95 Vermissen Sie Dennis Hopper?
Ich kannte Dennis nicht sehr gut, aber natürlich bedaure ich, dass er nicht mehr da ist. Er war ein enorm vielseitiger Künstler und eine wundervolle Seele.

96 Was ist der Sinn des Lebens?
Der Sinn ist es, ein lebendiges Wesen zu sein. Möglichst viele Erfahrungen machen. Alles anfassen.

97 Sind Sie optimistisch, neunzig Jahre alt zu werden?
Ich bin optimistisch.

98 Wenn Sie als letzte künstlerische Äußerung ein Lied singen könnten, welches wäre das?
Da fällt mir ein Song ein, den ich gerade selbst geschrieben habe: *A Toast*. Er wird auf dem Album sein, das ich gemeinsam mit T Bone Burnett herausbringe.

99 Marshal Reuben J. Cogburn sagt: »I always tried to be ready.« Worauf sind Sie vorbereitet?
Auf nichts. Und auf alles.

4. Februar 2011

ber Kunst,

»Hyatt Hotel«, Berlin. Er sitzt da schon: Jeans, Jackett, irgendetwas blau-weiß Gestreiftes drunter. 45 Minuten Interview. Die Pressefrau hatte gemahnt, er wolle bitte ausschließlich über Mode und Kunst reden. Michael Stipe, Held aller sensiblen jungen Männer und Hausfrauen, die den Pop gerne schwermütig haben. Den Sommer letzten Jahres hat er mit seiner Band in Berlin verbracht, um dort in den Hansa-Studios das neue Album aufzunehmen – man konnte Michael Stipe drei Monate lang auf Vernissagen und in Nachtklubs herumstehen sehen. Das neue R.E.M.-Album ist übrigens voll okay (so okay wie alle R.E.M.-Alben). Er setzt zum Beginn des Gesprächs ein gekonnt angeödetes und muffiges Gesicht auf: hängende Mundwinkel, hängende Augenlider. Der hat, auf wirklich sympathische Art, keinen Bock. Er nimmt es gleichmütig hin, dass dies ein etwas anderes Interview werden soll, mit vielen Fragen, vielen Antworten (»whatever«). Er erklärt: »Ich bin schlecht mit Einsame-Insel-Fragen. Sonst: kein Problem.« Der Popstar möchte erlöst werden von seiner Langeweile.

Er möchte, bitte, unterhalten werden.

1 Wahre Geschichte, dass Sie das Steakrestaurant *Grill Royal* in Berlin nicht besonders mögen, während die anderen Mitglieder Ihrer Band dort sehr gerne zu Abend essen?

Das ist ja eine tolle Einstiegsfrage. Nächste Frage, bitte.

2 Jemals im Technoclub *Berghain* um zwölf Uhr mittags zum Tanzen gewesen?

Ja.

3 Strengt Sie das miese Berliner Wetter auch so an?

Nein. Es ist hier wärmer, als ich erwartet hatte.

4 Als ästhetisch reizvollen Ort, vermissen Sie die Berliner Mauer?

Nein.

5 Ihr Kurzkommentar zum Denkmal für die im Nationalsozialismus verfolgten Homosexuellen des Künstlerduos Elmgreen & Dragset im Tiergarten?

Wunderschön. Überhaupt nicht kitschig. Schade, dass dieser gelungene Ort so versteckt in den Büschen liegt.

6 Ein Jammer, dass der Potsdamer Platz ein so brutal hässlicher Platz geworden ist?

Ich war in den Neunzigerjahren zum letzten Mal dort. Damals sah es toll aus. Nachts arbeiteten die Baumaschinen im Flutlicht. Ich habe noch nie so viele Kräne an einem Ort gesehen.

7 Was sagt es über die Stadt Berlin, dass es hier im Gegensatz zu London und Paris mit der Spree nur einen schmalen Fluss gibt?

In New York haben wir gleich zwei Flüsse, den East River und den Hudson River. Da haben London und Paris keine Chance.

8 Können Sie etwas Gutes über die Berlin Fashion Week sagen?

Ich habe im Sommer letzten Jahres mehrere Monate in Berlin verbracht – wir haben hier unser neues Album aufgenommen. An der Fashion Week, die zu dieser Zeit, glaube ich, auch stattfand, habe ich nicht teilgenommen.

9 Ihr Lieblingsgemälde in der Alten Nationalgalerie?

Ich bin nie dort gewesen.

10 Ihre Lieblingsgalerie in Berlin-Mitte?

Die Kunst-Werke in der Auguststraße sind interessant.

11 Ihre Lieblingsgalerie in Kreuzberg?

Da fällt mir die Galerie *MD 72* auf dem Mehringdamm ein. Kennen Sie diesen Alexander Schröder? Gute Leute, guter Ort. Dann gibt es *Wolfgang Tillmans' Galerie*. Und, natürlich, *Peres Projects* in der Schlesischen Straße.

12 Ihr Kurzkommentar zu Christian Boros' Kunstsammlung in der Reinhardtstraße?

Großartige Sammlung. Ich habe zwei Monate lang in einer Wohnung in unmittelbarer Nachbarschaft gewohnt.

13 Waren Sie Teil des Spotts und der Häme, mit denen Berlins Kunstszene auf die Eröffnung des Privatmuseums *me Collectors Room* des Mäzens Thomas Olbricht in der Auguststraße reagiert hat?

Ich habe von diesem Ort und diesem Mann nie etwas gehört.

14 Wie kommentieren Sie den Umzug der Kunstszene von Berlin-Mitte nach Kreuzberg und Neukölln?

Ich kann die Berlin-spezifischen Vorgänge nicht beurteilen. Aber ich kann erzählen, wie vergleichbare Bewegungen in New York stattfinden. Dort ziehen die Galerien von der 57. Straße nach Soho, von Soho nach Chelsea, und nun ziehen die Galerien von Chelsea zurück an die Lower East Side. Wenn die neuen Galerien sich etablieren, müssen die kleinen Galerien weiterziehen. So findet das auch in Berlin statt.

15 Das letzte Kunstwerk, das Sie in Berlin gekauft haben?
Das war eine Lampeninstallation. Wunderschönes Ding. Deutsches Design aus den Siebzigerjahren. Ich habe die Lampe in einem Designladen in der Torstraße gekauft.

16 Für Ihre Begriffe: Ist das eine gute Einkaufsstraße, die Torstraße in Berlin?
Das kann ich schwer sagen. Die Torstraße ist doch eher eine Durchgangsstraße, ein Highway. Etwa nicht? Ich finde es – wie bei vielen Straßen in Berlin – eben so angenehm unklar, was das eigentlich für eine Straße ist.

Das Gespräch ist jetzt, nach fünf Minuten, an einem absurd abseitigen und aussichtslosen Punkt angekom-

men: Wir sprechen über die Torstraße in Berlin-Mitte. Gut, egaler geht es nicht. Zeit verschwenden mit Michael Stipe. Es besteht Hoffnung, dass er das Konzept des Gesprächs durchschaut und daran Freude hat. Es kann aber ebenso gut sein, dass er gleich aufsteht und geht. Er sitzt da mit verschränkten Beinen, gefalteten Händen. Sein wunderbar angeödetes Gesicht. Er trinkt einen Schluck Wasser – das ist seine erste Gefühlsregung.

17 Richtig, dass Sie gerne auf dem Fahrrad durch Berlin fahren?
Ich nehme das Fahrrad. Oder die U-Bahn.

18 Wie sieht Ihre Verkleidung aus, wenn Sie in Berlin unterwegs sind?
Meine Verkleidung ist, dass ich mich nicht verkleide. Und wenn ich Fahrrad fahre, dann immer mit Helm – damit die Leute mich erkennen. Hallo, Berlin! Ich bin der, der den hässlichen Fahrradhelm auf dem Kopf trägt.

19 Schönste Erinnerung an den heißen Sommer 2010, in dem Sie das neue Album in Berlin aufgenommen haben?

Die Partys bei Freunden waren schön.

20 Wie heißen Ihre drei besten Freunde in Deutschland mit Vornamen?

Ich könnte Ihnen dreizehn Namen, aber unmöglich drei Namen nennen.

21 Ihre letzte Party mit Berlins Bürgermeister Klaus Wowereit?

Ich habe ihn auf einer Party in New York kennengelernt. Prima Mann.

22 Sind Sie mit Wowereits Spruch »Berlin ist arm, aber sexy« einverstanden?

Ich bin nicht ganz sicher, was er damit sagen wollte. Aber sicher: Es ist eine wirklich heiße, wirklich sexy Stadt.

23 Gehen Ihnen Berlins junge Männer, die mit ihren Vollbärten und dunklen Hornbrillengestellen alle ein wenig wie Michael Stipe vor zehn Jahren aussehen, auch ein bisschen auf die Nerven?

So wie Sie das Phänomen beschreiben, begreife ich das als Kompliment. Es ist ein guter Look.

24 Manchmal erschöpft von all den aufgeregten Kreativen, die das Berlin der Gegenwart mit dem Manhattan der späten Siebzigerjahre verwechseln?

Was die Menschen mit diesem Vergleich meinen, ist, dass die Infrastruktur einer Stadt auf eine sehr kosmopolitische Art aufgemischt wird: Künstler übernehmen Ecken der Stadt, in denen sie bisher nicht zu Hause waren, und werden zu einem Wirtschaftsfaktor.

25 Wie steht's derzeit ums deutsche Selbstbewusstsein?

Ich glaube, ganz okay. Oder? Ich habe hier praktisch nur freundliche, lockere, normal selbstbewusste Leute kennengelernt.

26 Die schlechteste Seite der Deutschen?

Schlechte Haarschnitte.

27 Eine überraschend gute Seite an den Deutschen?

Deutsche sehen nackt sehr gut aus. Ich war im Sommer an einem Nacktbadestrand am Wannsee. Wunderbare Anblicke.

Schlückchen Wasser. Er wechselt die Sitzposition: das andere Bein über das andere Knie. Wir werden nun noch konzeptueller. Die Idee der nächsten zehn Fragen ist, dass wir so tun, als wüssten wir rein nichts über ihn. Basisfragen an Michael Stipe. Könnte doch lustig sein. Er sagt, weil's ihm ganz wunderbar egal ist: »Okay.«

28 Wie heißen Sie?
John Michael Stipe.

29 Wie alt sind Sie?
51. Ich weiß, ich sehe großartig aus, absolut großartig für mein Alter.

30 Wie viel Dioptrien?
Ich trage Kontaktlinsen. Keine Ahnung, wie stark sie sind. Ich bin praktisch blind.

31 Welche Firma stellt Ihre schwarzen Hornbrillen her?
Side Shuron USA.

32 Haben Sie den Führerschein?
Ja.

33 An welchen Orten auf Erden besitzen Sie Häuser oder Wohnungen?
In New York City und Athens, Georgia.

34 Leben Ihre Eltern noch?
Ja. Vater ist 77, Mutter 75 Jahre alt.

35 Besitzen Sie einen Hund?
Sie ist gerade gestorben. Ein Terrier. Helix. Sie war neunzehneinhalb Jahre alt.

36 Vollkommen sicher, dass Sie keine Kinder haben?
Nicht vollkommen sicher, nein.

37 Stehen Sie politisch eher rechts oder links?
In Amerika unterscheiden wir weniger zwischen rechts und links als zwischen Republikanern und Demokraten. Das sind die zwei großen Blöcke, zwischen denen sich alles aufteilt. Ich war den Demokraten immer näher.

38 Warum gibt es ein neues R.E.M.-Album?
Warum gibt es ein neues R.E.M.-Album? Ich nehme Alben auf. Das ist mein Beruf.

39 Welche Bedeutung hat der Songtitel »Überlin«?
Wir nahmen zwei deutsche Wörter, den Namen der Stadt Berlin und das Wort »über«, und setzten sie zu einem neuen Wort zusammen. Der Inhalt des Songs ist exakt das, worüber wir uns hier gerade unterhalten haben: Leute aus New York, aus London, aus Skandinavien sind verrückt nach dieser Stadt.

40 Welcher ist der beste Song auf dem neuen Album?

Das können Sie mich doch nicht fragen. Ich mag *Überlin*. Ich liebe diesen Song.

41 Wofür sind die Berliner *Hansa-Studios* in den USA bekannt?

Das U2-Album *Achtung Baby*, die Bowie-Trilogie, Iggy Pops *Lust for Life*. Für Musikliebhaber ist es ein mystischer Ort.

42 Wie sehen die Klos in den Hansa-Studios aus?

Alt und eng.

43 In welcher Form ist Ihnen Bowies Geist in den Hansa-Studios begegnet?

Nun, ich kenne den echten Bowie aus New York.

44 Macht allein der Aufenthalt in Berlin ein Album schon zu einem rockigeren Album?

Nein.

45 Welche musikalische Erneuerung vollzieht das neue R.E.M.-Album?

Musikalische Erneuerung in der Musikgeschichte? Musikalische Erneuerung in der Geschichte der R.E.M.-Alben? Darum geht es nicht. Der Punkt ist nicht, etwas Neues zu machen. Für R.E.M.-Maßstäbe ist es ein

leichtes und lockeres, fast ein unbeschwertes Album geworden.

46 Worin liegt der Unterschied zwischen guten und schlechten Songtexten?

Es gibt so viele schlechte Texte. Oje. Die Texte, die ich schreibe, sind sehr gute Texte.

47 Ihr Lieblingssong von Elvis Presley?

Moment, er hat seine Songs ja nicht selber geschrieben. *Suspicious Minds*.

Er singt.

We're caught in a trap / I can't walk out / Because I love you too much, Baby.

Er lässt – wie Elvis bei seinen Auftritten in Las Vegas – ein imaginäres Mikrofon, das an einem Kabel hängt, neben seiner Hüfte kreisen.

Unglaublicher Song.

48 Echt wahr, dass Sie mit den Beatles und den Rolling Stones wenig anfangen können?

Ich habe mal etwas Böses über die Beatles gesagt, dieses Zitat aber dann doch zurückgezogen, weil es aus dem Zusammenhang gerissen wurde. Ich finde beide Bands, die Beatles und die Rolling Stones, okay. Es ist nur so, dass ich beide Bands nicht gerade oft höre.

49 Die verrückteste Sache, die Sie je beim Singen mit Ihren Händen angestellt haben? Sie führen da vorne am Mikrofon ja wahre Pantomime-Vorstellungen auf.

Ich weiß, ich tue komische Dinge, wenn ich singe, aber ehrlich, ich habe keine Ahnung, was genau ich da tue. Meine Freundin Courtney sagte immer, dass ich beim Singen der Surfer-Boy bin. Ich habe nie verstanden, was sie damit meint. Eines Abends stellte sie sich in einem Restaurant auf den Tisch und zeigte es mir.

Er macht nun Courtney Love nach, die, auf einem Tisch in einem New Yorker Restaurant stehend, ihren Freund Michael Stipe beim Singen nachmacht. Michael Stipe als Courtney Love, die den Sänger Michael Stipe nachmacht, hält mit einem ausgestreckten und einem angewinkelten Arm das imaginäre Segel fest.

50 Ihre Erklärung, warum Sänger beim Singen die Augen schließen?
Konzentration.

51 Wie steht's mit Ihrem Lampenfieber beim Singen?
Es hat sich ein wenig gebessert. Und es ist unverändert furchtbar geblieben.

52 Was ist besser, singen mit Brille oder singen mit Kontaktlinsen?
Mit Kontaktlinsen.

53 Richtige Beobachtung, dass Sie als Sänger versuchen, Ihren amerikanischen Akzent zu verheimlichen?
Nein. Ich denke, ich singe sogar mit einem deutlichen Südstaaten-Akzent.

54 Traurig darüber, dass Sie in den USA, nicht in Europa geboren sind?
Ja.

55 Schönste Erinnerung an Hanau, wo Sie als Soldatenkind gewohnt haben?
Keine besonderen Erinnerungen. Meine Kindheitserinnerungen sind alle schmutzig.

56 Das Trauma Ihrer Kindheit?
Ich bin einmal fast gestorben. Das war wirklich schlecht. Ich bin fast er-

froren. Hypothermie. Das ist, wenn der Körper seine Temperatur nicht richtig regelt.

57 Waren Sie ein hübscher Teenager?

Ich sah abscheulich aus. Schreckliche Haut. Schrecklich aussehendes Haar.

58 Wie sah im Jahr 1975 Ihre Frisur aus?

Ein Afro. Ich musste schon als Teenager einsehen, dass ich nicht androgyn aussehen konnte wie David Bowie oder Iggy Pop. Ich hatte einfach zu viele Haare auf dem Körper. Und ich war nicht dünn genug. Ich sah aus wie Ian Hunter von *Mott the Hoople*: dickes Haar, dickes Gesicht.

59 Ihre Lieblingsplatte im Jahr 1980, als Punk mit einiger Verspätung auch in den USA ankam?

Meine Lieblings-Punkplatte? 1980? Die *Young Marble Giants*. Ihr Album *Colossal Youth* ist unter den drei besten Alben aller Zeiten.

60 Kann man sagen, dass das Jahr 1978 für Ihr Leben, Ihre Karriere, Ihr Kunstverständnis ein Schlüsseljahr war?

Das kann man sagen, ja. 1978 war ich 18.

61 Schönste Erinnerung an die Jahre, in denen Sie mit Ihrer Band R.E.M. im Tourbus unterwegs waren?

Wunderbare Jahre. So viele unvergessene Erlebnisse. Bei keiner anderen Tätigkeit sammelt und verbraucht der Mensch so viel Kraft, wie wenn er mit Band auf Tournee ist: eine wirklich existenzielle Erfahrung. Eins der vielen unvergessenen Erlebnisse war die Landung zweier Ufos um vier Uhr morgens in Texas. Das erste Ufo war lautlos. Das zweite war so laut, dass wir den Bus anhielten.

62 Können Sie noch einmal erklären, was Sie schon oft erklärt haben, nämlich die Bedeutung des Ausdrucks »losing my religion«?

Gerne. Das ist eine Variation des Ausdrucks *»lost my religion«*. Er bedeutet: Eine Herausforderung ist so groß, dass du darüber dein Selbstvertrauen verlierst. Aber: Das Ganze ist ein Witz. Der Ausdruck *»lost my religion«* wird nie ernsthaft verwendet.

Lustig. Jetzt hat man den Ausdruck wieder nicht verstanden – zumindest der Interviewer hat ihn nicht verstan-

den. Der Refrain des großen R.E.M.-Hits »Losing My Religion« bleibt ein Rätsel.

63 Wie erklären Sie den Begriff »College-Rock«?

Fragen Sie das ernsthaft? Ich erkläre das gerne – ich möchte nur sichergehen, dass es sich um eine ernst gemeinte Frage handelt. Als Punkrock um das Jahr 1978 in den USA stattfand, war das Radio in den USA ausschließlich kommerziell orientiert. Keine Radiostation spielte die neuen Punkrock-Songs. Im Gegensatz zu den großen Stationen war das Radio der Colleges wirtschaftlich ungebunden. College-Radio konnte die neue Rockmusik spielen – aus diesem Grund hieß die alternative Rockmusik der späten Siebziger- und frühen Achtzigerjahre College-Rock.

64 Haben Sie stets im Kopf, dass da draußen fünfzigjährige Hausfrauen herumlaufen, die den R.E.M.-Songtitel *Walk Unafraid* auf ihr Hinterteil tätowiert haben?

Ja. Diese Dinge hat man ständig im Kopf.

65 Nach 31 Jahren als Sänger, kön-nen Sie zugeben, dass Sie beim Singen immer ein bisschen zu sehr gejammert haben?

Ja. Vielleicht jammere ich beim Singen zu viel.

66 Wenn Rock 'n' Roll gleich Sex, Drogen und lange Gitarrensolos ist, waren Sie dann nie ein großer Rock 'n' Roller?

Ich liebe Sex. Ich habe Drogen bis zu dem Zeitpunkt geliebt, an dem ich aufgehört habe, sie zu nehmen. Nur lange Gitarrensolos lehne ich selbstverständlich ab. Ich bin nach Ihrer Definition also ein Zweidrittel-Rockstar.

67 Waren Sie manchmal deprimiert, weil im Publikum der R.E.M.-Konzerte zu viele Intellektuelle standen?

Nein.

Großes Gelächter.

Warum sollte mich das deprimieren? **Keine Ahnung. Rock 'n' Roll, so der Mythos, hat doch etwas mit Wildsein zu tun, und Intellektuelle stehen im Ruf, nicht besonders wild zu sein.**

Ganz falsche Ansicht – Intellektuelle sind die Wildesten von allen. Du musst sie nur ein bisschen kitzeln.

Noch größeres Gelächter. Er schüttet sich aus vor Lachen, er stirbt jetzt fast vor Lachen. Jetzt ist er richtig wild! Der Popstar Michael Stipe fühlt sich, spätestens an dieser Stelle, gut unterhalten. Das ist schön.

68 Simple Frage, warum muss Rock 'n' Roll so laut gespielt werden?
Wir sollen unser Publikum wegblasen. Die Leute wollen von uns weggeblasen werden.

Er macht, mit dicken Backen, das Geräusch eines Wirbelsturms nach, der das Publikum bei einem R.E.M.-Konzert wegbläst.

Yeah.
69 Können Sie bestätigen, dass R.E.M. sich in den nächsten drei Jahren nicht auflösen werden?
Das kann ich nicht bestätigen.
70 Können Sie bestätigen, dass R.E.M. sich in diesem Jahr nicht mehr auflösen werden?
Das kann ich gerne bestätigen.
71 Manchmal traurig darüber, dass Sie Rockstar und kein bildender Künstler geworden sind?
Ich mache Skulpturen. Ich habe vor sechs Jahren damit angefangen. Die Skulpturen, an denen ich derzeit arbeite, sind so groß wie die Tür dort drüben: Sperrholz und Papier.
72 Immer noch möglich, dass die USA Iran angreifen?
Das wäre verrückt.
73 Sind Sie persönlich enttäuscht von Barack Obama?
Nein. Ich halte ihn für einen unglaublich klugen und umsichtigen Präsidenten. Nach acht Jahren Bush und Cheney war er in einer denkbar engen und ausweglosen Situation.
74 Wenn Sie sich vom Fotografen Juergen Teller für eine Werbekampagne des Modemachers Marc Jacobs ablichten lassen, hat das auch eine politische Aussage?
Nein. Obwohl? Vielleicht hat das Foto schon deshalb eine subversive Relevanz, weil ich kein Model bin. Ich bin nicht das, was Menschen

sich unter einer Schönheit vorstellen.

75 Machen die Menschen sich zu viele Gedanken über Mode?

Im Gegenteil, sie sollten sich viel mehr Gedanken über Mode machen. Die Leute sind ahnungslos, wie sie ihre Kleidung zusammensetzen sollen. Es ist beschämend.

76 Was sollten Männer wissen, wenn sie Make-up benutzen?

Nur eine Sache: Benutzt kein Make-up. Ich benutze Make-up, wenn ich auf die Bühne gehe.

77 Wie vermeiden Sie es, als 51-jähriger Mann wie ein Zwanzigjähriger gekleidet zu sein? Das ist, mit Verlaub, ein weitverbreitetes Problem unter mittelalten Männern.

Gott, ja. Es ist ein trauriges Phänomen. Ich vermeide Converse-Turnschuhe. Und Palästinensertücher. Und superenge Jeans.

78 Können Sie drei Dinge auf Erden nennen, die wichtiger sind als Sex?

Natürlich nicht. Gut, atmen ist wichtiger.

Rückkehr in die Verschränkte-Beine-Position. Du liebes bisschen, jetzt lächelt er: einfach so! Wir haben diesen netten Mann, diesen sympathischen Star nun wirklich auf unserer Seite.

79 Der berühmte Self-Rating-Test. Sie benoten Ihr eigenes Talent von null Punkten, kein Talent, bis zehn Punkte, maximales Talent. Rock 'n' Roller.

Vier.

80 Marxist.

Keine Ahnung, was das bedeutet.

81 Konzeptkünstler.

Acht. Ich bin ja eigentlich immer Konzeptkünstler gewesen, auch als Musiker.

82 Queer Artist.

Fünf.

83 Kleiderständer.

Sieben.

84 Mozart.

Zehn. Hören Sie auf mit diesen entsetzlichen Fragen, ich kann mich nicht selbst benoten.

85 Feminist.

Neun.

86 Marlon Brando.

Welches Talent ich als Marlon Brando habe? Das ist eine konzeptuelle Frage. Marlon Brando war ein Queer Artist, natürlich! Das Schwulaussehen war immer Teil seiner Machtstrategie. Er hatte keine Scheu davor, Männer zur Steigerung seiner Wirkung zu verführen. Bin ich erfolgreich darin, Männer zu verführen? Zehn Punkte.

87 Und? Wie sieht Ihr Fahrradhelm denn nun aus?

Unbeschreiblich hässlich. Es ist ein absolut lächerliches Ding. Aber – nützt ja nichts.

88 Immer noch so stolz auf Ihre wunderschönen langen Wimpern?

Es sind verrückt lange Wimpern. Meine Schwestern haben mich immer dafür gehasst.

89 Sind Sie ein Fan von Bette Davis?

Logisch. Warum nicht?

90 Der letzte Hut, den Sie sich in Berlin gekauft haben?

Den habe ich in Berlin gekauft und in Berlin verloren. Eine Schirmmütze mit einem Knopf vorne am Schirm. Eine Zeitungsjungen-Mütze. Zwanziger-Jahre-Style.

Ein abschließender, wenig origineller, trotzdem richtiger Gedanke – mehr *braucht kein Mensch: Er ist ein anstrengender und ein guter Typ. Die Stipe'sche Misanthropie und Schlechtlaunigkeit sind hochmoralischer Ausdruck dafür, dass die Welt, so wie sie ist, natürlich eine vollkommen haltlose, irre und sinnlose Katastrophe ist. Hat man das plaudernd einmal gemeinsam festgestellt, dann wird es Zeit, sich gemeinsam kaputtzulachen. So – geht's doch.*

91 In wenigen Worten, was hat Ihre langjährige Freundin Patti Smith Ihnen beigebracht?

Menschlichkeit – als Performer. Ich weiß, das klingt etwas abgehoben, ist aber eine sehr konkrete Sache. Humor. Und noch etwas Wichtiges: Demut. Patti ist gut im Demuthaben.

92 Courtney Love, die Witwe des Nirvana-Sängers Kurt Cobain, hat den zweifelhaften Status erreicht, nach der John-Lennon-Witwe Yoko Ono die meistgehasste Frau des Rock 'n' Roll zu sein, ein Monster. Was sagen Sie zu ihrer Verteidigung?

Dieser Ruf ist unfair, das ist doch klar. Wir sind wirklich eng befreundet. Vor drei Tagen waren wir zuletzt miteinander abendessen. Zugegeben, sie ist ein komplexer Charakter.

93 Welche brillante Nachwuchsband aus Ihrem Heimatort Athens im US-Bundesstaat Georgia möchten Sie empfehlen?

Elf Power. Dead Confederate. Und: *Le Master.*

94 Sind Sie ein guter Patenonkel?

Ich habe eine Armee von Patenkindern. Ich verliere gerade den Überblick, weil es so viele Patenkinder sind. Gerade ist ein neues dazugekommen. Es sind an die fünfzehn Patenkinder.

95 Wie geht es Ihrer Patentochter Frances Bean Cobain?

Kein Kommentar.

96 Echt wahr, dass Sie sich Ihr erstes Mobiltelefon vor einem Jahr zugelegt haben?

Falsch, ich war einer der ersten Menschen mit einem Mobiltelefon. Es war ein schwarzer Koffer, den man an die Steckdose anschloss. Das war im Jahr 1989. Haben Sie nicht noch mehr von diesen Fragen? Es macht gerade Spaß.

97 Es sind noch drei Fragen. Was antworten Sie, wenn ein Fan zu Ihnen sagt: »I love you, Michael«?

Wenn es ein ungestörter Raum ist wie dieser hier, dann sage ich: *I love you, too.* Wenn er mich im Restaurant anspricht, dann antworte ich: *Thank you very much.*

98 Echt wahr, dass Sie jeden Tag ein Gedicht schreiben?

Leider unwahr.

99 Wie lauten die letzten zwei Zeilen, die Sie geschrieben haben?

Er schaut auf sein iPhone; scrollt einen Text auf dem Bildschirm nach unten.

Es ist leider nicht besonders gut – eine Zeile über Kolibris. Kleine, schöne, aber sehr aggressive Tiere. Wir haben die Vorstellung, dass diese Vögel zarte, zauberhafte Geschöpfe sind. Dabei sind das gemeine, hinterhältige Motherfucker.

Michael Stipe liest vor:

Look, look / Little birds / Hollywood Hills.

31. März 2011

Zweiter Stock im Mitglieder-Club »Soho House«, Berlin. Er ist für zwei Tage in der Stadt, um für das Bekleidungshaus Peek & Cloppenburg einen Preis zu verleihen. Dies ist kein exklusiver Termin: Der Modemacher spricht mit den Zeitschriften »Glamour«, »stern«, »In-Style«, »Sportswear International«, »Gala«, »Brigitte«, »Bunte« und dem »ZEIT-magazin«. Untersagt, so die Pressefrau, sind Fragen über Wirtschaft und Politik; Voraussetzung für das Gespräch ist, dass die Wortkombination Peek & Cloppenburgs »Designer

for Tomorrow«- Award« einmal fällt. 20 Minuten Interview mit Marc Jacobs, dem, wie alle sagen, wichtigsten Modemacher der Gegenwart. Es könne sein, so die Pressefrau, dass die Interviewzeit, weil die Termine derartig drängten, kurzfristig auf 18 Minuten gekürzt werde. Eintritt ins Interviewzimmer: Er läuft da, mit einer Zigarette in der Rechten, dem Mobiltelefon in der Linken, auf und ab. An einem Tisch im Hintergrund sitzen die deutsche Pressefrau, die amerikanische Pressefrau und ein junger Mann mit Turnschuhen, sein persönlicher Assis-

tent. Man will von ihm natürlich genau wissen, was er anhat: Kniebundhose, Kniestrümpfe, Church-Schuhe, Hemd mit hohem Kragen, Gold-Rolex, Brille. Unter dem Hemdstoff zeichnen sich Bodybuilder-Muskeln ab. Er sieht in etwa so aus, wie man als hipper Schwuler im Jahr 1988 aussah: interessant. Das wird ein Fest der banalen Fragen, wir wollen hier, was an Oberflächlichkeit in einer Unterhaltung möglich ist, noch einmal alles in den Schatten stellen. Statt der üblichen 99 brauchen wir nur 66 Fragen: Reicht. Ihm werden nun die Regeln des Interviews erklärt (kurze Fragen, kurze Antworten, kein Bullshit). Professionell lächelnder, im Sitzen leicht nach vorn gebeugter Modemacher. Die Zigarette brennt.

1 Schwarz oder Weiß?
 Schwarz.
2 Seide oder Chiffon?
Seide.
3 Schlangenleder oder Pferdeleder?
Schlangenleder.
4 Fuchsfell oder Hermelinfell?
Fuchs.

Der Interviewer teilt dem Modemacher nun überschwänglich mit, wie großartig es bis hierher läuft, weil Modemacher es ja, noch mehr als gewöhnliche Stars, gern haben, auf die denkbar platteste und verlogenste Art gelobt zu werden: Toll bist du, und toll machst du das hier. Freundlich lächelnder, noch unbeteiligter Marc Jacobs.

5 Hier ein paar Erscheinungen, die in Fachzeitschriften als »letzter Schrei« bezeichnet werden – Sie geben bitte Ihren spontanen Kommentar ab. Hosenanzüge.
In Ordnung.
6 Wilde Farben.
In Ordnung.
7 Veganes Essen.
Nicht besonders interessant.
8 MDMA.
Keine Meinung.
9 Verschreibungspflichtige Medikamente.
Mir ist zu Ohren gekommen, dass die bei reichen Kindern in Los Angeles und New York hip sind ... Im Ernst: Ich habe keine Ahnung.
10 Spontan, wie beschreiben Sie

das perfekte Cocktailkleid für eine 17-Jährige, Wohnort Berlin, total naiv, gleichzeitig total gelangweilt, gerissen, abgebrüht?
Schwarz. Knielang.
11 Wie sieht das perfekte Galakleid für unsere Kanzlerin Angela Merkel aus?
Keine Ahnung.
12 Das perfekte Cocktailkleid für Ihre ehemalige Muse Winona Ryder?
Oh, sie ist so cool. Sie kann alles tragen.
13 Der perfekte Pyjama für Mr. Eminem?
Er kriegt von mir die Hose, oben trägt er nichts.
14 Der perfekte Wintermantel für Arnold Schwarzenegger?
Ein Zweireiher. Dunkelgrau. Aus Tweed.
15 Wenn er bei seiner Ergreifung nicht erschossen worden wäre – wie sähe der Anzug aus, den Osama bin Laden vor dem Internationalen Gerichtshof hätte tragen sollen?

Das ist der Moment der deutschen Pressefrau. Sie ruft: »No politics!«

Dann noch einmal auf Deutsch: »Keine Politikfragen, bitte!«

Es tut mir leid, aber niemand auf der Welt ist mir so unglaublich egal wie Osama bin Laden.
16 Wie geht's Winona?
Es geht ihr großartig, sie ist ausgelastet und glücklich verliebt. Gerade haben wir einen Fotoshoot für Harper's Bazaar gemacht, und vor einigen Monaten haben wir einen Film zusammen gedreht, ein Remake von Mike Nichols' *Wer hat Angst vor Virginia Woolf?*. Winona war Liz Taylor, ich Richard Burton. Sie ist immer noch sehr dankbar für ihre Rolle in *Black Swan*, gerade bereitet sie sich auf eine neue Rolle vor. Nein, es geht ihr wirklich ganz ausgezeichnet.
17 Wie geht's Naomi?
Vergangene Woche habe ich sie im *Met* in New York in der Alexander-McQueen-Ausstellung gesehen. Sie sah großartig aus.
18 Wie geht es Kate?
Sie heiratet im Juli, ich freue mich schon sehr auf die Hochzeit.
19 Was macht Sofia Coppola zur perfekten Muse der Gegenwart?

Sofia ist der vollendete Mensch. Sie ist smart, wunderschön, süß, talentiert, freundlich, kreativ. Sie hat eine Stimme und eine Vision.

20 Nach dem Tod von Liz Taylor, was wissen Sie über den Gesundheitszustand der letzten Hollywood-Göttin Lauren Bacall?
Leider weiß ich da gar nichts.

Zwischenstand: seine nette Art. Seine Stimme singt in angenehm tiefen Tönen. Mit der Nervosität, die bei den Pressefrauen zunimmt (unkontrollierbares Gespräch), scheint sich bei ihm Freude darüber einzustellen, dass nicht klar ist, wohin die Reise geht. Hier sitzt der Marc Jacobs, der überrascht, gekitzelt, unterhalten werden möchte. Den brauchen wir!

21 Jemals von einem Modemacher namens Wolfgang Joop gehört?
Ja!

22 Ihr Kurzkommentar zum großartigen deutschen Modemacher Bernhard Wilhelm?
Oh, ich liebe Bernhard. Er lebt in seiner komplett eigenen Welt. In New York besuchen wir dasselbe Fitnessstudio.

23 Eine Ahnung, warum Berlin neben Paris, Mailand, New York und London als Modehauptstadt gilt?
Nein.

24 Ihre bitte kurze Erklärung dafür, warum Sie für die Firma Peek und Cloppenburg den Preis »Designer for Tomorrow« verleihen?
Ich wurde gefragt, und es ist mir eine Ehre, hier zu sein.

25 Echt wahr, dass der Schriftzug von Marc Jacobs in den USA so bekannt ist wie Coca-Cola?
Nein!

26 Richtige Annahme, dass Ihr ganzer Stil im Auftreten von Ali MacGraw in »Love Story« von 1970 vorweggenommen wird?
Nein! Warum?

27 In Dingen grandioser Stil: Wurde es jemals besser als in Saint-Tropez um 1970?
Sicher. Ich denke: Heute sind die allerbesten Zeiten. Anders gesagt: Die Gegenwart ist immer reicher und interessanter als die besten Momente in Saint-Tropez in den letzten 50 Jahren.

Überraschung: Hier fiel der erste Satz aus seinem Mund, den man zitieren könnte.

28 War das Ihre Idee, dass der Jacobs-Fan, der ein Hemd für 200 Dollar kauft, gern noch eine Kappe für 9 Dollar dazu nimmt?
Absolut. Ein Kleidungsstück, das du möchtest, zu einem Preis, den du dir leisten kannst, das bleibt das Ziel.

29 Wie haben Sie das durchgesetzt, dass Frauen künstlichen Pelz akzeptieren?
Ich denke, beides hat seine Berechtigung: echter Pelz, künstlicher Pelz. Die Frau von heute muss die Auswahl haben.

30 Ihr Kurzkommentar zur US-»Vogue«?
Anna Wintour ist unglaublich, Grace Coddington ist unglaublich, André Leon Tally ist unglaublich, Tonne Goodman ist unglaublich. Die US-Vogue ist das beste Magazin auf Erden.

Anna Wintour: Chefredakteurin der US-»Vogue«, sie gilt als einflussreichste Frau der Modebranche. In der Bestsellerverfilmung »Der Teufel trägt Prada« wird sie von Meryl Streep verkörpert. Grace Coddington: langjährige Kreativchefin der US-»Vogue«. André Leon Tally: ehemaliger Modechef der US-»Vogue«, ein Freund von Michelle Obama, Sarah Jessica Parker und Mariah Carey und Liebling der New Yorker Gesellschaft. Der zwei Meter große Schwarze trägt gern Fantasieuniformen (ausgestopfter Löwenkopf auf der Schulter et cetera). Tonne Goodman: Modechefin der US-»Vogue«.

31 Nach Ihrer Erfahrung, sind reiche Russinnen nette Menschen?
Ich bin mit einigen Russen sehr gut befreundet. Meine Freundin Dasha, die Frau von Roman, ist eine sehr, sehr nette Frau. Vlad, Naomis Verlobter, ist ein sehr netter Mann.

Dasha Zuhkowa: Exmodel, Unternehmerin, Freundin des russischen Ölmilliardärs Roman Abramowitsch. Vladislav Doronin: russischer Immobilientycoon.

32 Welches Restaurant auf Capri können Sie empfehlen?

Ach, wie lange war ich nicht mehr auf Capri! *La Canzone del Mare.* Ein Strandclub. Ich habe dort – vor vielen Jahren – als Teenager mit meiner Großmutter zu Mittag gegessen.

33 Ihr Lieblings-Fitnessclub in Manhattan?

David Barton. 23. Straße, zwischen 7. und 8. Avenue. Das ist der Club, in dem Bernhard und ich uns öfter treffen.

34 Wie sieht Ihr Gepäckstück aus, das Sie für ein Wochenende an die See mitnehmen?

Ich nehme das Modell »Keep All« von Louis Vuitton und werfe da mein Badezeug rein.

35 Ihre Vision vom perfekten Mobiltelefon?

Nein, ich habe keinerlei Ambitionen, ein Mobiltelefon zu entwerfen.

36 Ihre Vision von der perfekten Hundeleine?

Und noch einmal nein. Keinerlei Lust auf eine Hundeleine.

37 Wie ist es möglich, die klassischen Bluejeans noch einmal sinnvoll neu zu erfinden?

Das ist nicht möglich. Levi's ist einfach zu stark.

38 Echt wahr, dass ihr Modedesigner eure Unterhosen in den Müll werft, nachdem ihr sie einmal getragen habt?

Nein.

Ein nun vollkommen zufriedener, gut unterhalten wirkender Marc Jacobs. Der Pressetisch nebenan rechnet jeden Moment mit der verbotenen Frage. Wir rücken ihm nun: näher.

39 Kann ein Mann zu viele Muskeln haben?

Nein.

40 Kann ein Mann zu viel Brusthaar haben?

Nein.

41 Mal Anabolika oder Steroide probiert?

Nie.

42 Macht Fitness so süchtig wie Kokain?

Ich kann etwas ganz Einfaches sagen: Wenn mir etwas guttut, dann möchte ich sehr schnell mehr davon haben. Ich bin eine Sucht-Persönlichkeit.

43 Clark Gable, Cary Grant, John Wayne, Errol Flynn – wie welcher Hollywood-Schauspieler der goldenen Ära möchten Sie im Moment aussehen?

Da nehme ich lieber einen, der heute spielt: Jake Gyllenhaal. Super aussehender Mann.

44 Welche politische Botschaft haben Cowboystiefel?

Ich trage nie Cowboystiefel. Meine Stiefel sehen aus wie Cowboystiefel, aber es sind keine – sie sind von Yves Saint Laurent, und ich trage sie zum Anzug. Ich trage außerdem Stiefel von Dior, die Hedi Slimane vor vielen Jahren entworfen hat. Sie sehen wie Dr. Martens aus.

45 Noch einmal: Welches Statement sendet ein homosexueller Mann aus, der im Sommer 2011 Cowboystiefel trägt?

Tragen Homosexuelle derzeit Cowboystiefel? Ich habe seit Jahren keine Cowboystiefel mehr gesehen. Ich glaube, Cowboystiefel sind eine Mode aus den Siebzigerjahren: Damals sind alle Männer, nicht nur homosexuelle Männer, als Cowboys durch New York gelaufen.

Es reicht nicht. Wir müssen ihm nun, damit die Sache hier nicht zu dufte wird, noch ein Stück näherrücken: In den vergangenen Jahren, so wissen Eingeweihte, hat sich Jacobs durch Hanteltraining vom durchschnittlichen kräftigen Typen zum Muskelmann entwickelt. Psychologie mit dem wichtigsten Modemacher auf Erden!

46 Echt wahr, dass Sie mal blaues Haar getragen haben?

Gott ja, das war ein Spleen von mir.

47 Echt wahr, dass Sie mit Anfang zwanzig wie Bill Gates um 1979 aussahen?

Nein! Wahr ist: Ich war immer ein Nerd. Und noch heute komme ich mir oft wie ein Fremdling, wie ein Sonderling vor.

48 Ihre schönste Tätowierung?

Eine Couch.

Er zieht sein Hemd hoch. Auf der Haut oberhalb seiner rechten Hüfte sind die Linien einer schlichten und modernen Couch eintätowiert. Ein Möbelklassiker. Es ist eine Couch von Jean-Michel Frank aus den Zwanzigerjahren.

49 Muss Ihr Partner so sagenhaft muskulös aussehen wie Sie?
Ich habe keinen Prototypen.

50 Nach der Neuerfindung Ihrer Silhouette als enorm muskulöser Mann – wie beschreiben Sie die Veränderung Ihrer Psyche und Ihres Charakters, die mit Ihrem neu gestalteten Körper einherging?
Hochinteressante Frage, ja: Ich glaube schon, dass ich selbstbewusster geworden bin.

51 Kann man sagen, dass ein Motor Ihrer Karriere Ihre Großmutter war, der Sie zeigen wollten, was für ein Ass Sie sind?
Das kann man nicht sagen, nein. Ich habe alles immer nur für mich getan. Nicht für sie.

52 Der berühmte Self-Rating-Test, Sie schätzen Ihre Begabung zwischen null Punkten (keine Begabung) und zehn Punkten (höchste Begabung) ein. Süchtiger.
Neun.

53 Conan der Barbar.
Null.

54 Leonardo da Vinci.
Null.

55 Unterwäschemodel.
Vier.

Der Modemacher ist überrascht, dass es das nun schon gewesen sein soll: Die Pressedamen sind erleichtert. Fazit, zehn Fragen vor Schluss: Die Mode ist vollkommen egal, aber natürlich eine ganz wunderbare Sache. Schade, dass die Mode heutzutage noch ein kleines Stück egaler ist, als sie es schon vor etwa zehn Jahren, also um 2001, war. Ist das so? Warum ist das so, Mr. Jacobs?

56 Wie geht's dem Jasmin auf Ihrer Terrasse in Paris?
Fantastisch. Er müsste nun – Ende Juni, Anfang Juli – in voller Blüte stehen.

57 Tut's manchmal weh, so unheimlich kreativ zu sein?
Ja.

58 Haben Sie genug Geld verdient?
Nein!

59 Wie grüßen Sie den großen Modemacher der Neunzigerjahre, Mr. Helmut Lang?
Großer Modemacher, brillanter

Künstler, feiner Mensch. Ich habe ihn vor einigen Wochen auf Grace Coddingtons 70. Geburtstag getroffen.

60 Denken Menschen in der westlichen Welt zu viel über Mode nach?
Man kann nie genug über Mode nachdenken.

61 Insgeheim, hängt Ihnen der ganze Modequatsch zum Hals raus?
Nein.

62 Ihre Medizin gegen Depressionen?
Arbeiten. Einkaufen. Bis mittags schlafen.

63 In den letzten 20 Jahren mal ein Buch von vorne bis hinten gelesen?
Ich lese viele Bücher. Mein Lieblingsbuch ist *Der große Gatsby* von F. Scott Fitzgerald.

64 Sind alle Modemacher Philosophen?
Nein.

65 Wie sieht die Silhouette des Teufels aus?
Keine Ahnung.

66 Wie sehen die Engelein im Himmel aus?
Weiß. Mit Flügeln. Bisschen fett.

29. Juli 2011

Ein Konferenzraum im Roten Rathaus zu Berlin: der für Konferenzräume übliche große Glastisch, auf dem eine Thermoskanne mit Kaffee steht. Seit zehn Jahren ist er Regierender Bürgermeister von Berlin, am 18. September stellt er sich erneut zur Wahl zum Abgeordnetenhaus. Im direkten Vergleich braucht er auch diesmal keinen Konkurrenten zu fürchten, die Berliner Grünen und ihre Kandidatin Renate Künast liegen in diesen Wochen allerdings vor der Berliner SPD. Er ist groß und breit. Wowi, der mit dem Teddybär-Gesicht. Bekannt und beliebt geworden ist dieser Politiker mit gleich zwei grandiosen Sprüchen, seinem Coming-out (»Ich bin schwul, und das ist auch gut so«) und einer Gleichung, die längst ein Klassiker ist (»Berlin ist arm, aber sexy«). Es gibt – aufs Angenehmste – kein echt brisantes oder zwingendes Thema mit ihm zu besprechen; aber man kann mit ihm, dem Kommunikationsprofi, dem Talkshow-Gestählten, der alten Plaudertasche, natürlich über praktisch alles sprechen, ohne dass es langweilig wird, von Integrationsproblemen in Neukölln bis zur Wahl der richtigen Partycracker. Er faltet die Hände. Er setzt ein demonstrativ staatstragendes und prophylaktisch genervtes Gesicht auf – das mit dem Plaudern soll nicht ganz so einfach werden. Egal, wie ernst dieses Gesicht guckt, die Wowi-Äuglein amüsieren sich schon mal.

1 Sekt oder Selters?
Selters.
2 Currywurst oder Austern?
Currywurst.
3 Ku'damm oder Friedrichstraße?
Ku'damm.
4 Udo Walz oder Marlene Dietrich?
Marlene Dietrich.
5. Schnurrbart oder Vollbart?
Vollbart.
6. Rot-Rot oder Rot-Grün?
Rot-Rot.

Das Gespräch hat bis hierher exakt sechs Sekunden gedauert, je eine Sekunde pro Frage und Antwort. Er zögert null. Wir operieren hier in den oberen Etagen des Politprofi-Smalltalkertums: Das kann was werden. Seine gefalteten Hände. Wowereits Daumen drehen sich.

7 Fukushima, Nato-Einsatz in Libyen, FDP-Erosion, die Grünen auf der Suche nach einem Kanzlerkandidaten – können Sie sich an Wochen erinnern, in denen es in der Politik so rundging?
Richtig ist: Die Zeiten sind unruhig.

Politik ist insgesamt schnelllebig geworden. Wenn sich Naturkatastrophen wie die in Japan ereignen mit den daraus folgenden politischen Entscheidungen, dann ist jede programmatische Planung über den Haufen geworfen.
8 Rückblick auf einen Schlüsselmoment: Als die Bundeswehrkapelle beim Abschied für Guttenberg »Smoke on the Water« spielte – war das der Moment, in dem die Republik, wie wir sie kannten, sich verabschiedete und etwas irres Neues losging?
Ich würde es nicht so dramatisch ausdrücken. Es war kein Anfang. Es war der Abgesang eines gescheiterten Ministers.
9 Ist die FDP noch zu retten?
Es ist nicht meine Aufgabe, mir Gedanken zu machen, ob die FDP sich rettet oder verändert. Sie soll so bleiben, wie sie ist.
10 Ist die SPD noch zu retten?
Die SPD muss nicht gerettet werden. Die SPD ist eine starke Kraft.
11 Spinnt der Innenminister Friedrich?
Er hat einen ganz schlechten Start ge-

habt. Er sollte endlich anfangen, sich mit den Realitäten zu befassen.

12 Kapieren Sie Westerwelle?

Es ist eine objektiv richtige Wahrnehmung, dass diese Bundespolitik es nicht versteht, den Deutschen in wesentlichen Politikfragen eine Orientierung zu geben.

13 Mit welchen Worten trösten Sie den SPD-Chef Gabriel?

Der SPD-Chef muss nicht getröstet werden. Er hat viele Ideen. Die werden umgesetzt.

14 Mal ehrlich, kennen Sie einen deprimierenderen Verein als die SPD?

Ich kenne Vereine, bei denen ich eine Depression bekommen würde. Die SPD gehört nicht dazu.

15 Ist das theoretisch auch denkbar, dass eine ganze Partei hinwirft und sagt, sie hat keinen Bock mehr?

Wie gesagt: Die SPD ist programmatisch gut aufgestellt. Und sie wird kämpfen.

16 Ein Gag oder die Wahrheit, dass Andrea Ypsilanti ihr Comeback plant?

Andrea Ypsilanti ist Politikerin der SPD, deshalb braucht sie kein Come-

back. Ansonsten ist seit geraumer Zeit Thorsten Schäfer-Gümbel der Frontmann der SPD in Hessen.

17 Wo bleiben die jungen Frauen in der SPD?

Wie Sie an Manuela Schwesig sehen, sind sie ganz weit vorne.

Kein Stress, keine Regung. Sein freundliches Teddybär-Gesicht schluckt alles. Bei Frage 15 schenkte er uns ein kleines Lächeln, nach dem Motto: »Da haben Sie sich aber eine hübsche Formulierung ausgedacht.« In seinen Antworten lässt er sich zu gar nichts hinreißen. Des Politprofi-Talkers Daumen drehen ihre Runden. Wir bleiben dran. Wir prügeln nun mit Wahlkampf-Fragen auf ihn ein.

18 Ist das egal, welcher Teppichhändler oder Spielkasino-Betreiber aus Steglitz für die Berliner CDU gegen Sie antritt?

Das Schöne an den Gegenkandidaten ist, dass sie nicht vom Regierenden Bürgermeister ausgesucht werden.

19 Ihr Verdienst, dass das spannendste Thema im Berlin-Wahl-

kampf 2011 wieder Klaus Wowereit heißt?

Das entscheidende Thema im Wahlkampf zum Berliner Stadtparlament heißt ja nicht Klaus Wowereit, es heißt Berlin.

20 Haben Sie kapiert, ob die Grüne Künast lieber Bürgermeisterin oder doch gleich Bundeskanzlerin werden möchte?

Ich habe den Eindruck, sie will doch lieber auf der Bundesebene bleiben.

21 Grob gesagt, soll Berlin so weiterwurschteln wie bisher?

Berlin wurschtelt nicht, sondern konzentriert sich auf die Zukunftsaufgaben, und dies mit Erfolg.

22 Gibt's kein spannenderes Wahlkampf-Thema als die langweilige Stadtautobahn A 100?

Es ist ein Grundsatzthema: Will man eine Stadt weiterentwickeln, oder will man sie konservieren?

23 Zur viel diskutierten Flugroute des neuen Großflughafens Schönefeld: Warum sind Siedlungsbauten in Lichtenrade wichtiger als die Villen in Wannsee?

Das ist ganz einfach. Erstens gibt's auch schöne Villen in Lichtenrade. Zweitens geht es um die Flughöhe. Lichtenrade liegt nah an den Startbahnen, hier befinden sich die Flugzeuge in geringen Flughöhen von nicht mal 600 Metern. In Wannsee geht es darum, wie die Anwohner dort eine Belästigung von Fluglärm aus 2500 Meter Höhe empfinden. Das ist ein buchstäblich himmelweiter Unterschied.

24 Traurig, dass es in Berlin nur einen kleinen Reaktor zum Abschalten gibt?

Der wird ja nicht abgeschaltet. Das ist ein Forschungsreaktor, und der hat deshalb ganz andere Voraussetzungen als die Meiler, die jetzt in der Diskussion stehen.

25 Wann haben Sie zuletzt Ihren Freund, den sympathischen, aber viel zu weichen Brandenburg-Ministerpräsidenten Matthias Platzeck, über den Tisch gezogen?

Es mag vielleicht so sein, dass Platzeck nach außen weich erscheint. Aber er ist ein knallharter Verhandler und denkt an seine Brandenburger Interessen. Insofern lässt der sich gar nicht über den Tisch ziehen. Wenn wir etwas verhandelt haben, dann ist das zum beiderseitigen Vorteil gewesen.

26 Zur groben Richtung Ihres Wahlkampfes: Wenn Sie bei der letzten Wahl zum Berliner Abgeordnetenhaus »Kultur! Kultur!« gerufen haben, rufen Sie jetzt »Wirtschaft! Wirtschaft!«?

Wir haben auch damals schon »Wirtschaft! Wirtschaft!« gesagt. Kultur lebt nur, wenn die wirtschaftliche Prosperität da ist, damit die vielen Kultureinrichtungen finanziert werden können.

27 Macht das eigentlich dumm, wenn man seit zehn Jahren als Kanzlerkandidat gehandelt wird?

Spekulationen kann man nicht verhindern. Insofern sage ich immer: Man soll sich konzentrieren auf das, was man tut, dann hat man genug zu tun.

28 Über welche Floskel müssen Sie als Kommunikationsprofi lauter gähnen, über »Er ist amtsmüde« oder über »Er will es noch mal wissen«?

Puh. Schwierige Frage. Die erste Floskel ist ja selten besser als die zweite.

Da müssten Sie mir schon eine echte Alternative anbieten.

29 Ihre Botschaft an Berlins Busfahrer?

Guter Service.

30 Ihre Botschaft an die Altkommunisten in Lichtenberg und Marzahn?

Kritisch über die Vergangenheit nachdenken!

31 Wie haben Sie das hingekriegt, dass Heinz Buschkowsky, der Neuköllner Bürgermeister, jetzt endlich die Klappe hält?

Ich glaube nicht, dass er sich zurücknimmt. Er hat vielleicht momentan nicht die Aufmerksamkeit.

32 Stimmt die irre Geschichte, dass Thilo Sarrazin mal bei Ihnen Senator war?

Das ist kein Gerücht, das ist Realität, und er hat als Finanzsenator viel für die Stadt getan.

33 Ihr Plädoyer für den deutschlandweit längst totgesagten Begriff Multikulti?

Unsere Gesellschaft ist nicht monokulturell zu verstehen. Wir unterliegen vielen Einflüssen. Die Welt kann sich nicht abschotten, Berlin und

Deutschland haben eine multikulturelle Gesellschaft.

34 Was hat das zu bedeuten, dass Ihr für März im Vorwärts-Buchverlag angekündigtes Plädoyer für Integration immer noch nicht erschienen ist?
Es ist gerade ein Buch erschienen, das ich herausgebe. Da geht es um positive Beispiele für Integration. Das andere Buch ist ein Ergebnis der Zukunftswerkstatt der SPD, es entsteht aus einem zweijährigen Prozess. Zum Ende des Prozesses wird das Buch auch da sein.

Wow. Viel toter, leerer, phrasenhafter kann der Mensch über Politik nicht reden. Wowereit sagt auf Knopfdruck das, was der Interview-Automat Klaus Wowereit sagen würde. Wie kommt das, dass der als großer Unterhalter gerühmte Wowereit so nichtssagend daherredet? Sind es die Fragen? Ist es das Amt, das aus Politikern Leere-Phrasen-Automaten macht? Wir glauben an dieses Interview – wenn nicht an seine Antworten, dann doch an unsere Fragen. Er guckt – mit ernstem Gesicht und lä-

chelnden Augen–, als wollte er sagen: Tun Sie etwas. Holen Sie mich heraus aus meiner Hohle-Phrasen-Existenz.

35 Was Sie da haben: Ist das die berühmte Berliner Schnauze?
Schnauze mit Herz.

36 Ihr Mittel gegen die endlosen Winter in Berlin?
Heiterkeit.

37 Berlin-Problem Hundekacke?
Ist weniger geworden.

38 Im Ernst, woran liegt das, dass in Berlin so dramatisch mehr Hundekot auf den Gehwegen liegt als in Paris oder London?
In Paris und London gibt es dafür weniger Bäume.

39 Haben Sie sich das ausgedacht, dass Berlin eine freche Stadt ist?
Berlin ist frech im allerpositivsten Sinne: Wir haben hier einen besonderen Charme, den man erst kennenlernen muss.

40 Echt wahr, dass bei euch da draußen in Lichtenrade Leute wohnen, die stolz darauf sind, dass sie noch nie im Osten waren?
Das weiß ich nicht. Das kann aber sein. Wohl nicht nur in Lichtenrade,

sondern zum Beispiel auch in Frohnau. Ein paar Ignoranten gibt es überall.

41 Zweiundzwanzig Jahre nach der Wende: Sollten wir uns von den lieb gewordenen Begriffen Ossi und Wessi verabschieden?

Das klingt ganz gut. Für die Zukunft brauchen wir nun neue Begriffe für die aus dem Norden und dem Süden.

42 Hat sich Deutschland genug darüber gefreut, dass es die Berliner Mauer nicht mehr gibt?

Ja. Es war allseits eine riesengroße Freude.

Achtung! Klaus Wowereit bewegt sich. Er bietet Kaffee an, gießt sich dann selbst eine Tasse ein. Wir wollen jetzt herausfinden, welche Rolle die Partys in seinem anstrengenden Bürgermeisteralltag spielen. Vielleicht wird jetzt alles gut!

43 Können Sie uns bitte noch mal erklären, warum es wichtig ist, dass der Regierende Bürgermeister von Berlin sich bei der Hugo-Boss-Show sehen lässt?

Ja. Weil die kreative Industrie zu Berlin gehört. Dort Flagge zu zeigen ist eine der vornehmsten Aufgaben des Regierenden Bürgermeisters.

44 Champagner-Fan?

Ich trinke gerne Champagner, aber ein deutscher Jahrgangssekt ist mir genauso lieb.

45 Ihr Schlafmittel?

Erschöpfung nach einem langen Arbeitstag.

46 Stimmt das, was Ihre Unterstützer sagen, dass Ihnen eine Schlafzeit von drei Stunden vollkommen ausreicht, um frisch über die Runden zu kommen?

Gott sei Dank sind es meistens doch fünf oder sechs Stunden.

47 Das berühmte bisschen zerknautschte Wowi-Gesicht – richtig, dass das nicht von den vielen Partys, sondern von Ihren Allergien herrührt?

Ich habe eine Frühblüherallergie, also Birke, Haselnuss, Erle. Es kann sein, dass man in diesen Phasen auch mal erschöpft aussieht.

48 Wann zuletzt durchgemacht?

Ach, durchgemacht. Wenn es abends

länger wird, dann meistens, weil ich am Schreibtisch sitze. Ich stehe in den seltensten Fällen nachts in Lokalen herum.

49 Wie dürfen wir uns Wowis Schreibtisch vorstellen?

Ein moderner Tisch. Groß, schwarz, Holz, viel Platz.

50 Auswendig, wo auf Ihrem Schreibtisch liegen die Büroklammern?

In einem Etui. In Griffweite.

51 Ihr Mittel gegen die berühmte 17-Uhr-Müdigkeit?

Arbeiten. Und frische Luft. Also Fenster auf.

52 Genug gefeiert?

Wenn der Anlass stimmt, dann sollte man auch in Zukunft feiern.

53 Eine Gemeinheit, dass Sie den Spitznamen »Partymeister« wohl Ihr Leben lang tragen werden?

Das ist ein Etikett, das kriegt man nicht mehr los. Es entspricht aber nicht der Realität.

54 Halten Sie es mit Andy Warhols alter Partyregel »Früh aufschlagen, früh weiterziehen«?

Nein. Ich bin kein Termin-Hopper. Wenn ich mich für eine Party entscheide, dann bleibe ich meistens dort.

55 Der verrückteste Ort, an dem Sie als Bürgermeister eine Rede gehalten haben?

Ganz lustig war zuletzt eine Grundsteinlegung, die im ersten Stock stattfand: Das war bei der Bertelsmann-Repräsentanz in der Alten Kommandantur.

56 Auf eine Art, ist der rote Teppich als Droge so gefährlich wie Kokain?

Der rote Teppich ist keine Droge. Er ist ein Ritual.

57 Drei Prominente, die bei den legendären Wowereit-Partys bei Ihnen zu Hause in der Dachgeschosswohnung am Ku'damm nicht fehlen dürfen?

Das sind dann ja private Partys, also bleibt die Gästeliste mein Geheimnis.

58 Ihre Erfahrung: Finden die besten Gespräche bei Partys echt in der Küche statt?

Gegessen wird bei uns im Esszimmer. Aber richtig, die Küche ist natürlich der Ort.

59 Wie war's mit Schwarzenegger?

Nice guy.

60 Ist Queen Elizabeth komisch oder doch eine eher humorlose Person?

Sie hat mehr Humor, als man das allgemein denkt. Wir haben viel über Stadtentwicklung gesprochen, über das Neue Museum, über Architektur. Sie ist eine wunderbare Lady. Der Eindruck, den man aus dem Fernsehen von ihr hat – diese gewisse Steifheit, Humorfreiheit –, ist jedenfalls der falsche Eindruck.

61 Was besprechen Sie bei Ihrer nächsten Stippvisite bei Prinz Salaman von Saudi-Arabien?

Den habe ich schon gesprochen. Es ging um Politik, natürlich, Entwicklungen in der arabischen Welt, Gleichberechtigung von Frauen, Investitionen in die Zukunft.

62 Welches Detail vom letzten Besuch bei Ihrer guten Freundin, der Filmschauspielerin Liz Taylor, ist Ihnen unvergesslich?

Da sind Sie falsch informiert, dass wir befreundet waren. Ich habe diese große Schauspielerin nie persönlich getroffen.

Kaffeepause ist vorbei, die Hände kehren in die gefaltete Grundposition zurück. Er schaut, wieder mit großem Bürgermeister-Ernst, auf seine Armbanduhr: Wie lange geht hier noch dieses Theater? Wir aber bleiben dabei, dass wir unsere überreizten und durchgedrehten Fragen stellen und ihn mit unserem Übermut anzustecken versuchen. Komm schon, Wowi!

63 Muttersöhnchen?

Nö.

64 Können Sie Ihre Mutter Hertha noch mal in wenigen Worten hochleben lassen?

Ein wunderbarer Mensch, der immer kämpfen musste, aber sich auch durchgesetzt hat.

65 Froh, der Kleinbürgerhölle von Lichtenrade entkommen zu sein?

Kleinbürgertum ist nicht lokalisierbar. Das kann in Metropolen sein und in der Provinz.

66 Die Discohymne, die Ihr Lebensgefühl in den Siebzigerjahren auf den Punkt brachte?

In der ersten Discozeit waren die Blues-Songs besonders angesagt. Die langsamen Sachen. Weil man da eng miteinander tanzen konnte.

67 Echt wahr, dass Sie als junger Mensch deutsche Politiker erlebt haben, die cool waren?

Ja. Mein großes Idol ist Willy Brandt. Aber ich fand, beispielsweise, auch Björn Engholm einen außergewöhnlichen Politiker.

68 Haben Sie sich den »... und das ist auch gut so« wirklich selbst ausgedacht?

Der kam beim Reden, spontan, aus dem Bauch. Dieser Ausspruch sollte etwas erklären: dass man sich nicht zu verstecken, nicht zu entschuldigen braucht. Der Ausspruch kam aus dem normalen Sprachgebrauch, sehr viele Menschen reden so. Die guten Sätze muss man selten erfinden. Sie sind meistens schon einfach da.

69 Sie sind ja ein Sprüche-König. Welcher Ihrer beiden unsterblichen Sprüche ist wohl der bessere, der »arm, aber sexy« oder »... und das ist auch gut so«?

»... und das ist auch gut so« ist ein Ausspruch, der mir wichtig war und bis heute wichtig ist, weil er viel für die Emanzipation getan hat.

70 Kennen Sie einen Schwulenwitz, der leider lustig ist?

Warum soll es über Schwule nicht auch lustige Witze geben? Es gibt ja auch Juden, die lustige Witze über Juden erzählen. Das Entscheidende ist, wie der Witz eingesetzt ist: ob diskriminierend oder selbstironisch gemeint.

71 Ist die Diskriminierung heterosexueller Männer unter Schwulen ein Problem?

Es gibt natürlich auch schwule Männer, die intolerant sind, beispielsweise gegenüber Lesben, aber auch gegen heterosexuelle Männer. Das ist genauso zu verurteilen wie der immer noch deutlich häufigere Fall der Diskriminierung schwuler Männer. Wenn man für sich selbst Akzeptanz einfordert, dann sollte man mit gutem Beispiel vorangehen.

72 Was sagen Sie zum mühsamen, aber natürlich doch interessanten Klischee, dass in den sogenannten kreativen Berufen besonders viele Schwule sind?

Weiß gar nicht, ob ich mit diesem Klischee etwas anfangen kann. Vielleicht weil sie für schöne Dinge eine besondere Affinität haben.

73 Wer backt bei Ihnen zu Hause den Apfelkuchen?

Ich mache gerne eine Aprikosentarte. Oder meine berühmte Charlotte Lorraine.

74 Stimmt die Geschichte, dass Ihr Lebenspartner Jörn Ihnen morgens die Krawatte rauslegt?

Falsch.

75 Stimmt die Geschichte, dass Ihr Partner für Sie die Kulturteile der Zeitung durcharbeitet und Ihnen beim Abendessen die Zusammenfassung vorträgt?

Das ist auch falsch. Ich bin immer derjenige, der als Erster die Zeitung liest: frühmorgens.

76 Das Geheimnis Ihrer dreißigjährigen Ehe?

Noch nicht dreißig, sondern achtzehn Jahre. Auch keine Ehe, sondern eine Partnerschaft. Bei aller Unterschiedlichkeit den anderen so akzeptieren, wie er ist. Versuchen, ihn zu formen, aber nicht zu verformen.

77 Ist bisschen spießig ganz schön?

Ja, jeder Mensch hat seine konservative oder spießige Seite. Warum nicht? Es ist ja immer die Frage, was man darunter versteht.

78 Der berühmte Self-Rating-Test: Sie schätzen bitte Ihr Talent ein, von null Punkten – niedriges Talent – bis zehn Punkte – maximale Begabung. Sozialdemokrat.

Zehn.

79 John Travolta.

Der Tänzer? Sechs.

80 Weiberheld?

War früher mal mehr.

81 Bundeskanzler?

Steht nicht zur Debatte. Also keine Punktangabe.

82 Bussibär?

Nein.

83 Gibt's etwas Trostloseres als einen Politiker, der keinen Bock mehr hat?

Das fragen Sie den Falschen. Ich habe ja Bock.

84 Stimmt das Gerücht, dass Ihnen der zurückgetretene Hamburger Bürgermeister Ole von Beust bei einem Sonntagsbrunch auf seiner Terrasse von den Freuden des Politiker-Rentnerlebens vorgeschwärmt hat?

Das ist ein Gerücht. Dieses Treffen hat nie stattgefunden.

85 Ein Jammer, dass man als Politiker mit den Jahren seinen Größenwahn verliert?

Welchen Größenwahn? Ihre Frage setzt voraus, dass man mal einen hatte.

86 Ist das schwer, als Regierender Bürgermeister kein Misanthrop zu werden?

Das weiß ich nicht. Ich bin immer ein optimistischer und ein offener Mensch gewesen.

87 Welche Illusion lassen Sie sich nicht nehmen?

Ich nenne das Vision, nicht Illusion: Berlin wird eine sehr prosperierende Stadt sein. In unmittelbarer Zukunft.

Sein schlaues Lächeln. Die Daumen in den gefalteten Händen ruhen. Er hat einen ja längst. Es war, das merkt man jetzt, wo es zu Ende geht, natürlich ein ziemlich nettes Gespräch. Eines seiner Talente: Dieser Politiker gibt einem ständig das Gefühl, er werde gleich das sagen, was er wirklich denkt. Aber er sagt es dann, immer

ganz knapp, doch nicht. Renate Künast hat es nicht einfach.

88 Großfrage: Dürft ihr Sozialdemokraten Golf spielen?

Wir dürfen. Und ich habe aus meiner Golf-Leidenschaft nie einen Hehl gemacht.

89 Welchen Wert darf die SPD nie verraten?

Soziale Gerechtigkeit.

90 Haben Sie nicht mit Gerhard Schröder viel mehr gemein, als Sie hier zugeben können?

Ich bin danach nie gefragt worden, deshalb kann ich hier viel zugeben. Gerd Schröder und ich haben in unseren Vitae etliche Parallelen, die uns geprägt haben.

91 Auf eine Art, kann man sagen, dass der Berliner Bär und Sie im Gesicht eine Ähnlichkeit haben?

Nein.

92 Ist es wichtig, dass der Anzug immer ein bisschen schlecht sitzt, weil das dann volksnah wirkt?

Nein. Der Anzug sitzt auch nicht schlecht.

93 Kuschelrock-Fan Wowereit?

Ja. Das ist doch schön.

94 Guttenberg hatte »Hells Bells«. Welchen Song haben Sie?

Ich habe nicht so einen Song. Aber einen Lieblingssong seit ewigen Zeiten: *Nights in White Satin* von den Moody Blues.

95 Ein Hammer, dass Sie schon bald sechzig werden?

Man glaubt es ja selber kaum. Aber es ist so.

96 Was gibt's eigentlich dauernd zu grinsen?

Es gibt ja nicht dauernd was zu grinsen. Aber eine bestimmte Fröhlichkeit am eigenen Tun ist für die Umgebung nicht abträglich.

97 Seid ihr fröhlichen Typen im Herzen nicht die Allertraurigsten?

Zur Fröhlichkeit gehören auch immer Momente der Traurigkeit.

98 Lust, mal eine ganze Woche lang nichts zu sagen?

Das wäre auch schön. Es wäre manchem Anlass angemessen, wenn sich alle mal zurücknähmen. Aber das ist in unserer heutigen Kommunikationsgesellschaft kaum machbar.

99 Ihre persönliche Meinung: Soll der Eisbär Knut ausgestopft werden?

Diese Frage entscheidet nicht der Regierende Bürgermeister, sondern der Berliner Zoo.

20. Mai 2011

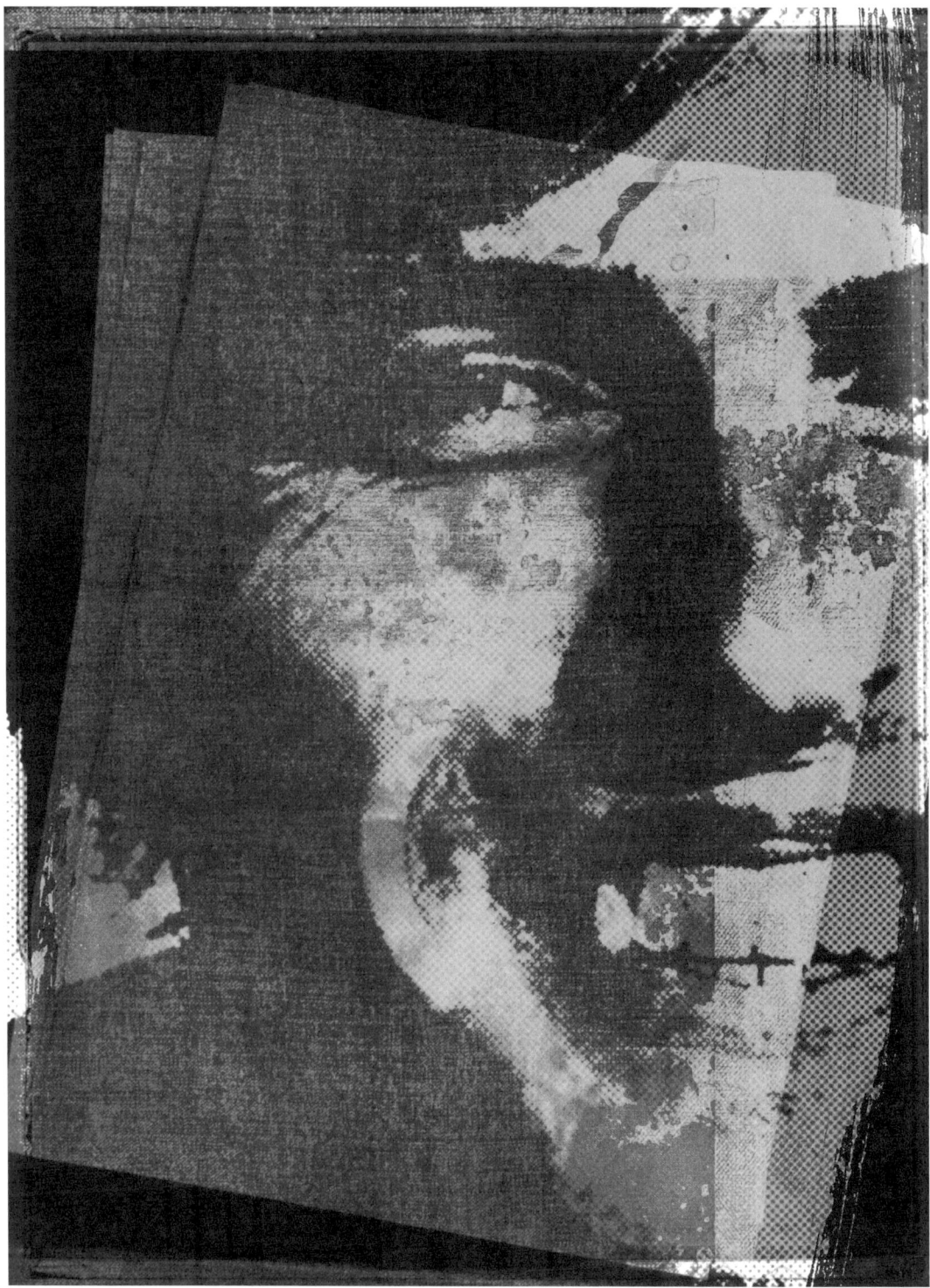

Berliner Abgeordnetenhaus: die Tür zum Sitzungssaal Nummer 109. In zwei Tagen, am 26. Oktober, beginnt die offizielle Amtszeit der am 18. September 2011 mit 8,9 Prozent sensationell ins Berliner Stadtparlament gewählten Piraten. Bundesweit steht die Partei bei zehn Prozent – das ist die viertstärkste politische Kraft nach den Grünen, vor den Linken und der FDP. Mit Andreas Baum haben die Berliner Piraten einen Fraktionsvor-sitzenden, den man sympathisch finden muss – es geht wirklich nicht anders: Er sieht wie eine 2011-Mischung aus Rudi Dutschke, Telekom-Kundenberater und englischem Gitarrenpop aus. Bisschen schwierig ist, dass das Programm der Piraten in den Köpfen ihrer potenziellen Wähler reichlich konfus ist (»irgendwas mit Internet und mit Transparenz«) – aber auch das macht ja vor allem gute Laune. Die wunderbare Aura des Offenen,

Unbekümmerten, Angstlosen, des Noch-nicht-Zugenagelten, des Uneffizienten, des Unprofessionellen: Man kann als vom Blah des deutschen Politikbetriebs ganz normal total Gequälter ja gar nicht genug von dieser Art kriegen. Legendär ist heute Baums Antwort auf die Frage eines Fernsehreporters, wie viel Schulden Berlin habe (»Viele, viele Millionen«; seither weiß ganz Deutschland, dass Berlin über 63 Milliarden Euro Schulden hat). Dass es sich bei den Piraten nicht einfach um eine neue Partei, sondern um eine neue Kultur, einen neuen Politikstil handelt, war in dem Moment klar, als der frisch gewählte Vorsitzende auf die Frage der ARD-Wahlstudio-Interviewerin mit den immer klugen, immer richtigen Worten »Keine Ahnung« antwortete und dazu sein entwaffnendes Lächeln aufsetzte. Der Vorsitzende kommt mit dem piratigen Viertelstündchen Verspätung: Rucksack, Trainingsjacke, Turnschuhe. Er ist angenehm groß. Saal Nummer 109 ist von debattierenden Parteikollegen besetzt, die neuen Räume, die den Piraten zustehen, hat die abgewählte FDP noch nicht geräumt. Wir sitzen also im Flur des Abgeordnetenhauses auf sehr hässlichen roten Ledersesseln. Dauernd kommen Anzugmenschen vorbei, gucken, grüßen: wenn das kein transparenter Ort für ein Interview ist. Er wirkt vollkommen unaufgeregt. Ja, es waren viele Interviews in den letzten Wochen.

1 BlackBerry oder iPhone?
iPhone.

2 Haschisch oder Beck's-Bier?
Beck's.

3 Geld verdienen oder Gutes tun?
Gutes tun.

Wie bei vielen zugezogenen Berlinern glaubt man bei ihm ein leichtes Berlinerisch zu hören: 2003 zog Baum, geboren und aufgewachsen in Kassel, 25-jährig nach Berlin. Man kennt sein Gesicht vielleicht aus der Zeitung, aber weiß doch praktisch noch nichts von ihm: Die folgenden Fragen sollen die Silhouette seiner Person in die Luft schießen.

4 Ihre Augenfarbe?
Graugrün. Nein, braungrün, so rum war's.

5 Ihr Abi-Durchschnitt?

Ich habe kein Abitur. Fachhochschulreife. 2,3.

6 Ihr Intelligenzquotient?

Nie gemessen.

7 Überflieger-Jahrgang 1978?

Nö.

8 Die Berufe Ihrer Eltern?

Beide Lehrer. Mathematik und Physik am Gymnasium. Interessant ist doch, dass der Sohn leider kein Abitur hat.

9 Ist es Ihnen heute peinlich, dass Sie drei Jahre bei der Telekom gearbeitet haben?

Ich habe bei einem Subunternehmer der Telekom gearbeitet. Insofern: Nein, ist mir nicht peinlich.

10 Wie viele Polohemden von H&M sind es derzeit in Ihrem Kleiderschrank?

Vielleicht fünf.

11 Besitzen Sie mittlerweile einen Anzug?

Schon lange. Spätestens seit der Beerdigung meiner Mutter im Jahr 1990.

12 Warum tragen Sie, obwohl ranghohes Mitglied der Piraten, keinen Pferdeschwanz?

Lange Haare sind mir zu aufwendig.

13 Hat einer wie Sie eine Freundin, oder möchte er darüber hier besser nicht reden?

Gerne nicht darüber reden.

14 Wie hoch schätzen Sie den weiblichen Anteil Ihrer Persönlichkeit ein?

Auf 30 Prozent.

15 Gehört das zum Look eines Piraten, dass man ein bisschen arm rüberkommt?

Wir haben sowohl Reiche wie auch Arme in unserer Partei. Aber wir kümmern uns gleichermaßen mehr um die Armen als die Reichen, weil die Armen bedürftiger sind und die Reichen sich besser selber helfen können.

16 Ist das wichtig, dass man als Pirat immer ein bisschen ungewaschen aussieht?

Nö.

Gütiges Lächeln des Berliner Chefpiraten. Das findet er auch lustig, dass die Piraten stinken sollen. Warum? Er wirkt eben alles andere als ungewaschen, ganz so, als komme seine Schluffi-Garderobe gerade frisch aus dem Trockner. Des Piraten Trainings-

129

jacke riecht gut nach Waschmittel. Seine Hände liegen zwischen den Jeansbeinen. Genug niedliche Blabla-Fragen: auf in die ernste Politik! Wir spielen ARD-Wahlstudio.

17 Einverstanden, dass der Partei-name »Die Piraten« ein absolut lächerlicher ist?

Ja. Der Name wurde anfangs ja ironisch verwendet, er ist eine Umdeutung des Labels »Die schlimmen Piraten, die den großen Musikkonzernen durch illegales Downloaden das Geld wegnehmen«. Wir zeigen, dass man auch mit so einem Namen Sinnvolles und Ernsthaftes tun kann.

18 Was ist eine Weiche-Themen-Partei?

Das ist eine Partei, die sich um ein Thema herum – der gläserne Staat, Datenschutz für den Bürger – gegründet hat und sich seither ständig thematisch erweitert.

19 Voll auf Kurs, aber ohne jeden Plan?

Nö.

20 Echt wahr, dass Sie statt eines Parteiprogramms nur ein Betriebssystem haben?

Wir haben natürlich ein Parteiprogramm.

21 Hat Barack Obama sich den wunderschönen Begriff Liquid Democracy ausgedacht, oder waren das Sie?

Weder noch.

22 Können Sie hier in verständlichen Worten noch mal das Betriebssystem Liquid Feedback erklären?

Die Parteimitglieder können auf direktem Wege an Entscheidungen mitwirken: indem sie sich auf einer Onlineplattform einloggen und dort gemeinsam verbindliche Meinungsbilder erstellen.

23 Schulfach Rauschkunde?

Ist wichtig, ja. Weil Kinder und Jugendliche sonst nicht auf das echte Leben, das sie hier draußen erwartet, vorbereitet werden.

24 Löschen statt sperren?

Muss sein, ja. Es hilft nichts, wenn man eine Spanische Wand vor einem Verbrechen im Park aufstellt mit einem Schild mit der Aufschrift »Bitte weitergehen«.

25 Zitat aus dem Piraten-Partei-programm: »Die allgemeine Ver-

fügbarkeit von Informationen, Wissen und Kultur soll verbessert werden.« Echt?

Bedeutet: Jeder soll bessere Möglichkeiten haben, an Informationen, zum Beispiel Lehrmaterial von Universitäten, heranzukommen. Anderes Beispiel: Was hindert Schulen daran, Unterrichtsmaterial online zu stellen?

26 »Die Erfassung des Merkmals Geschlecht durch staatliche Behörden wie der Zwang zu geschlechtseindeutigen Vornamen soll abgeschafft werden.« Echt?

Ja. Zum Beispiel beim Personalausweis. Wir sehen keinen plausiblen Grund, warum der Staat diese Angabe braucht.

27 Können Sie hier mal bitte eine schockierend fortschrittliche Aussage zum Thema Urheberrecht machen?

Wir beschäftigen uns mit der Frage, wie das Urheberrecht so reformiert werden kann, dass der Anwender es versteht. Im Moment merken wir, dass sogar die, die eine Verschärfung des Urheberrechts fordern, mit der jetzigen Anwendung nicht klarkommen: Wenn Herr Kauder auf seiner Website gestohlene Bilder zeigt, begeht er, ohne dass er ein Bewusstsein dafür hat, eine Urheberrechtsverletzung.

28 Kann man sagen, dass der Durchbruch Ihrer Partei auf die absolut lächerliche und gescheiterte Stopp-Kinderporno-Aktion der Ministerin von der Leyen aus dem Jahr 2009 datiert?

Das hat uns geholfen. Die Themen, die danach hochpoppten, hätten allerdings denselben Effekt gehabt. Von der Leyen war Anlass, nicht Ursache unseres Erfolgs.

29 Ihre Antwort auf die Meinung, dass es sich bei den Piraten um einen Haufen hochbegabter Chaoten handelt?

Ist okay.

30 Ihre Antwort auf die verbreitete Meinung, dass es sich bei den Piraten um einen Machoklub handelt?

Das stimmt überhaupt nicht. Abseits der Geschlechtsmerkmale erkenne ich bei den Piraten mehr Weiblichkeit als bei den anderen Parteien.

31 Wann zuletzt so richtig schön

über Ursula von der Leyens Frauenquote schlappgelacht?

Weiß auch nicht. Ich lache mich über keine Frauenquote schlapp.

32 Was haben Sie persönlich gegen Frauen?

Gar nichts.

33 Feindbild Zensursula?

Sie hat das schon klasse bedient.

34 Feindbild Stasi-Schäuble?

Ach nö. Ein Erfolg ist natürlich, dass die Stasiakten 1990 nicht unbesehen vernichtet worden sind.

35 Ehemalige NPD-Mitglieder rein in die oder raus aus der Partei?

Weder – noch. Wir sollten nicht um sie werben. Es kann aber durchaus sein, dass ein Mensch mal auf dem Irrweg war. Man kann einen Jugendlichen, der sich geirrt hat, nicht ein Leben lang aus der demokratischen Gesellschaft ausschließen. Es lohnt sich, da genau hinzugucken.

36 Wie heißt der tollste Wirrkopf Ihrer Partei?

Ich denke in Orten, Zeitpunkten, Versammlungen, nicht in Köpfen.

37 Schlimm, dass der jetzige Bundesvorstand früher bei der CDU war?

Schlimm mit Sicherheit nicht. Hilfreich ist es auch nicht. Ehemalige Parteimitgliedschaften werden zu stark gewichtet. Ich denke, man muss die Menschen nach dem bewerten, was sie gerade tun, nicht danach, wo sie herkommen.

38 Wie erklären Sie sich den hochinteressanten und speziellen Style des Kollegen Gerwald »Atze« Claus-Brunner, der mit Kopftuch und Blaumann in Talkshows sitzt?

Das ist ein Arbeitstier.

39 War das wichtig, dass Marina Weisband, einziges weibliches Mitglied im Parteivorstand, gut aussieht?

Nein.

40 Die größte Begabung der 19-jährigen Berliner Piratin Susanne Graf?

Sie kann bestimmte Dinge und Situationen schnell erfassen und analysieren. Das ist unter Berücksichtigung ihrer Umstände – einzige Frau unter 15 Parteikollegen, Beginn der Parlamentsarbeit, Studium, das jetzt gerade anfängt – schon beachtlich. Ich würde das sicher nicht so gut hinkriegen.

Ist es langweilig bisher? Schon ein bisschen. Man muss schon sehr genau hinhören und sich für das Klein-Klein, das Einerseits-andererseits seiner Antworten interessieren – Politik eben. Dann ist es nicht langweilig. Das wunderbare Nö-Tum des Andreas Baum. Er sagt eigentlich am allerliebsten »Nö«, und dann lächelt er. Baum zuhörend, denkt der Interviewer, dass viel mehr Politiker »Nö« sagen sollten – es steckt in diesem verminderten Nein ja immer auch noch die Möglichkeit eines Ja, also weniger Dogmatismus, weniger Verbohrtheit.

41 Müssen Sie auch immer so lachen, wenn die politische Konkurrenz in Interviews die Einschüchterungsworte »Lass die mal im politischen Alltag ankommen« aufsagt?
Nö. Ich habe da durchaus Respekt vor der vor uns liegenden Aufgabe.

42 Hat die Berliner FDP ihre Fraktionsräume besenrein an Sie übergeben?
Bisher sind die nicht raus. Die ziehen keinen Tag früher aus als nötig. Das Konferenzzimmer mit der Nummer 109 ist der einzige Raum, der uns zur Verfügung steht.

43 Welche Revolution in der Kantine des Berliner Abgeordnetenhauses müssen Sie noch lostreten?
Die Revolution in der Kantine haben wir schon durchgesetzt: Es gibt dort jetzt Club-Mate, das Kultgetränk der Piraten.

44 Was kann Fraktionschef Andreas Baum von US-Präsident Barack Obama lernen?
Von US-Präsident Obama? Keine Ahnung. Der ist schon sehr weit weg.

45 Wann zuletzt über die eigene Ahnungslosigkeit gefreut?
Ich freue mich immer nur, wenn ich etwas dazulerne: zuletzt bei unserem Lagerfeuer-Wochenende in Tschechien.

46 Wann zuletzt wegen Ihrer eigenen Ahnungslosigkeit geschämt?
Eine große Peinlichkeit war natürlich, dass ich nicht gewusst habe, wie hoch die Schulden des Landes Berlin sind. Das war schon eine Schande. Da hätte ich mich gerne in ein Loch im Erdboden versenkt.

47 Antwortet man bei Interviews am besten möglichst oft mit »Das ist richtig«?

Nein.

48 Macht es Spaß, auf die pseudotoughen Fragen im ARD-Wahlstudio mit »Keine Ahnung« zu antworten?

Nein, Spaß macht das nicht.

49 Wie viele Einwohner hat Berlin?

Drei Millionen?

50 Wie heißt die Endstation der U1 in östlicher Richtung?

Die U1 fährt zwischen Uhlandstraße und Warschauer Straße.

51 Wie heißt der Berliner Polizeipräsident?

Herr Glietsch? Der Posten wird aber gerade neu besetzt, da gibt es ein Klageverfahren.

52 Ihre unterhaltsamste Forderung zum neuen Berliner Flughafen Schönefeld?

Für den alten Flughafen Tempelhof mag ich die Idee, dort einen Berg zu errichten.

Halbzeit. Er kommt gut klar: Er macht das hier mit leichter, federnder

Konzentration. Dem Interviewer ist peinlich, wie sympathisch ihm dieser Trainingsjacken tragende Nachwuchspolitiker auf dem hässlichen roten Ledersessel nebenan ist. Machen wir das hier richtig? Müsste man diesem Supersympathen vielleicht toughere, gemeinere, technokratischere Fragen stellen? Ach nö! Lächelnder, die Hände zwischen seinen Jeansbeinen zusammenpressender Pirat. Wir gehen nun in den kurzweiligen Absatz mit dem Arbeitstitel »Piraten wählen, die Grünen quälen«. Mal hören, ob der Pirat gemein sein kann!

53 Kennen Sie einen lächerlicheren Parteinamen als »Die Grünen«?

Parteinamen sind immer überbewertet.

54 Ihr Stylingtipp an Claudia Roth?

Weniger Farbe tragen.

55 Wann zuletzt den wunderbaren Schlachtgesang »Ihr seid alt« angestimmt?

Von dem Lied weiß ich gar nichts.

56 Echt wahr, dass der Grüne Christian Ströbele, wenn er neben

einem steht, bisschen nach Käse-
socken riecht?

Ist mir nicht aufgefallen. Ich stand
zweimal neben ihm, und es war beide
Male ganz nett.

**57 Echt wahr, dass Ihnen von Chris-
tian Ströbele ein Mitgliedsantrag
vorliegt?**

Er hat mich tatsächlich – und das habe ich noch nirgends erzählt – gefragt,
ob wir noch Mitglieder aufnehmen.
Was viele nicht wissen: Als einzige
Partei in einem Parlament erlauben
wir die Doppelmitgliedschaft. Man
kann bei uns Mitglied werden und
gleichzeitig in einer anderen Partei
Mitglied sein.

*Vorlage nicht genutzt: Das waren,
natürlich, komplett sachliche und un-
hämische Antworten. Bravo. Des Piraten Moral, seine Unverführbarkeit
überzeugen. Die Botschaft lautet: Die
Grünen brauchen wir in Interviews
nicht fertigzumachen, wir treiben sie
lieber mit Wahlergebnissen vor uns
her. Ein historisches Verdienst der Piraten liegt darin, dass sie die Grünen
als junge Partei abgelöst haben.*

58 Ihre letzte Demo?

»Freiheit statt Angst«. Da ging's um
die Vorratsdatenspeicherung. Natürlich habe ich bei der Occupy-Bewe-
gung vorbeigeschaut.

**59 Können Sie uns in wenigen ver-
ständlichen Worten den Hebel erklären?**

Nein.

**60 Hätten wir nach Libyen doch
mit reingehen sollen?**

Nein. Übrigens haben wir ja über
Umwege an der Bombardierung Li-
byens teilgenommen: Es laufen Er-
mittlungen gegen die Waffenfirma
Heckler & Koch.

**61 Mit welchen Worten würden Sie
dem Innenminister Friedrich, der
da ja ein wenig begriffsstutzig zu
sein scheint, die Brisanz der Troja-
ner-Affäre erklären?**

Meine Frage wäre, ob er damit einverstanden wäre, wenn Leute, ohne
dass er davon weiß, Zugriff auf seinen
Computer haben.

**62 Gehen Ihnen die Stuttgart-21-
Proteste auch so auf die Nerven?**

Ich bin gerade so mit Berlin-Zeug
voll, daher die Gegenfrage: Gibt's die
Proteste noch?

63 Ihre Kritik am Deutsche-Bank-Chef Josef Ackermann?

Ach, der.

64 Ihre Schnellkritik am Papst?

Der braucht, glaube ich, mehr Erdung.

65 Ist das für das ernsthafte Anliegen Ihrer Arbeit ein Problem, dass die Kapitalismuskritik derzeit weltweit so eine schicke und hippe Sache ist?

Ich betrachte das als Chance, nicht als Problem: Wir wollen den Leuten zeigen, wie man aus der Kritik heraus zu konkreten Forderungen kommen kann und diese im jetzigen System, ohne dass man es komplett abschalten muss, umsetzen kann.

66 Welches Ideal des Liberalismus möchten Sie dem FDP-Intellektuellen Christian Lindner gerne erklären?

Wie das mit den Bürgerrechten ist und was man für die tun muss. Im Moment macht die FDP keinen Sinn. Sie produziert keinen Sinn.

67 Wie lautet Ihr Mitleid mit dem plötzlich uralt wirkenden SPD-Internetberater Sascha Lobo?

In der Regel habe ich Mitleid immer nur mit Menschen, die mir nahegehen.

68 Verstehen Sie die Feuilletontexte des »FAZ«-Herausgebers Frank Schirrmacher?

Glaube schon, ja.

69 Namentlich, wer in den etablierten Parteien ist derzeit der scheinheiligste und gemeinste Internetversteher?

Da tun sich gerade viele hervor, zuletzt im Bundestag der Herr Uhl von der CSU.

70 Wenn ein Konservativer wie der CDU-Bundesgeschäftsführer Peter Altmaier sich zur digitalen Welt bekennt, hat sich der Sinn Ihrer Partei damit erledigt?

Der Sinn hat sich nicht erledigt, weil Herr Altmaier in seiner Partei alleine dasteht.

Wirklich irre, wirklich überraschend ist doch, dass die Piraten es ausgerechnet mit dem Langweilthema Internet – Lieblingsthema aller 60-jährigen Männer, die ihre 30-jährigen Freundinnen beeindrucken wollen – ins Berliner Abgeordnetenhaus geschafft haben. Wen interessiert im

Jahr 2011 denn noch das Internet? Anscheinend jetzt, gut zehn Jahre nachdem jeder zweite deutsche Haushalt WLAN hat, zum ersten Mal wirklich: alle. Wir versuchen nun, dem Nichtthema Internet so etwas wie Soul, so etwas wie eine Philosophie abzugewinnen.

71 Kennen Sie ein schöneres Geräusch als das Zischen des Computers, wenn die E-Mail den Postausgang verlässt?

Schönes Geräusch, stimmt.

72 Kann man Computern vertrauen?

Wenn man weiß, wie sie funktionieren, ja.

73 Was müssen Computer noch lernen?

Zu funktionieren. Was ich nicht vermisse, ist, dass Computer anfangen, für mich zu denken. Denken kann ich schon noch selber.

74 Was macht ein Mensch falsch, wenn er in seinem E-Mail-Account unentwegt Angebote zur Penisverlängerung vorfindet?

Er hat einen schlechten Spamfilter.

75 Haben Sie in all den Jahren eine Lösung für das leidige Problem des Papierstaus beim Ausdrucken gefunden?

Ich habe mir gerade einen digitalen Einzugscanner besorgt. Ausdrucken ist gar nicht so wichtig, wie – andere Richtung – das Papier wieder zurück in den Computer zu holen.

76 Echt wahr, dass Sie Ihren Facebook-Account gekündigt haben?

Der ist stillgelegt, da ich diese Seite nicht so nutzen kann, wie ich das möchte. Ich kann da nicht zwischen öffentlicher und privater Person trennen.

77 Ist das Internet, wie die ganz Schlauen behaupten, gut für eine Bewegung, aber nicht gut für eine Partei?

Da beweisen wir ja gerade das Gegenteil.

78 Heißt Ihre persönliche Philosophie »Mal gucken«?

Das sage ich, glaube ich, ziemlich oft. Also ja.

79 Grundsätzlich, sind junge Menschen klüger als alte?

Junge sind oft frischer als alte. Es gibt eine jugendliche Undeprimiertheit, die für Gutes zu gebrauchen ist. Es hilft, möglichst lange jung zu bleiben im Kopf.

80 Haben Langhaarige die bessere Moral als Kurzhaarige?

Das ist Quatsch.

81 Sind Sie für die Demokratie der Fachleute?

Ja. Allerdings: Es muss ein Gleichgewicht geben. Wir sollten nicht alle Entscheidungen an Experten delegieren. Eine Expertenmeinung ist immer nur so gut, wie sie einem Nichtexperten verständlich gemacht werden kann.

82 Warum ist das Internet – ähnlich wie Fußball, Autorennen fahren, Bier trinken und Krieg führen – eine Männerdomäne?

Weil solche Fragen immer noch gestellt werden. Weil diese gesellschaftlichen Festlegungen existieren, deshalb bekommen Jungs Computer und Mädchen Barbiepuppen, aber keine Computer geschenkt.

Der Piraten-Vorsitzende. Er hat, während er diese Fragen beantwortet hat, zum ersten Mal sein Gehirn in Gang setzen müssen – was auch an seiner leicht veränderten Körpersprache zu erkennen ist: Seine Beine sind übereinandergeschlagen, mit zwei Fingern der rechten Hand zieht Andreas Baum die Haut oberhalb seines Adamsapfels vom Hals weg. Die wunderbare Ruhe des Piraten: Seine Bescheidenheit, Nüchternheit, Lakonie müsste man haben. Wo nimmt er nur diese wunderbare Ruhe her? Ach, möge dieser junge Politiker sich doch noch möglichst lange nicht darum kümmern, wie sein Verhalten auf Fernsehkameras und auf Interviewer wirkt!

83 Schätzen Sie Ihr Talent zwischen null Punkten, keine Begabung, und zehn Punkten, maximale Begabung, ein. Punk.

Drei.

84 Frauenheld.

Fünf.

85 Gutmensch.

Sechs.

86 Systemadministrator.

Eins.

87 Gerhard Schröder.

Fünf.

88 Johnny Depp.

Fünf.

89 Besitzen Sie eine Waffe?
Nur mein Smartphone.

90 Ihr Held der Oktoberrevolution 1917?
Keiner.

91 Ihr Held bei der Roten Armee Fraktion?
Helden interessieren mich nicht.

92 Was spricht gegen ein Dienstfahrrad?
Dass es nicht im Haushaltsplan steht.

93 Was sagt Ihre iPhone-App, wie viele Schulden Berlin in dieser Minute hat?
Es sind exakt 64.595.917.780 Euro. Und es werden pro Sekunde 87 Euro mehr.

94 Verstehen Sie, was der Rapper Bushido gegen Ihre Partei hat?
Erstens hat er uns noch immer nicht verstanden. Zweitens macht er Musik, die viele von uns ganz schlimm finden. Zu denen gehöre ich übrigens nicht.

95 Spontan, wie geht's der Würde des Menschen in diesem Herbst 2011?
So wie gestern. Bloß bisschen trüber.

96 Ist das Ihre Schwachstelle, dass Sie nicht rauchen?
Die Frage verstehe ich nicht.

97 Finden Sie sich eigentlich sehr gut aussehend?
Ist schon okay.

98 Wo nehmen Sie diese wunderbare Ruhe her?
Die hat man, oder die hat man nicht. Ruhe kann auch hinderlich sein. Manchmal wäre es notwendig, noch energischer und lauter aufzutreten. Da muss ich noch an mir arbeiten.

99 Ausgeschlossen, dass Sie innerhalb der nächsten fünf Jahre zu den Grünen wechseln?
Ja.

19. November 2011

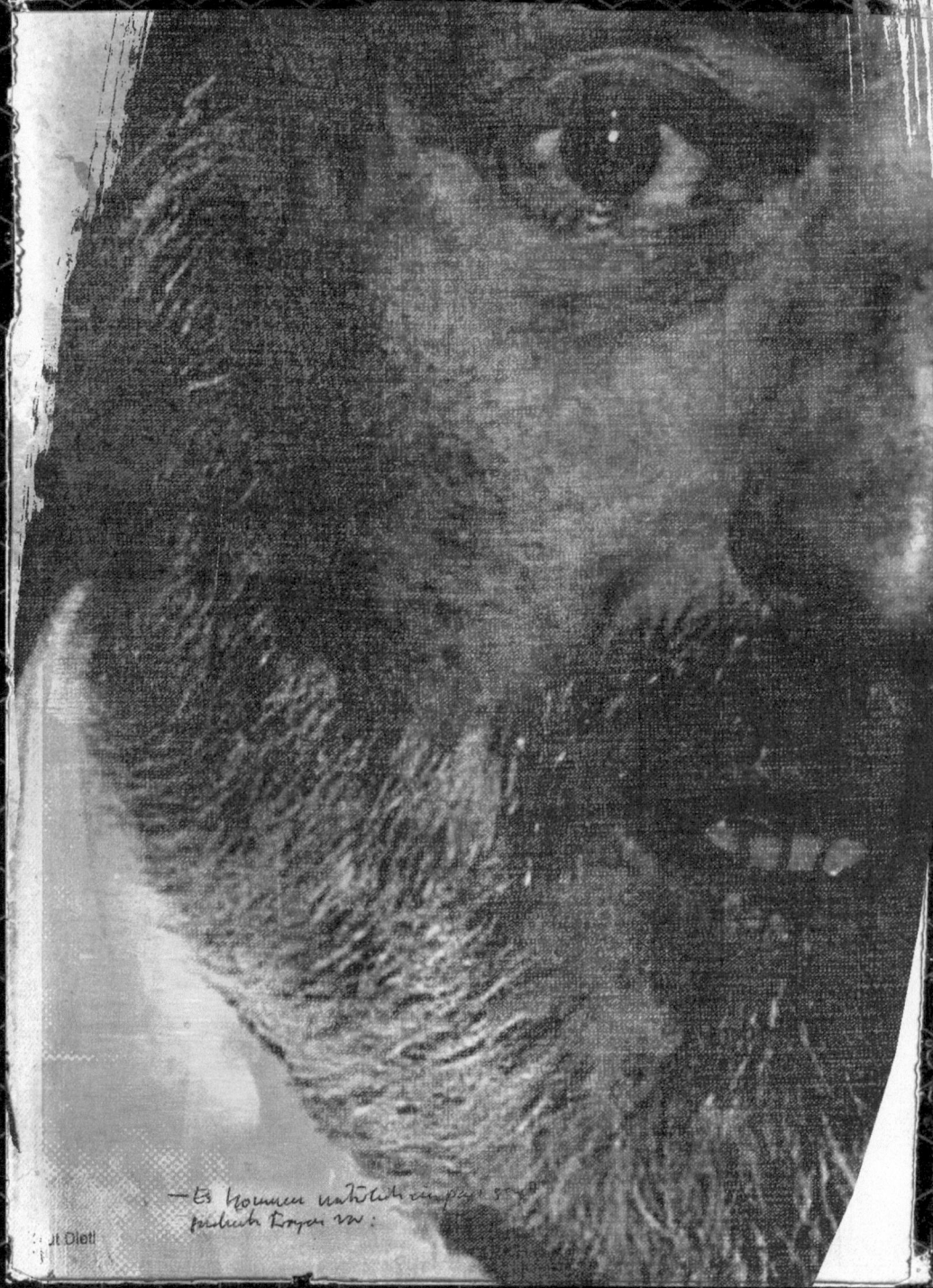

— Es kommen natürlich ...
... Roger uw.:

München, Hotel »Bayerischer Hof«. Er läuft, mit auf dem Rücken verschränkten Armen, um eine Sitzgruppe herum. Er sagt: »Ich habe mir jetzt 100 Fragen an den Christian Wulff ausgedacht. Ist Ihnen das recht?« Sein feines, weit vorne ausgesprochenes Münchnerisch. Helmut Dietl: der Meisterregisseur, Münchner Gentleman, die graue Eminenz des deutschen Films. Legendäre Fernsehserien (»Monaco Franze«, »Kir Royal«), *legendäre Kinofilme (»Schtonk!«, »Rossini«). Vielleicht ist »Monaco Franze« das charmanteste Kunstwerk in deutscher Sprache überhaupt. Immer wenn ein Beispiel dafür hermuss, dass es mit der Komödie in Deutschland doch geht, fällt Dietls Name. Die Vergangenheit ist bei ihm so groß, dass es im Grunde genommen überhaupt keinen neuen Film von ihm brauchte – mit »Zettl«, einer Komödie um den Berliner Politikbetrieb, geht der Meister in diesen Wochen in die deutschen Kinos. Platz nehmender Dietl: Haar und Bart sind grau, schwarzes Jackett. Er sieht auf zeitlos gute Art wie ein Münchner Vorstadtcowboy aus. Er bestellt Käsekuchen. Möchte er dazu Sahne? Entgeisterter Dietl zur Bayerischer-Hof-Bedienung: »Zum Käsekuchen?« Er kriegt die 99-Fragen-Waffe in die Hand, dass er »Weiter« sagen darf, wenn ihn eine Frage nervt.*

1 Lubitsch oder Wilder?
Ja, beide. Am liebsten.
2 Woody Allen oder George Clooney?
Woody Allen. Mit starker Neigung zu George Clooney.
3 Til Schweiger oder Matthias Schweighöfer?
Weiter.
4 Gibt's was Schlimmeres im Leben eines Regisseurs als die Wochen, in denen er den Film fertig hat?
Es ist von Anfang an schlimm. Ich bin ja sozusagen ein Autorenfilmer. Das Filmemachen ist das Anstrengendste und Unbefriedigendste, was es gibt.

Da ist jede Phase anders schlimm: Man hat zuerst eine Idee gehabt, die war wunderbar. Dann hat man viele Fassungen geschrieben, die waren schon lange nicht mehr so wunderbar wie die Idee, weil man es nicht konnte. Dann hat man einen Film gedreht, dann hat man sich das alles anschauen müssen und zusammengeschnitten. Und dann kann man nur noch sagen: Wer spricht von siegen, überstehen ist alles.

Der Käsekuchen. Er möchte jetzt vom neuen Film reden. Gleichzeitig möchte er, das ist auch klar, möglichst nicht vom neuen Film reden. So einen Meister wie den Dietl nervt natürlich alles, weshalb man gleich über alles Witze machen kann – darin liegt das Vergnügen.

5 Echt wahr, dass Sie am Drehbuch zehn Jahre gearbeitet haben?
Zehn Jahre nicht, aber fünf Jahre bestimmt. Die Finanzierung allein hat ein Jahr in Anspruch genommen – also, es war furchtbar. Ich rate jedem ab, Filme zu machen.
6 Ist Ihr Koautor Benjamin von

Stuckrad-Barre mindestens so gut wie der Patrick Süskind oder ganz anders gut?

So viel anders ist er nicht. Er ist sprachlich gesehen, Gott sei Dank, auch ein Pedant.

7 Einverstanden, dass die Posse um den Bundespräsidenten natürlich auch ein Dietl-Stoff gewesen wäre?

Ich mache ja keine Possen. Ich mache Komödien. Ich stelle auch hier fest, dass in Deutschland offenbar kein Genrebewusstsein herrscht.

8 Spinnt der Franz Xaver Kroetz eigentlich, dass er bei »Zettl« nicht mitgemacht hat?

Es hat mich schon ziemlich kalt erwischt. Er war im Bilde über die verschiedenen Fassungen, dann wollte er plötzlich eine ganz andere Figur haben. Er wollte kein älterer Mann sein, sondern ein jüngerer. Das wäre vielleicht kosmetisch gegangen, inhaltlich aber nicht.

9 Waren Sie beim Drehen gleich wieder in die Senta Berger verliebt?

Ich habe in meinem Verliebtsein in Bezug auf die Senta Berger nie eine Pause gemacht. Ich war damals in sie verliebt, ich bin es heute, und ich habe beschlossen, es auch in Zukunft zu sein.

10 Großfrage: Gibt's in Berlin überhaupt eine Münchner Society?

Das ist das Provinzielle an Berlin: dass es so ist, wie man sich die Münchner Society vorstellt.

11 Inwiefern ist die Berliner Society der Gegenwart noch unmoralischer als die Münchner Gesellschaft der Achtzigerjahre?

Vielleicht ist diese Betrachtung einem verzeihenden Vergessen geschuldet: Das Verhalten der Münchner Gesellschaft, die ich damals in Kir Royal porträtiert habe, war spielerischer. Seitdem Berlin wieder Hauptstadt ist, hat es mit harmlosen Spielen dort wenig zu tun. Es geht um hohe Einsätze. Zum Spielerischen gehört ein gewisser Humor. Der Berliner Humor, der viel zitierte, der ist bis nach Berlin-Mitte, wo unser Film spielt, nicht durchgedrungen.

12 Hat Berlins Hauptstadt-Society Grund, Angst zu haben vor Ihrem neuen Film?

Angst? Wieso Angst? Nein. Höchstens die Leute, die nicht vorkommen in so einem Film, die sind natürlich gefährlich.

Den Käsekuchen isst er praktisch nicht. Lieber stochert er ein bissel darin herum. Wir gehen nun, um mit dem klassischen Dietl warm zu werden, in die Siebziger- und Achtzigerjahre hinein: sieben Dietl-Redewendungen, Dietlismen. Er soll halt bissel was dazu sagen, sie übersetzen.

13 »A bisserl was geht immer.«
Ja, das kann ich jetzt im Alter von 65 Jahren aufwärts rückblickend bestätigen.

14 »Freili' hab i was 'trunken!«
Das kann ich nicht mehr sagen. Ich habe ja das Rauchen aufgehört, und das Rauchen aufhören kann man nur, wenn man gleichzeitig das Trinken aufgibt. Es müsste jetzt heißen: Ich habe schon lange nichts mehr getrunken.

15 »Ich scheiß dich zu mit meinem Geld.«
Diesen Satz habe ich in Berlin in vielen neuen Formen gehört.

16 »Mei, Franzi.«
Ja, mei. Einer dieser spielerischen Bavarismen. Die Leute, die so einen Satz verursacht haben, sind auch schon tot.

17 »I will mi gar net beschwern, i sag bloß, wie es ist.«
Das ist berechtigt. Das sage ich auch oft zu meiner Frau.

18 »Ich möchte wenigstens am Tag meiner Scheidung in Ruhe gelassen werden.«
Auch das ist authentisch. Ich war ja öfter verheiratet und habe das bei diesen Gelegenheiten dann auch gesagt.

19 »Leck mich am Arsch.«
Ja, komisch. Der sitzt nicht mehr. Der Satz ist lang nicht mehr so kräftig, wie er einmal war.

20 Wie reagiert der Gentleman Helmut Dietl, wenn der Oliver Berben im Berliner *Grill Royal* auf ihn zukommt und schwärmt: »Helmut, ich bin der Charlie aus den Münchner Geschichten«?
Da freue ich mich.

21 Können Sie jetzt einfach noch mal kurz das schöne bayerische Wort »Baby« sagen?
Baby. Bäibi. Ich glaube, ich schreib's mit ä und einem i.

22 Echt wahr, dass Sie sich für die Rolle des Baby einmal selber gecastet haben?

Aus lauter Verzweiflung. Vom Niki Paryla, der den Baby zuerst gemacht hat, habe ich mich ja getrennt. Die Produktion stand, es musste weitergehen. Ich habe also Probeaufnahmen von mir gemacht, und meine französische Ehefrau, die damalige, hat zu mir gesagt: Mach es nicht, Helmut, du bist zu unsympathisch.

23 Ihr Kommentar zum naheliegenden Gerücht, dass alle Ihre großen Serienfiguren – der Max, Charlie, Baby, Monaco – in Seele und Sprache identische Kopien des echten Helmut Dietl sind?

Nicht identische Kopien. Es sind immer Teile von mir. Die Hitler-Tagebuch-Geschichte Schtonk!, die konnte ich auch erst schreiben, nachdem ich Teile in mir entdeckt hatte, die sowohl der Fälscher als auch der Journalist waren.

Alles klar. So ein Käsekuchen ist nichts, was man in dem Sinne essen muss. Den kann man, ganz offenbar, auch einfach stehen lassen.

24 Der Shakespeare von der Isar, ist das ein angenehmer Titel für Sie?

Nein. Das wäre wirklich zu hoch gegriffen. Da nehme ich lieber einen wie Horváth. Horváth und Tschechow, die sind mir nahe.

25 Welche kulturelle Leistung sollte in Zukunft mit dem Helmut-Dietl-Preis ausgezeichnet werden?

Den Preis gibt's ja schon, das ist der Ernst-Lubitsch-Preis. Ich habe auch einen gekriegt, damals für Rossini. Da ich aber an den Ernstl nicht hinstinken kann, ist der Preis in guten Händen.

26 Wären Sie sehr böse, wenn die Filmakademie Ihnen den Preis fürs Lebenswerk verleihen würde?

Ich habe ein gespaltenes Verhältnis zur Deutschen Filmakademie. Damals habe ich gemeinsam mit dem Bernd Eichinger und dem Uli Felsberg diesen Gedanken durchgekämpft, weil wir überzeugt waren, dass der deutsche Film eine Akademie braucht. Wir haben allerdings nicht mit dem deutschen Volk gerechnet. Wir wollten Gremien abschaffen; aber die Akademie ist zu einer Gremieninstitution geworden.

27 Kann man bei Ihnen sagen, dass Sie irgendwie von Anfang an schon alles konnten, praktisch gleich als Genie eingestiegen sind?

Naa! Ich empfinde mich auch nicht als solch eines. Ich empfinde mich als Sturkopf. Was man schon daran sieht, dass ich nur Sachen mache, die ich selber geschrieben habe und die mich persönlich interessieren. Andere mache ich gar nicht.

28 Wie parieren Sie die Klugscheißer-Kritik, dass der Dietl ein genialer Serienregisseur, aber nur ein sehr guter Kinoregisseur ist?

Da sage ich: Mei. Echt?

29 Vermissen Sie das Fernsehen von 1979?

Überhaupt nicht. Es wäre ja völlig hirnrissig, das zu vermissen. Denn: Es lässt sich ja nicht wiederherstellen. Ganz ehrlich: Es war ja damals auch schon keine Freude. Weder Kino noch Fernsehen ist eine Freud'. Aber sagen wir so: Kino ist die größere Herausforderung. Ich bin sehr froh, dass ich aus dem Fernsehbetrieb, wie er sich entwickelt hat, heute raus bin.

Der große grauschwarze Mann: Er ist von stattlicher Gestalt. Der Kopf des Helmut Dietl: Da wohnt der Geist drin, der das große Aua, den Frust, die Langweile, die Depression kennt und sich gegen alle Wahrscheinlichkeit immer wieder neu für das Lachen entscheidet. Bravo. Er sucht die Pointe, den Widerspruch, das Paradoxon – davon profitiert dieses Interview. Der Humor des Helmut Dietl sitzt um den Mund: Der Mund wird spitz, wenn er seinen Spott äußert. Wir wollen runter im Niveau, auf zum Evergreen-Thema München, weil der geistvolle Mensch im Seichten ja bekanntlich zu Hochform aufläuft.

30 Einmal München-Giesing, immer München-Giesing?

Ich komm ja aus München-Laim, dem Glasscherbenviertel.

31 Richtig, dass auf gut Münchnerisch die größten Unverschämtheiten immer gleich ein bissel charmanter klingen?

Auf jeden Fall. Ich sehe das an meiner Frau, die Hamburgerin ist. Sie ist manchmal beleidigt, und ich versteh das gar nicht. Es ist eine Temperamentsfrage.

32 Richtig, dass Sie den Münchner Schweinsbraten, den weltberühmten, nie besonders gemocht haben?
Ich habe ihn schon gemocht. Aber ich ess ihn schon lange nicht mehr.

33 Ihre Münchner Lieblingsvokabel?
Weiter, weiter.

34 Ihre Münchner Lieblingskirche?
St. Ursula am Kaiserplatz.

35 Ihr Lieblingsstand auf dem Münchner Viktualienmarkt?
Da gehe ich nicht hin.

36 Richtig, dass der Marienplatz der hässlichste Platz Europas ist?
Ich bin mir fast sicher, aber ich vermeide es auch, dort hinzugehen.

37 Wo ist Schwabing ganz Schwabing?
Schwabing ist ja in mir selber.

38 Wo ist es schöner, in München oder in Los Angeles?
Ich habe mich in Los Angeles zu Hause gefühlt. Das liegt daran, dass dort alle fremd sind.

39 Aubing, Gräfelfing, Giesing, Obermenzing, Harlaching – was
liebt einer wie Sie an der Münchner Vorstadt?
Ich habe die Vorstadt damals sehr gemocht. Der Blick von draußen hat eine Poesie zugelassen, er hat einem das Ereignis München beschert. Das Kleine, von außen betrachtet, wurde groß. Man kam von draußen und war ganz begeistert: Die eigentliche Stadt war ein Geheimnis. München wurde eine Großstadt.

40 War das ein schlimmes Jahr, als die CSU bei 42 Prozent stand und nicht Bayern, sondern Wolfsburg Meister wurde?
Die Zahlen der CSU habe ich nie verfolgt. Ich wusste, dass die immer das Land regieren, da spielen die Prozente keine Rolle. Es gibt einen Punkt, da bin ich patriotisch: Wenn der FC Bayern verliert, dann schmerzt mich das. Dann ist das Gefühl da: Es geht mit Bayern abwärts.

41 Echt wahr, dass Sie in Berlin einmal eine Wohnung angemietet haben?
Drei Jahre lang. Gegenüber vom Monbijouplatz. Sehr schön. Zu der Zeit, als ich mit dem Stucki da geschrieben habe.

42 Wie ist das Wetter in Berlin?
Es ist mir nicht aufgefallen.

43 Großfrage zwei: Warum ist Berlin eigentlich so eine total unlustige Stadt?
Humorlos, ja. Ich muss noch mal deutlich sagen: Wenn ich von Berlin spreche, dann von Berlin-Mitte, der preußischen Quadratmeile Torstraße, Friedrichstraße, Museumsinsel. Mitte ist für einen Westler natürlich deshalb interessant, weil es früher im Osten war. Man hat immer das Gefühl, es birgt tausend Geheimnisse, aber es birgt nicht eines. Deshalb ist es dann irgendwann auch nicht mehr so komisch.

44 Können Sie in Berlin-Mitte ein italienisches Restaurant empfehlen?
Nein. Gut, eines kann ich empfehlen: das *Bocca di Bacco* in der Friedrichstraße.

Leichtes Amüsement: so um den Mund herum. Aber noch kein Gelächter. Und auf zum nächsten Evergreen-Thema: Frauen.

45 Lieben Sie die Frauen wie wahnsinnig?
Wie wahnsinnig? Gut. Ja. Der Wahnsinn schwindet allmählich.

46 Warum Frauen?
Ja, weil es mir einfach nicht gelungen ist, schwul zu sein.

47 Stimmt die alte Geschichte, dass nur Männer etwas von Romantik verstehen?
Ja, dieser Meinung bin ich auch. Das ist im Verhältnis zur Zeit zu sehen: Männer sind in kürzerer Zeit romantischer. Frauen brauchen für dasselbe Gefühl länger. Es herrscht da eine verhängnisvolle Ungleichzeitigkeit.

48 Spontan, wie viele Ehefrauen waren's?
Vier? Ja, vier.

49 Netteste Erinnerung an die erste Ehefrau?
Die war Journalistin, und wir waren gemeinsam in Rom. Das war schön.

50 Die schlechteste Erinnerung an Ihre zweite?
Das war die Barbara Valentin, da will ich auch nichts Schlechtes sagen.

51 Wünschen Sie der Vroni alles Gute?

Der Vroni wünsche ich alles Gute, ja. Ich freue mich, dass sie jetzt mit diesem Bachmeier – nein, wie heißt er? –, also, dass sie mit diesem Maschmeyer einen gefunden hat, der selber Geld hat. Da braucht er ihres nicht, und das finde ich schon mal gut. Sie hat es sich hart erarbeitet.

52 Hatten Sie genug blonde Frauen?

Man kann nie genug blonde Frauen haben. Aber auch nicht genug schwarzhaarige. Also, es ist immer so ein Problem.

53 Was ist Ihr Befund, wachsen genug blonde Frauen nach?

Ehrlich, seit ich mit einer Frau verheiratet bin, die dunkle Haare hat, seit also etwa zehn Jahren, sehe ich die blonden gar nicht mehr.

54 Was ist ein Hase im Unterschied zu einer Frau?

Die Hasen. Mei, die Hasen.

Er spricht die Hasen mit einem o und einem a aus. Die Hoasen.

Die Hasen gab's zu einer Zeit, als man selber noch ein Hase war. Also ein Rammler. Kann sein, dass es die Hasen noch gibt. Aber Rammler sind die anderen.

55 Was macht man als Mann von Welt, wenn man plötzlich die Töchter seiner ehemaligen Frauen gut findet?

Das kann passieren. Ja. Es kommt vielleicht bissel darauf an, wie lang das mit der Ex her ist.

56 Nach all den Jahren, gilt der Satz »Edda, ich kann mich nicht konzentrieren, wennst' mir dauernd deine Titten zeigst« noch?

Das gilt schon noch, ja.

57 Welche Mahlzeit kann man mit Frauen noch am ehesten einnehmen, Frühstück, Mittagessen oder Abendessen?

Beim Frühstück möchte ich weder mich sehen noch sie. Mittagessen tue ich nicht. Also Abendessen.

58 Gegen welche Ausrede schöner Frauen sind Sie vollkommen machtlos?

Gut, wenn sie sagt: »Komme gleich«, dann weißt du, dass es noch ein bissel dauern kann.

59 Wie beruhigt man eine Frau?

Indem man sich selber kleiner macht, als man ist.

60 Eine Scheidung in Würde, wie geht das?

Gar net.

Er lächelt. Es ist ein feines, kleines Lächeln, in den Augen, um den Mund. Den großen Lachanfall, das Kaputtlachen, überlässt er den anderen. Wir befragen den Gentleman Helmut Dietl, den Mann von Welt: ein Kapitel zum Genießen.

61 Wie lautet der Hersteller des Teewasserenthärters Ihres Vertrauens?

Früher war es das Wasser von Evian. Jetzt hat meine Frau eine größere Anlage, einen Filter, gekauft.

62 Was hat das zu bedeuten, wenn ein Mann weiße Leinenhosen trägt?

Das hat zu bedeuten, dass er andere nicht mag.

63 Wo haben Sie all die weißen Dinnerjackets?

Ich habe das Weiß abgelegt, als ich grau wurde. Da war kein Kontrast mehr drin. In meinem Alter mit weißen Klamotten daherzukommen ist peinlich. Jetzt bin ich oben weiß und unten schwarz.

64 Ist Kaschmir auch nicht mehr das, was es früher einmal war?

Kaschmir funktioniert. Aber nicht auf blanker Haut.

65 Nach was riecht ein Gentleman?

Lange hatte ich ein tahitianisches Öl. Das hat sich bewährt, auch sehr bei Damen.

66 Ihre Lebenserfahrung, wie stoppt man als Gentleman eine langweilige Unterhaltung?

Indem man selber nichts mehr sagt.

67 Wer ist der Stolz von der Au?

Den gibt's immer wieder. Interessanterweise. Weil Sie vorhin vom Oliver Berben sprachen: Der könnte ein würdiger Nachfolger vom Stolz von der Au sein.

68 Bitte nicht zu schnell verneinen: Sehen Sie einen Gentleman in der deutschen Politik?

Nach diesen Maßstäben ist die deutsche Politik nicht ausgelegt.

Nun bolzen wir. Wir wollen nun ein Abstraktum, den Kulturbegriff des Helmut Dietl, klären.

69 Wie ist das denn nun – mögen Sie lieber das Leichte oder das Schwere?

Das Problem ist, dass das Leichte ja sehr schwer herzustellen ist. Ansonsten, wenn man das Problem rein physisch nimmt, ist mir das Leichte lieber.

70 Was ist a G'schicht?

Kommt ganz drauf an, von wem sie erzählt wird. Ich hoffe, dass man meine G'schichten gerne hören und sehen will.

71 Wann zuletzt in München im Theater gewesen?

Ich gehe ja nicht ins Theater.

72 Wann zuletzt aus einer Theaterpremiere, noch bevor das Licht ausging, gleich wieder rausgerannt?

Noch mal, ich gehe nicht ins Theater, wirklich nicht, ich gehe ja auch so gut wie nie ins Kino. Das ist nichts Neues. Das ist halt so.

73 Ihr Lieblingsroman von Thomas Bernhard?

Gut, das ist halt mein Lieblingsautor. Ich versteh den Bernhard sehr gut, wenn nicht zu gut. Mir gefällt da fast alles. Besonders gut: *Holzfällen*.

74 Kann man sagen, dass Sie die Kultur an sich eigentlich nicht leiden mögen?

Nicht die Kultur: die Kunst! Die Kunst ist für mich kein Genuss. Wirklich wahr. Ich leide darunter. Es ist eine Qual. Es spricht mich nicht genussvoll an, sondern herausfordernd. Und das mag ich nicht. Ich möchte meine Ruhe haben.

75 Kann man bei Ihnen von Hass sprechen, was die deutsche Hochkultur angeht?

Ich weiß nicht, was man unter Hochkultur versteht. Ich will es auch gar nicht wissen.

76 Ganz ohne 3sat-»Kulturzeit« geht's aber doch nicht, oder?

Das lasse ich keinen Abend aus, natürlich nicht. Man braucht ja jeden Tag etwas, worüber man sich zu Recht ärgern kann.

77 Was läuft falsch im deutschen Kulturfernsehen?

Na, dass die einfach nicht sachlicher über die Dinge sprechen. Und weniger ergriffen. Kaum geht die Sendung an, schon san's ergriffen. Das ist doch der Scheiß. Ich habe lange in Frankreich gelebt, da habe ich viele Kultursendungen gesehen: Kein Mensch war ergriffen. Sie sind nicht dauernd auf Knien gerutscht. Aber sachlich kompetent über die Dinge geredet, das haben sie.

78 Wie viel Geld müsste man Ihnen hinlegen, damit Sie zum Streit um den Wiederaufbau des Berliner Stadtschlosses auch eine interessante Meinung haben?

Da habe ich eine Meinung: Jedes Gebäude, das den Palast der Republik vergessen macht, ist gut. Ehrlich gesagt: Das Stadtschloss beschäftigt mich überhaupt nicht.

79 Beliebig ausgewählt für einen Kollegen: Wie lautet Ihre Kurzkritik an Ihrem Regisseurskollegen Christian Petzold?

Ich übe keine Kritik an Kollegen.

80 Ist der Kern der Dietl'schen Kunst die totale Lockerheit?

Im Gegenteil: Es ist der totale Krampf. Durch mühselige Arbeit löst er sich. Und dann kriegt die Arbeit, wenn du Glück hast, den Swing. Man muss aber vorher den Krampf haben. Sonst löst es sich nicht. Weil sonst ... aber über die Kollegen wollte ich ja nichts sagen.

81 »Keinohrhasen«, »Kokowäh«, »Rubbeldiekatz« – warum tragen Komödien in Deutschland jetzt alle Babytitel?

Ich glaube, dass diese Titel auf eine besonders geniale Art und Weise den Geisteszustand des Publikums widerspiegeln. Sie sind identisch mit dem, was ein bestimmtes Publikum will. Die würden sich auch so ausdrücken. Die Leute wollen das, die sollen das auch kriegen.

82 In wenigen Worten, worin besteht das grundsätzliche Missverständnis der Deutschen über die Komödie?

Ich habe dazu ja was geschrieben, ein Vorwort zum Buch von Zettl. Deutschland hat nie einen Begriff von Komödie gehabt. Was in Deutschland gemacht wurde, das war das Lustspiel. Kleist, Lessing. Letzterer hat quasi das Lustspiel erfunden – es war aber nie lustig. Es war immer klar, dass in einem Land, in dem das Lustspiel vorherrscht, die Komödie keinen Platz hat. Komödien, das war das, was zum Beispiel Molière gemacht hat. Es gab in Deutschland aber keinen Molière. Der Einzige, der ein bissel einen Humor gehabt hat, war der Heinrich Heine.

83 Gehen die guten Komödien eigentlich alle mit Sinatras »New York, New York« los?

In Zettl ist das ein ironischer Effekt. Berlin-Mitte tut ja immer so, als ob es wie New York wäre. Oder wie Paris. Oder wie Wien. Immer schaut etwas aus wie. Es würde aber genügen, wenn Berlin wie Berlin aussähe.

84 Gibt's etwas Besseres in einer Komödie als einen gescheiten Platzregen?

Also, ein Platzregen ist erst mal gar nichts.

85 Ist es schwieriger geworden, Komödien zu schreiben, seitdem in Zimmern nicht mehr das Telefon laut ringen kann, sondern jeder ein Handy hat?

Nein, es ist nur anders.

86 Was ist das Lustigste, was im Film passieren kann?

Also, ich habe mir diese Frage nie gestellt. Aber ich werde sie bestimmt nie vergessen.

87 Was ist Charme?

Ein Zauber.

88 Worin besteht der Unterschied zwischen lustig und komisch?

Gut, lustig ist im Grunde genommen ja überhaupt nicht komisch. Das Lustige ist die Mechanik. Im Komischen steckt die Menschlichkeit drin, die Sehnsucht des Menschen, mehr oder ganz jemand anderes zu sein, als er ist.

89 Wie beschreiben Sie die seelische Grundverfassung, die man zum Komödienschreiben braucht – besser grundlos traurig oder total depressiv?

Es liegt zwischen diesen beiden Polen. Dazwischen liegt der Graben. Da kann man dann mühelos von einem Pol zum anderen springen.

90 Wie alle großen Komödianten haben Sie's eigentlich nicht so gerne, wenn die Leute um Sie herum lustig sind?

Überhaupt nicht gerne, nein. Ich war ja gegen Ende seines Lebens gut mit Billy Wilder befreundet. Da waren verschiedene Leute eingeladen, ich war sehr beeindruckt, es kamen der Jack Lemmon und der Tony Curtis. Die durften aber nie was sagen. Und der Billy hat dieselben Witze erzählt, die er schon hundertmal erzählt hat, und wehe, die haben nicht gelacht.

91 »Ich bin auf dem Weg zum Emir« – sind wir uns einig, dass dieser Satz des Bundespräsidenten den Helmut-Dietl-Preis des Jahres 2012 erhält?

Er ist ja als Entree in das Telefonat leider nicht so gefallen. Wollte man eine Komödie schreiben, dann müsste man mit diesem Satz natürlich einsteigen. Das Telefonat des Herrn Wulff ist so gesehen also durchaus noch redigierbedürftig. Es gibt ja einen bayerischen Witz: Sagt der Scheich zum Emir: »Jetzt langt's ma, jetzt gehn mir.« Sagt der Emir zu dem Scheich: »Dann gehn mir lieber gleich.«

Jetzt lachen wir. O Gott, ist das lustig. Da sitzt ein junger und befreit wirkender Dietl. Es ist eine Frage des Timings: Man kann ja auch zu früh lachen. Nach dem Lachanfall steht die Ratlosigkeit. Und nach diesem Interview, beim Leberkäs-Essen im Franziskaner, erreicht den Meisterkomödianten die Nachricht, dass To-

wje Kleiner, der Charmeur aus den »Münchner Geschichten« und »Der ganz normale Wahnsinn«, mit nur 63 Jahren gestorben ist. Sautraurig. Also, bis zum nächsten Gelächter.

92 Wo tut's derzeit weh?

Ich bin beunruhigt, weil mir gar nichts wehtut.

93 Wann zuletzt an Selbstmord gedacht?

Das mach ich ja dauernd. Das begleitet mich täglich. Ich halte das, ehrlich gesagt, für ganz normal. Insofern –

94 Wann zuletzt am Grab des großen Karl Obermayr gestanden und geweint?

Ich gehe auf keine Friedhöfe und auf keine Beerdigungen. Ich kann das nicht. Und ich werde das im Testament beschließen, dass ich auch nicht auf meine eigene Beerdigung gehen muss.

95 Warum steht in München eigentlich keine Monaco-Franze-Statue?

Es gibt einen Helmut-Fischer-Platz in Schwabing. Und dann gibt es tatsächlich eine Bronzefigur vor dem Café Münchner Freiheit. Da sitzt der

Fischer, so wie wir im Café halt immer gesessen sind.

96 Echt wahr, dass Sie in Ihrem ganzen Leben vielleicht auf zwei, drei Partys waren?

Ein paar mehr waren's, aber es waren relativ wenig. Und das hat Gründe gehabt.

97 Wie jemandem vertrauen, der keinen Dialekt spricht?

Ich sage es immer wieder: Ich hasse dieses Synchrondeutsch. Ich mag es nicht. Ich bin ein Befürworter der Tatsache, dass jeder irgendwo herkommen soll, und das soll man auch hören.

98 Und – Zitat »Der ganz normale Wahnsinn« – woran liegt es nun, dass der Einzelne sich nicht wohlfühlt, obwohl es uns allen so gut geht?

Das liegt an jedem selbst sowie an allen andern.

99 Kann man Ihnen etwas Gutes tun?

Mir? Naa! Gottes willen! Und das »Naa« bitte mit zwei a.

18. Januar 2012

Questionnaire Anna Netrebko

Entry

- Verdi or P...
- Donizetti...
- Putin or...
- New York...
- Vienna or...
- Borscht or...
- Democracy...
- Big love of... A^2

As a warmup: ...

- True that... singing musicals in Moscow...
- Is there tru... in the beginning of your career you clea... sky theater in St. Petersburg?
- True that a... started your career?
- What do you perso... *La Traviata*?
- What do you... *Nozze di Figaro*?
- In terms of... artist, has it been a problem for you that y... ous good looks?
- Do you se... utiful looking tenor singing the *Pear*...
- Do you... orld famous colleague, the ince...
- Ever s... ueen Mary II?
- As an...
- True... ifes?
- In... ed profession? / *fallen out of humor?*

Her vo...

...ng?

...the

...

Das »Mandarin Oriental« in München. Der Opernstar wohnt hier, weil es angeblich das einzige Hotel in München mit luftzugdichten Fenstern ist (im Bayerischen Hof zum Beispiel soll es ziehen). An der Münchner Staatsoper hat sie gerade eine umjubelte Bellini-Oper absolviert (»I Capuleti e i Montecchi«), es folgten krankheitsbedingte Absagen (»Don Giovanni« in Berlin, Salzburger Pfingstfestspiele). Die Frage lautet natürlich: Wie geht es ihrer Stimme? War das jemals eine große Stimme oder immer nur eine ganz schöne? Bei einigen Opern-Connaisseuren heißt es: Das ist eine erschöpfte Stimme, da kommt nicht mehr viel. Eine anders wohlklingende Meinung lautet: Die Netrebko habe jetzt, vielleicht zum ersten Mal in ihrer Karriere, eine wirklich gute Stimme: dunkler, wärmer, reicher als je zuvor. Der Hörer kann sich also aussuchen, als wie unverwechselbar er die reife Stimme des größten Opernstars der Welt empfindet. Eine Dreiviertelstunde Interviewzeit: Was soll man da besprechen außer das niemals endende Stimmendrama des größten Soprans nach Maria Callas? Den üblichen Kitsch des Starlebens natürlich (Liebe, Eifersucht, Kochrezepte). Frau Netrebko lässt sich jetzt erst mal die Haare föhnen. Sie ist stark geschminkt, sie trägt ein orangerot leuchtendes Kleid. Gerüchte, sie habe sagenhaft viel Gewicht zugelegt, treffen nicht zu. Sie sieht auf natürliche Art nicht dünn, aber auch nicht dick aus – wie ein buntes, süßes Bonbon: erfreuliche Erscheinung. Wir werden

am Kopfende eines Konferenztisches platziert. Sie hat darum gebeten, dass die Fragen nicht zu schnell gestellt werden: Verständigungsprobleme. Wir lassen es gerne langsam angehen.

1 Verdi oder Puccini?
Unmöglich zu entscheiden.
2 Donizetti oder Puccini?
Auch das kann kein Mensch entscheiden.
3 Putin oder Medwedew?
Derzeit: Putin.
4 New York oder St. Petersburg?
Eine Stadt nach der anderen: Ich bewege mich in Zirkeln.
5 Borschtsch oder Austern?
Borschtsch.
6 Demokratie oder Monarchie?
Ich verstehe nichts von Politik. Monarchie klingt sympathisch, aber ich denke, diese Staatsform hat ihre große Zeit hinter sich.
7 Liebe oder Karriere?
Natürlich die Liebe.
8 Lieber das hohe C oder das tiefe A?
Das hohe C.

Ihr süßes russisches Englisch. Der Opernstar lässt jetzt die frisch geföhnten Haare in die Stirn fallen, lächelt von unten: macht sie super. Das ist natürlich ihr Charme – dass sie sich unterordnet, dass sie ihr Frausein ausspielt. Ist das verboten? Es ist ja auch klar, dass unter der zugeschminkten Lächelfassade beinharte Disziplin und ein eisenharter Wille wohnen: Karrieremaschine Netrebko. Kein Mensch wird nur mit einem süßen Lächeln der größte Opernstar der Welt.

9 Einverstanden, dass Sie mittlerweile auf eine lange Karriere zurückblicken?

18 Jahre! Das ist eine lange Zeit.

10 Stimmt die Geschichte, dass Sie am Anfang Ihrer Karriere davon träumten, Musicals zu singen?

Ich wollte ein Musical-Star in St. Petersburg werden. Mein Lieblingsmusical hieß *Das Phantom der Oper*.

11 Stimmt die romantische Geschichte, dass Sie zu Beginn Ihrer Karriere die Toiletten im Mariinski-Theater in St. Petersburg geputzt haben?

Niemals Toiletten. Ich habe die Fußböden am Eingang des Theaters gewischt – eine anspruchsvollere Aufgabe als das Reinigen der Toiletten. Die Leute tragen den Matsch und den Schnee ins Theater, der Winter dauert in St. Petersburg sechs Monate. Die Böden müssen während des ersten Aktes gereinigt werden, wobei man sich ranhalten muss: Im Ballett dauert ein Akt oft nicht länger als 15 Minuten. Ich habe damals praktisch kein Geld verdient: 17 Rubel in der Stunde.

12 Stimmt die schöne Geschichte, dass ein rotes Seidenkleid Ihre Karriere in Gang gebracht hat?

Sie sprechen vom roten Kleid der Salzburger *Traviata*-Aufführung. Ich glaube nicht an diesen Mythos. Wahr ist, dass das Foto dieser Aufführung um die ganze Welt gegangen ist.

13 Hat man Sie am Anfang Ihrer Karriere allein deshalb nicht ganz ernst genommen, weil Sie so hübsch aussahen?

Mein Aussehen war nie von Nachteil.

14 Was schulden Sie persönlich Verdis »La Traviata«?

Keine Ahnung. Super Oper. Danke, Mr. Verdi.

15 Was schulden Sie Mozarts »Hochzeit des Figaro«?

Das war mein Debüt. Danke, Mr. Mozart.

16 Jemals davon geträumt, ein gut aussehender Tenor zu sein, der das »Perlenfischer«-Duett singt?

Lustig, ja. Dieser Traum ist mir vertraut.

17 Jemals davon geträumt, mit dem unvergleichlichen Tenor Paul Potts ein Duett zu singen?

Dieser Mann ist mir sehr sympathisch. Aber ich denke doch, wir arbeiten in verschiedenen Berufen. Er ist eher Entertainer.

18 Jemals auf einem Kreuzfahrtschiff wie der »Queen Mary II« aufgetreten?

Für mich sind Kreuzfahrtschiffe schwierig: Mich beklemmt die Vorstellung, für längere Zeit an einem Ort eingesperrt zu sein.

19 Wahre Geschichte, dass ihr Opernsänger sehr alt werdet?

Wahr ist, dass Opernsänger ein sehr bewusstes Leben führen müssen. Sie ernähren sich gesund, ruhen sich viel aus, halten ihre Lungen in einem guten Zustand. Sie nehmen ihre Gesundheit ernst.

20 Haben Sie als Opernsängerin viel Geld verdient?

Ich habe ziemlich gutes Geld verdient. Aber ich arbeite auch wie ein Teufel.

21 Ist der Beruf der Opernsängerin ein aus der Zeit gefallener Beruf?

Manchmal sehe ich Opernaufführungen und denke: Diese Produktion hat nichts mit unserer Zeit zu tun. Und manchmal stehe ich auf der Bühne und denke: Warum bin ich hier? Warum tue ich, was ich hier gerade tue?

Die halb ernsten Fragen, die nimmt sie mit gebotenem Unernst: Interviewprofi Netrebko. Wir lassen sie nun die Qualität ihrer eigenen Stimme einschätzen: Bitte in die folgenden Antworten mit voller Stimme reingehen, Frau Netrebko, vielen Dank!

22 Großfrage: Warum singen Sie?

Seit meinem dritten Lebensjahr wollte ich auf der Bühne stehen. Es war immer eine ganz natürliche Sache.

Das Singen kam mit der Lust, auf der Bühne zu stehen.

23 Warum singen Menschen?

Die Menschen wollen ihren Auftritt haben. Sie wollen raustreten und die Welt beeindrucken. Schauen Sie sich die Talentshows im Fernsehen an. Manchmal denke ich: Es wird bald keine arbeitenden Menschen mehr geben. Jeder möchte auf der Bühne stehen und ein Star sein. Wenn die ganze Welt nur noch aus Stars besteht, dann werde ich zurücktreten. Ich werde einen Bauernhof haben, Kartoffeln anbauen und meine eigene Milch produzieren. Und ich werde sehr glücklich sein.

24 Erinnern Sie sich an den Moment, in dem Sie Ihre Stimme zum ersten Mal hörten und dachten: »Wow, hier geht etwas«?

Der Moment kam spät. Ich mochte meine Stimme erst, nachdem andere sie mochten.

25 Ihre Erklärung, warum Menschen unter der Dusche singen?

Ich singe nur auf der Bühne. Und bei Proben. Ich hasse Karaoke.

26 Richtig, dass Ihre Stimme drei Oktaven umfasst?

Zweieinhalb Oktaven. Sie beginnt bei einem hohen D und endet beim tiefen A.

27 Auf der Bühne: Sind Sie da in einem kontrollierten oder einem emotional erregten Zustand?

Sagen wir so: Ich erlebe Momente auf der Bühne, in denen meine Emotionen mich davontragen. Besonders in den letzten Jahren: Die Emotionen sind tiefer geworden. Ich empfinde stärker als früher. Die Erfahrungen, das Älterwerden machen aus mir einen sehr empfindsamen Menschen.

28 Gibt es eine typische Netrebko-Pose, die ein guter Regisseur Ihnen verbietet?

Eine Pose, die ich erfunden habe, ist das Singen beim Auf-dem-Rücken-Liegen auf einem Sofa mit nach unten hängendem Kopf. Ich habe diese Pose erstmals bei Bellinis *Die Puritaner* an der Met in New York ausprobiert, und diese Pose hat eine Menge für meinen Ruhm getan.

29 Was ist das Verrückteste, was Sie je auf der Bühne getan haben?

Nun, gestern, bei der Münchner Aufführung von *I Capuleti e i Montecchi*, stehe ich auf einem Bein in einem

Waschbecken und singe. Kein Problem.

30 Echt wahr, dass Sie gleichzeitig lachen und singen können?

Ich kann in fast jeder Situation singen.

31 Echt wahr, dass Sie gleichzeitig küssen und singen können?

Wenn ich küsse, dann küsse ich.

32 Können Sie gleichzeitig singen und an Tuberkulose sterben?

Kein Problem.

33 Gefällt Ihnen das, wenn Kritiker Ihre Stimme mit einer Naturgewalt vergleichen?

Natürlich, das ist doch ein sehr schönes Kompliment. Eine schöne Stimme ist eine natürliche Begabung. Man wird mit ihr geboren.

34 Besteht ein Zusammenhang zwischen dem Körpergewicht einer Sängerin und der Qualität ihrer Stimme?

Ja. Gewicht hilft beim Singen. Es gibt einige Sänger, die einen zierlichen Körper haben und trotzdem gut singen. Aber die mit den wirklich großen Stimmen haben einen kräftigen Körper. Singen ist ein physikalischer Vorgang. Der Mensch singt mit dem ganzen Körper. Wenn du keinen starken Körper hast, fängt dein Körper an zu zittern. Ich sehe viele Sänger, die auf der Bühne stehen und zittern.

35 Als Sopran, können Sie die Geburt eines Kindes empfehlen?

Als Sopran und Frau kann ich die Geburt eines Kindes empfehlen: absolut. Es gibt dir das Gefühl, deine Bestimmung gefunden zu haben. Ich bin ziemlich spät Mutter geworden. Erst seitdem fühle ich mich vollkommen.

36 Richtig, was Ihnen Kritiker unterstellen, dass Ihre Stimme seit der Geburt Ihres Sohnes vor drei Jahren wärmer, reicher, samtener geworden ist?

Ich denke, das stimmt.

37 Wann singen Sie Ihre erste Isolde?

Fragen Sie mich nach meiner ersten Elsa. Ich möchte sie 2016 in Dresden singen, mit Maestro Thielemann. Deutsch ist eine anspruchsvolle, eine extrem anspruchsvolle Singsprache. Ich werde sehr hart arbeiten.

38 Welches Signal von Ihrem Körper würde Sie dazu bringen, mit dem Singen aufzuhören?

Wenn die Stimme wackelt. Wenn sie wabbelt. Dann ist basta.

39 Ihre Lieblingsfigur in der Opernliteratur?

Als ich jung war, war Natascha in Prokofjews *Krieg und Frieden* die Rolle, der ich mich am nächsten gefühlt habe.

40 Verstehen Sie, warum Violetta in »La Traviata« sich nicht in Alfredos Vater, den rüstigen Germont, verliebt?

Gute Frage! Ich denke, sie will den leidenschaftlichen, den nicht erwachsenen Mann.

41 Ihre Erklärung, warum der Freak Rigoletto so eine gut aussehende Tochter hat?

Das Leben hat seine Geheimnisse.

42 Wie beantworten Sie die beim Opernpublikum viel diskutierte Frage, ob Donna Anna vor Beginn der Handlung von Don Giovanni vergewaltigt wird?

Wir wissen es nicht. Und ich bin ein entschiedener Verfechter einer Regie, die diese Frage ebenfalls offenlässt. Die Handlung lässt diese Frage offen. Und das Geheimnis dieser offenen Frage liegt ebenfalls in der Musik.

43 Ist Lucia in der berühmten Arie in »Lucia di Lammermoor« nicht ein bisschen zu verrückt?

Ich spiele sie ja eben genau nicht so verrückt. Eine meiner goldenen Regeln als Schauspielerin lautet: nicht überdrehen. Mich interessieren die Nuancen. Eine komplett durchgedrehte Frau ist einfach nicht so interessant.

44 Ist es möglich, den Schleiertanz von Strauss' Salome in Würde zu tanzen?

Es ist, wenn Sie das meinen, nicht möglich, den Tanz mit Kleidern zu absolvieren. Du musst dich ausziehen. Es gibt eine Menge Tricks, als Salome lebend davonzukommen. Ein guter Regisseur hilft dir dabei.

Diese letzten, konzeptuellen Fragen haben ihr Spaß gemacht: Sie sieht sehr wach und rosa (Mund) und orange (Kleid) aus. Toll! Wir nutzen diese engagierte Phase und wollen nun sehr ernsthaft von ihr wissen, ob die Kunst der Oper im Jahr 2012 ein totaler Schmarren oder eben doch zeitlose Kunst ist.

45 Grundsätzlich, sagt die Oper die Wahrheit, oder lügt sie?

Die Oper ist eine zauberhafte Lügnerin. Moment, ich möchte mich wie folgt ausdrücken: Die Oper lügt. Die Musik in der Oper spricht die Wahrheit.

46 Die absurdeste Opernhandlung, die Ihnen spontan einfällt?

Die Zauberflöte ist ziemlich durchgeknallt. Bernd Alois Zimmermanns *Die Soldaten*: komplett durchgedrehter Stoff. Trotzdem, eine tolle Oper.

47 Ultraschwierige, praktisch nicht zu beantwortende Frage: Was zeichnet eine zeitgemäße, moderne Opernregie aus?

Regie ist dann gut, wenn sie einen neuen Blick auf einen bekannten Stoff zulässt. Regie ist dann gut, wenn sie der Musik keine Gewalt antut. Einige Produktionen in Salzburg haben mir sehr gefallen. Es gibt dort jedes Jahr wirklich viel für mich zu entdecken. Ich möchte hier vor allem die Regisseure Martin Kušej und Claus Guth nennen.

48 Warum sehen so viele Opernarien-CDs wie Soft-Metal-Platten aus den Achtzigerjahren aus?

Weil die Plattenfirmen versuchen, CDs wie moderne Gegenstände aussehen zu lassen.

49 Ihre Lieblingsoper des britischen Komponisten Benjamin Britten?

Ich liebe *Der sündige Engel*. Eine wundervolle Oper.

50 Fällt Ihnen ein zeitgenössischer deutscher Komponist ein?

Ist Alban Berg zeitgenössisch?

51 Fällt Ihnen eine Oper ein, die in den letzten Jahren komponiert wurde?

Die moderne Oper habe ich vor allem an der Met in New York erlebt. Mir fällt John Adams' Oper *Nixon in China* ein, ein sehr cooles Werk. Beeindruckt hat mich auch die Uraufführung von Tan Duns *The First Emperor* mit Plácido Domingo.

52 Manchmal traurig darüber, dass Sie nicht in den fünfziger Jahren, der Ära der großen Opernaufnahmen, leben?

Ein Teil von mir ist in dieser Hinsicht tatsächlich sehr nostalgisch.

53 Wenn Sie sich für eine große Operngesamtaufnahme entscheiden könnten: Welche Oper wäre

das? Welcher Dirigent? Welcher Sängerkollege?

Lieber Himmel. Ich würde Bellinis *Norma* aufnehmen. Nach der Besetzung dürfen Sie mich nicht fragen. Das würden die Kollegen, die ich hier nicht nenne, mir übel nehmen.

54 Ist die Oper der größte Anachronismus unserer Zeit?

Ein wundervoller Anachronismus, o ja.

55 Was ist Ihre Antwort auf diejenigen, die sagen, dass die Kunstform der Oper ein abgehalfterter Kitsch ist?

Ich müsste zustimmen: teilweise. Und ich würde hinzufügen: Wenn eine Opernaufführung gut ist, wenn starke Sänger und eine starke Regie zusammenkommen, dann ist die Oper jeder anderen Kunstform überlegen. Dann ist Oper die zeitgemäßeste und ergreifendste Kunst unserer Zeit.

56 Ihre Erklärung, warum Schwule die Oper so sehr lieben?

Schwule Männer lieben Frauenstimmen, ältere Damen lieben Tenöre. Ist es nicht so? Ich singe für jedes Publikum gerne.

57 Ein Problem, dass das Opernpublikum meistens über sechzig Jahre alt ist?

Das ist nicht mein Problem.

58 Ein Problem, dass das Publikum in Salzburg weit mehr von großen Roben als von großen Stimmen versteht?

Ich würde dem nicht zustimmen. Das Publikum in Salzburg ist ein anspruchsvolles und hochgebildetes Stammpublikum. Es ist alles andere als einfach zu beeindrucken.

59 Ein Problem, dass so viele wohlhabende Menschen im Opernpublikum sitzen?

Die Kartenpreise sind hoch. Aber, verstehen Sie: Das meiste Geld verschlingen nicht die Sänger, sondern die Orchester. Jede Probe ist finanziell eine Kraftanstrengung. Und ich sehe nicht, wie sich in absehbarer Zeit daran etwas ändern könnte.

60 Hat Ihnen die große Maria Callas manchmal leidgetan?

Ich möchte mich über das Leben der Callas nicht äußern. Es ist schon zu viel Unsinn über diese Frau geredet worden. Sie war eine große Sängerin, vielleicht die größte.

61 Ihre Lieblingsaufnahme der Callas?

Viele.

62 Was können Sie von den letzten fünf Jahren der Gesangskarriere von Maria Callas lernen?

Sie hat ihr Selbstvertrauen verloren. Als Sängerin kann man sein Selbstvertrauen von einem Moment auf den anderen verlieren. Es braucht dafür keinen Grund. Ich höre in ihren letzten Aufnahmen, dass ihre Stimme alle Sicherheit verloren hat. Sie weiß schlicht nicht mehr, wie es geht.

63 War es ein Fehler von Maria Callas, sich in den griechischen Milliardär Aristoteles Onassis zu verlieben?

Sich zu verlieben ist nie ein Fehler.

64 Kitschige Frage: Fühlt es sich gut an, heute so berühmt zu sein, wie es die Callas auf dem Höhepunkt ihrer Karriere war?

Das ist eine sehr kitschige Frage!

Break. Sie hat in diesem Interview etwa zehn Sätze gesagt, die Humor, Haltung und Eigenwilligkeit bewiesen haben. Das ist viel. Nach diesem vergleichsweise ernsthaften Gespräch ist nun der Schund dran: Liebe und andere Katastrophen. Sie muss das aushalten, ein Opernstar muss das aushalten. Kitschfragen an Anna Netrebko.

65 Ist die Liebe eine Katastrophe?

Sie kann es sein.

66 Das letzte romantische Erlebnis in Ihrem Privatleben?

Gestern Abend hat mich mein Ehemann mit einer weißen Orchidee von der Vorstellung abgeholt. Er flüsterte: »Komm, wir verschwinden.« Es ging ins Taxi, und wir aßen in dem wundervollen Sterne-Restaurant *Tantris* zu Abend.

67 Wie ist es, mit dem Mann, den man liebt, auf der Bühne zu stehen?

Es ist dann eine ausschließlich professionelle Beziehung. Er ist mein Kollege.

68 Lüften Sie hier bitte weltexklusiv das gut gehütete Geheimnis, ob Sie mit Ihrem Partner, dem Bariton Erwin Schrott, verheiratet sind oder nicht?

Offiziell sind wir nicht verheiratet. Wir haben jedenfalls kein Papier unterschrieben.

69 In welcher Sprache unterhalten sich Erwin und Anna?

Englisch.

70 Erwin forever?

Er ist mein Mann.

71 War es Ihr Ziel, jemand zu finden, der so gut aussieht wie George Clooney?

Ich bin kein großer Fan von George Clooney.

72 Wie viele Karat hatte Erwins bisher wertvollstes Geschenk?

Ich zähle nicht die Karat. Wichtig ist, dass er einen wirklich guten Humor hat. Es wird mir niemals langweilig mit ihm.

73 Macht es Freude, die »Brangelina der Opernwelt« genannt zu werden?

Ist doch lustig.

74 Was können Erwin und Anna von Brad und Angelina lernen?

Ich mag die beiden wirklich gerne.

75 Wie kommentieren Sie das lustige Gerücht, dass Sie die Liebhaberin von Wladimir Putin waren?

Wirklich lustig. Wir haben uns zweimal etwa fünf Minuten lang gesehen.

76 Wie kommentieren Sie das böse Gerücht, dass die Liebe von Erwin und Anna nichts als eine PR-Show ist?

Er ist bei Sony, ich bin bei der Deutschen Grammophon. Welche Firma sollte ein Interesse an dieser Show haben? Auf der Bühne kann ich alles darstellen, aber im wahren Leben ist mir Show viel zu blöd.

Tapfere Anna Netrebko. Das ist schon sehr nett von ihr, dass sie jetzt immer noch lächelt. Wir bleiben auf brutal niedrigem Niveau. Mit gelegentlichen Ausschlägen ins brutal Tiefsinnig-Hintergründige.

77 Beurteilen Sie bitte Ihr Talent von null Punkten – kein Talent – bis zehn Punkte, maximale Begabung. Putzfrau.

Sechs.

78 Heldin der Arbeit.

Drei.

79 Russin.

Neuneinhalb.

80 Liebhaberin.

Fragen Sie Erwin. Soweit ich weiß, ist er zufrieden.

81 Märchenprinzessin.

Null.

82 Maria Callas.
Kein Kommentar.

83 Lohengrins Elsa.
Noch keine Wertung.

84 Ist es beim »Traviata«-Singen möglich, eine politische Botschaft auszusenden?
Freiheit den Kurtisanen!

85 Als weltweit geachtete Künstlerin, wie lautet Ihre Solidaritätserklärung für die politische Gefangene Julija Timoschenko?
Dazu möchte ich mich nicht äußern.

86 Habt ihr in Russland Demokratie, oder ist es etwas anderes?
Ich beantworte keine politischen Fragen.

87 Sind Sie stolz darauf, dass Russland die Atombombe hat?
Ich bin gegen die Bombe. Aber ich bin froh darüber, dass Russland ein starkes Land ist.

88 Fühlen Sie sehr russisch?
O ja, sehr. Vor allem in den letzten Jahren. Ich fühle immer russischer.

89 Was ist Ihr größtes russisches Talent?
Ich kann überleben. Wie eine *cucaracha*, die berühmte spanische Kü-chenschabe. Ganz gleich, wo man mich aussetzt.

90 Sind alle Russen Gangster?
Nein.

91 Wie geht es Ihrer Schwäche für billigen Bling-Bling-Schmuck?
Großartig. Ich habe einen Zigeuner in meinem Blut. Es müssen keine echten Steine sein. Hauptsache, es blitzt.

Das ist jetzt kein Lächeln mehr, das ist ein Grinsen: Wow, da stehen ein toller Hunger, eine tolle Lust in ihrem Gesicht. Die könnte jetzt noch mal 99 Fragen beantworten. Die Kraft ihrer Stimme zieht sie aus der Kraft ihres ganzen Körpers. Wir wünschen noch ein paar grandiose Jahre, Frau Netrebko.

92 Wie geht es Ihrem Mentor, dem Dirigenten Valery Gergiev?
Wunderbar.

93 Wie kommentieren Sie die neue Karriere Ihres ehemaligen Gesangskollegen Rolando Villazón als Regisseur?
Hochinteressante Sache. Er ist intelligent und talentiert genug, um sich in einem neuen Gebiet auszuprobieren.

94 Ihre Botschaft an Ihre Gesangskollegin Lady Gaga?

Wundervolle Frau. Ich habe sie gerade auf der Bühne gesehen, in Elton Johns Haus beim Ball der »AIDS-Foundation«.

95 Ihre Gemeinsamkeit mit Aschenputtel?

Vielleicht: die schönen dunklen Haare.

96 Ihre Gemeinsamkeit mit der Tennisspielerin Maria Scharapowa?

Unsere Energie ist typisch russisch. Als kleines Kind wollte ich als Heldin in einem Krieg sterben, das war mein allererster Traum.

97 Von welchem Modemacher stammt Ihr orangefarbenes Kleid?

Dior.

98 Ihre Botschaft an Frauen, die sich wegen ihres Gewichts verrückt machen?

Liebe Frauen, lasst euch eine Sache sagen: Ihr seid alle wunderschön. Hört auf, euch fertigzumachen. Männer mögen echte Körper.

99 Das letzte Lied, das Sie Ihrem dreijährigen Sohn Tiago vorgesungen haben?

Buratino, das schöne Lied vom russischen Pinocchio.

15. Juli 2012

Das »Café Flore« auf dem Boulevard Saint-Germain in Paris: der
Touristentreff. Eine viel angenehme-
re Verabredung als mit ihr kann es
ja eigentlich nicht geben: die blonde
Deutsche, unser Star in Hollywood.
Geboren als Diane Heidkrüger in einem Dorf bei Hildesheim, dann Model, dann Schauspielerin, Durchbruch
mit Wolfgang Petersens »Troja«
(2004). Im Revolutionsdrama »Les
Adieux à la Reine« wird sie als Marie
Antoinette die diesjährige Berlinale
eröffnen. Dass sie ein echter Star ist,
merkt man auch daran, dass einem
sonst kaum Filme mit ihr einfallen
(Ausnahme: ihr Auftritt in Quentin
Tarantinos »Inglourious Basterds«)
und man sie trotzdem zu kennen
glaubt. Sie gilt als bestangezogener
Hollywoodstar, das muss man auch
erst mal schaffen. Sie ist sicher voll
nett und süß und amerikanisch professionell: diese Richtung. Vielleicht
wird's kein besonders tiefsinniges Gespräch mit ihr, aber hey, ist doch auch
süß. Als sie ins Café hereingeschneit
kommt, erkennt man sie erst nicht:
brauner Lederhut, Wollpullover, Leggins, graues Pennerjackett mit zer-
schlissenem Innenfutter. Platz nehmen im ersten Stock des Cafés. Sie ist
nicht modelartig sehr dünn, sondern
nur Hollywoodstar-artig normal
dünn. Wenn die alte These stimmt,
dass man an den Händen einer Frau
ablesen kann, wie der Körper aussieht, dann sieht sie schon ziemlich
gut aus: süße Hände! Sie bekommt
erklärt, dass sie einen Riesenhaufen
Fragen gestellt bekommt. Sie lacht,
weil Lachen immer okay ist. Okay.

171

1 Deutsch oder Englisch?
Deutsch.
2 Blond oder braun?
Definitiv blond.
3 Modeln oder schauspielern?
Schauspielern.
4 Hollywood oder Babelsberg?
Oh, beides. Babelsberg ist ja auch was Schönes.
5 Und von wem sind diese wunderschönen Leggins, die Sie da tragen?
H&M.

Zehn Sekunden vergangen. Sie schießt die Antworten raus. Ihre kleine, dünne Stimme, kurze weiße Zähne, schmaler Mund. Ihr Deutsch hat einen leicht französischen Akzent. Der alte Hut, dass Stars ihres Kalibers immer heller sind als erwartet. Sie kommt – schon jetzt – glasklar, präzise, aufgeräumt rüber. Gleich schämt sich der Interviewer, dass er nicht doch tiefsinnigere Fragen vorbereitet hat. Wir gehen nun in die härtesten Untiefen, den Schwachsinn, hinein.

6 Wie heißt Ihre beste deutsche Freundin?
Peti. In Berlin. Ich habe sie beim Dre-hen in Babelsberg kennengelernt. Man kann mit ihr ziemlich gut ausgehen.
7 Wie heißt Ihre beste amerikanische Freundin?
Das ist ein Er. Micah. In Los Angeles.
8 Welches Wort fällt Ihnen auf Englisch schneller ein als auf Deutsch?
Fuck.
9 Warum ist es als Deutsche in Amerika schwer, die Worte »West Village« korrekt auszusprechen?
Es wird genau umgedreht ausgesprochen, das W ist im Amerikanischen ein V, das V ein W.
10 Bekommt man mit deutschem Akzent mehr Rollen in Hollywood?
Nicht unbedingt, nein. Generell reagieren Amerikaner auf Akzente sehr empfindlich.
11 Ist Ihnen das wichtig, dass die in Hollywood nicht so ganz genau wissen, dass Sie Deutsche sind?
Ich möchte halt nicht auf bestimmte Rollen festgelegt werden. Es wissen mittlerweile ja alle, dass ich aus Deutschland komme.
12 Echt wahr, dass es in New York kaum Männer zum Heiraten gibt,

nur Schwule und um sie herum psychisch enorm angestrengte Moderedakteurinnen?

Meine New Yorker Erfahrungen stammen aus der Zeit, als ich dort gemodelt habe. Da waren viele Schwule, was auch seine Vorteile hat: Da fühlen sich die Mädchen sicher.

Sie beginnt jede Antwort, wirklich jede Antwort mit einem kleinen Lachen: Haha. Weil alles so lustig und so angenehm egal ist: Hahaha. Das Lachen hat offensichtlich auch eine Schutzfunktion. Wer lacht, muss ja nicht antworten – und ist trotzdem freundlich. Am Ende wird der Journalist viel freundliches Gelächter und weniger zitierfähige Sätze auf dem Aufnahmegerät haben. Hahaha.

13 Lebensprinzip Blond?
Nee. Gibt's das?
14 Lebensprinzip »dezentes Makeup«?
Nee. Es kann auch mal mehr sein.
15 Lebensprinzip Frau vom Lande?
Das sind zumindest die Grundbausteine meines Seins.

16 Lebensprinzip Fernbeziehung?
Glaube schon, ja. Es ist schwer. Aber es ist genauso schwer, jeden Tag auf jemandem draufzusitzen.
17 Handtaschensüchtig?
Da muss ich Ja sagen.
18 Stella-McCartney-süchtig?
Keine Sucht. Eine angenehme Beziehung.
19 Isabelle-Marant-süchtig?
Schon auch, ja. Mein Mantel ist von ihr.
20 Giambattista-Valli-süchtig?
Das ist ein guter Freund von mir.
21 Diamantensüchtig?
Wäre ich gerne! Nein.
22 Wodka-Shot-süchtig?
Ich mag gerne guten Wodka, den man pur trinkt. Zuletzt mit meiner guten Freundin, hier in Paris, im Montana.
23 Ruhmsüchtig?
Nee.
24 Ihr letzter Panikanfall?
Im Flugzeug. Letzte Woche. Turbulenzen. Ich kam aus L. A. Es wird leider immer schlimmer mit dem Fliegen. Ich habe dem armen Nachbarn fast den Arm abgerissen.
25 Korrekt, dass Ihnen das Aus

173

sehen eines Mannes ein bisschen wurscht ist?

Korrekt, ja. Ich habe zumindest keinen festen Typ.

26 Korrekt, dass ihr irre gut aussehenden Frauen nicht besonders lustig sein müsst, weil ihr ja schon irre gut ausseht?

Leider reicht das Superaussehen ab 25 nicht mehr.

Hahaha. Ja. Wir schauen in ein Gesicht, das ständig lacht: komplizierte Sache. Wir stellen ihr nun, um sie ein wenig zu erschrecken, die vier komplexesten, am schwierigsten zu beantwortenden Fragen der Welt. Vier Friedensnobelpreisträger-Fragen an Diane Kruger.

27 Werden Sie 2013 noch einmal Obama wählen?

Würde ich, wenn ich könnte. Ich habe einen deutschen Pass.

28 Kennen Sie die Lösung für den Nahostkonflikt?

Nein. Alle haben da eine Theorie, aber keine Lösung.

29 Ihr Argument für Europa?

Ich glaube, Europa ist das Beste, was alle einzelnen europäischen Länder zusammen schaffen können. Ich finde das super, dass wir uns in Europa so nahegekommen sind und überall arbeiten und praktisch grenzenlos reisen können. Ich bin wirklich ein Kind Europas.

30 Sollten die Amerikaner als Nächstes in den Iran reingehen?

Bitte, da möchte ich mich nicht zu äußern.

Sie konnte null mit diesen Fragen anfangen: normal. Der Versuch des Interviewers, in den Kopf des Hollywoodstars Diane Kruger hineinzugucken. Man sieht: ganz, ganz wenig. Normale Sache. Bis hierher war es Aufwärmen. Wir ziehen an.

31 Ist der Coup Ihres Lebens, dass Sie als deutscher Hollywoodstar gar nicht in Hollywood wohnen, sondern in Paris?

Das wird von den Medien immer so betont, dass ich das deutsche Hollywood-Girl bin. Bin ich aber gar nicht. Ich habe ein Haus dort. Aber ich habe eben auch in Paris eine Wohnung. Ich bin weder Amerikanerin

noch Französin. Ich fühle mich eingeladen, in beiden Ländern zu leben.
Ich möchte auch nicht nur Hollywoodfilme machen. Für mich ist eigentlich das europäische Kino die
Heimat.

32 War Berlin eine Option?
Zum Leben? Ich bin so früh nach
Paris, mit sechzehn. Aber es ist eine
Superstadt zum Drehen, sehr ange-
nehm.

33 Schwachsinn Hollywood?
Nein.

34 Superschwachsinn Hollywood?
Nein. Warum denn? Es werden dort
großartige Filme gemacht. Nicht nur.
Aber immer wieder.

**35 Wo gibt es das beste deutsche
Brot in Hollywood?**
Keine Ahnung.

**36 Wo gibt es das durchgedrehteste
Yoga-Bio-Veganer-Frühstückscafé
in Hollywood?**
In diese Sekte trete ich nicht ein.

**37 Wann zuletzt in Dean Martins
umgebautem Eisenbahnwaggon
Formosa auf dem Santa Monica
Boulevard richtig einen gesoffen?**
Hat der nicht mittlerweile geschlos-
sen?

**38 Wann zuletzt mit Quentin Ta-
rantino eine durchgedrehte Nacht
verbracht?**
Schon eine Weile her. Ich bin immer
bisschen skeptisch mit mexikani-
schen Lokalen. Er hat mich mal in
einen Laden mitgenommen, von dem
noch nie ein Mensch gehört hat – da
gab's die besten Margaritas, die ich je
getrunken habe.

**39 Echt wahr, dass ausgerechnet
der deutsche Regisseur Roland
Emmerich die nettesten Partys in
Hollywood gibt?**
Ich kenne Roland nicht, keine Ah-
nung.

**40 Echt wahr, dass ganz Holly-
wood hinter privaten Gartenmau-
ern stattfindet, nicht an öffentlichen
Orten?**
Ja.

**41 Richtig, dass Hollywood auch
ein bisschen langweilig ist?**
Finde schon, ja. Wunderschön, tolles
Wetter, alles wie in den Filmen, klar.
Aber nach einer Zeit wird es ein bisschen langweilig. Kulturmäßig geht
nicht viel.

**42 Was macht Christoph Waltz
jetzt eigentlich besser als andere**

deutsche Schauspieler vor ihm in Hollywood?

Er hat seinen Akzent fast verloren. Er hat mittlerweile eine Auswahl an Rollenangeboten, von der fast jeder Hollywood-Schauspieler träumt.

43 Was ist der typisch deutsche Fehler in Hollywood?

Der europäische Fehler ist, dass man zu schnell zu viel dreht und dabei seine Seele verliert. Es ist unheimlich schwer, einen klaren Kopf zu behalten. Nein zu sagen.

44 Kennen Leute in Hollywood den Namen Franka Potente?

Glaube schon, ja.

45 Kennen Leute in Hollywood noch immer den Namen Marlene Dietrich?

Natürlich.

46 Sollte Matthias Schweighöfer Ihrer Meinung nach den Sprung nach Hollywood wagen?

Ich kann nicht für ihn sprechen.

47 Die Preisfrage: Warum haben Sie es in Hollywood geschafft?

Ich hoffe, es hatte mit Talent zu tun. Und sicher mit dem Glück, zum richtigen Moment am richtigen Ort zu sein.

Als Erfolg kann verbucht werden, dass Diane Kruger bei den letzten Antworten nicht mehr gelacht hat. Dranbleiben.

48 Wahre Geschichte, dass Tarantino Ihnen nicht geglaubt hat, dass Sie Deutsche sind?

Das stimmt wirklich. Er wollte mich ja erst gar nicht treffen.

49 Ihr deutscher Lieblingsphilosoph?

Unter den Schreibern: vielleicht Stefan Zweig. Ich habe gerade Marie Antoinette gespielt und die Biografie von Stefan Zweig gelesen. Das war ein tiefer Eindruck.

50 Ihr Lieblingstheaterstück in deutscher Sprache?

Da muss ich passen.

51 Kennen Sie den Namen Basti Schweinsteiger?

Nein.

52 Ihr Gruß an den deutschen Fußballtrainer Jogi Löw?

Good luck!

53 Ihr Gruß an die Bundeskanzlerin Angela Merkel?

Hut ab, würde ich sagen.

54 Ihr Tipp an die deutsche FDP?

Der interessiert niemand. Deutsche Politik, da bin ich einfach zu lange weg.

55 Ihre Erklärung, warum Deutsche so gerne bunte Multifunktionskleidung mit Klettverschlüssen tragen?

Das ist eine Frage, die ich mir seit Jahren stelle. Man kann die Deutschen wirklich unter Tausenden an ihrer Kleidung erkennen. Die Amis allerdings auch: Baseballkappe, Pennybags, Tennisschuhe, die Socken immer schön weit hochgezogen.

56 Ihre Antwort auf das weitverbreitete Klischee, dass die Deutschen alles Nazis sind?

Das Klischee hat sich ein bisschen gegessen. Die Amis lieben Nazis in Filmen, aber nicht in Wirklichkeit.

Nebeninformation: Das Gespräch kam anlässlich des 100. Geburtstages des Filmstudios Babelsberg zustande. Der Hollywoodstar hat gleich mehrere Filme in dem Potsdamer Filmstudio gedreht. Diane Kruger soll, damit die in Babelsberg sich freuen, ein paar Fragen zum Studio Babelsberg beant-

worten. Dem kommen wir natürlich gerne nach.

57 Ihr Lieblingsort im Berliner Underground?

Der Laden in Kreuzberg, wie heißt der? *Würgeengel.*

58 Sagen Sie freimütig, dass Ihnen Berlin zum Wohnen zu hässlich ist?

Nein. Super Stadt.

59 Kennen Filmleute in Hollywood das Studio Babelsberg?

Auf jeden Fall. Tax rebate, super crews: Deshalb drehen alle dort. Die besten Setdesigner, mit denen ich je gedreht habe, zumindest bei *Inglorious Basterds.*

60 Echt wahr, dass die Jungs in Babelsberg besonders gut im Kulissen-schnell-auf-und-abbauen sind?

Wie gesagt: Ja.

61 Echt wahr, dass es in Babelsberg eine Kreuzung G.-W.-Pabst-Straße Ecke Quentin-Tarantino-Straße gibt?

Ja.

62 Kann man kurzerdings sagen, dass US-Stars gerne in Potsdam

drehen, weil man in Berlin so gut ausgehen kann?

Das ist ein Punkt, ja. Der zweite Punkt ist wie gesagt, dass es in Babelsberg diese Steuererleichterung gibt.

Die Steuererleichterungen, jaja. Lieber Himmel, sieht sie gut aus: die kalten blaugrünen Augen, der schmale Mund. Verrückt, aber den Frauen mit den brutal aufgeräumten Gesichtern ist man bereit eine Menge zu verzeihen. Auf der Basis, dass sie ein so absolut erfreuliches Äußeres hat, ist jeder Satz, den sie sagt, auch jeder dünne, ein Hauptgewinn. Der Self-Rating-Test: Sie soll ihr Talent zwischen null Punkten, kein Talent und zehn Punkten, maximales Talent, einschätzen.

63 Ihr Talent als Helena.
Sieben Punkte.

64 Gesicht des Jahres 1993.
Tausend Punkte.

65 Haute-Couture-Model.
Null. War ich nie. Zu klein. Prêt-à-porter habe ich auch nie viel gemacht. Zu klein.

66 Marlene Dietrich.
Mein Talent als Marlene Dietrich? Da nehme ich gerne: eine Acht.

67 Romy Schneider.
Eins. Ich liebe Romy Schneider, aber leider sehe ich wirklich nicht aus wie sie. In Paris machen sie gerade wieder eine Riesenretrospektive zum 30. Todestag von Romy, mit allen Fotos und Filmen.

68 Hildesheimerin.
Drei. Ich komme ja eigentlich aus einem Dorf bei Hildesheim, Algermissen.

69 Unser Star in Hollywood.
Das klingt nach ein bisschen sehr viel Druck. Das lass ich Sie beurteilen.

70 Profi.
Zehn.

71 Wie geht's Ihrem Hochkulturkomplex?
Ja, leider nicht gut. Ich komme viel zu selten dazu, mir das zeitgenössische europäische Kino anzugucken. Claude Sautet, Patrice Chéreau, das sind meine Helden. Den Serge Gainsbourg hat man als Deutsche, die längst wie eine Pariserin fühlt, auch sehr gerne.

72 Blödmann-Klischee »die kühle Blonde«?

Blöd, gut, keine Ahnung. Ich habe mittlerweile gelernt, dass ich selber nicht kontrolliere, was über mich geschrieben wird oder was man über mich denkt. Das ist manchmal nicht einfach zu akzeptieren. Kühl kann ich sein, wenn man mir blöd kommt, wenn mir ein Produzent oder Regisseur dumm und unprofessionell kommt. Auf dem Filmset tanzt mir sicher niemand auf der Nase herum.

73 Geht Ihnen das auf die Nerven, dass viele Männer Sie sich automatisch mit kniehohen Lederstiefeln und Reitpeitsche in der Hand vorstellen?

Jedem seine Fantasie.

74 Im Ernst, stimmt die Geschichte, dass 50 Prozent aller Rollenangebote die kühle SS-Frau mit der Lederpeitsche in der Hand sind?

Nicht mehr. Aber in meinen ersten Jahren in Hollywood war das so. Es hat mit der Nationalität zu tun. Man hat mir Nazirollen angeboten, einfach deshalb, weil ich Deutsche bin.

75 Hat es Spaß gemacht, im Film »Inglourious Basterds« das Wort Hitler auf Amerikanisch auszusprechen?

Es hat Spaß gemacht, eine Deutsche zu spielen, die dazu beiträgt, Hitler umzubringen. Symbolisch gesehen fand ich das super.

76 Traurig darüber, dass Sie noch in keinem Woody-Allen-Film mitgespielt haben?

Mal sehen. Vielleicht kommt das ja noch. Ich habe ihn bisher noch nicht kennengelernt.

77 Ihre Erklärung, warum Sie die Hauptrolle der Tänzerin im Oscar-Film »Black Swan« nicht bekommen haben?

Ich bin zu alt für die Rolle gewesen, ich wäre da physisch schlicht nicht in der Lage zu gewesen. Und für mich wäre die Rolle unbefriedigend gewesen. Ich war jahrelang Balletttänzerin, Schwanensee ist, glaube ich, eins der schwersten Ballette, die man tanzen kann. Natalie Portman in der Rolle war doch super.

78 Ihr Kommentar zu den Gerüchten, dass Sie im neuen Tom-Cruise-Film »Horizons« die weibliche Hauptrolle übernehmen werden?

Das ist ein Gerücht. Der Film, den Sie vielleicht meinen, heißt meines Wissen *Oblivion*.

79 Wie war's zuletzt bei den Dreharbeiten in Tadschikistan?

Das ist ein Jahr her. Waren Sie schon mal in Tadschikistan? Es ist vielleicht nicht das ideale Urlaubsland. In einem Zelt im Himalaya bei minus dreißig Grad über eineinhalb Monate lang zu schlafen, das war eine Erfahrung.

80 Was unterscheidet ein europäisches von einem amerikanischen Drehbuch?

Das Independent-Kino in Amerika ist nicht anders als in Europa. Die Studiofilme aber bauen auf Formeln auf, die wirtschaftlichen Kriterien gehorchen: Die Masse muss erreicht werden. In Frankreich und Deutschland werden selten diese Summen bewegt.

81 Was ist Ihre Erklärung dafür, dass sich nicht mehr Schauspielerinnen in Hollywood so absolut stilsicher anziehen können wie Sie?

Vielleicht habe ich einen Spaß an Mode, den die anderen nicht so haben. Die meisten Schauspieler kommen nicht aus der Modebranche und brauchen deshalb jemanden, der sie berät. Die Stylistinnen und Style-Beraterinnen sind oft das Problem.

82 Mit welchen Worten raten Sie Fotomodellen von der Schauspielerei ab?

Ich rate nicht ab. Dass man Model ist, heißt nicht unbedingt, dass man schauspielern kann. Es ist aber eben auch nicht ausgeschlossen. Ich habe mich damals gegen das Modeln und für die Schauspielerei entschieden und mich im selben Zug von meinem Freund getrennt, ich war 21, es war meine erste große Liebe, und es war schmerzhaft.

83 Woher wussten Sie, dass Sie's können?

Ich habe nie gesagt: Ich bin die Superschauspielerin. Ich komme vom Ballett. Ich habe schon als sehr junges Mädchen Musik benutzt, um meine Gefühle und Ängste auszudrücken. Diese Möglichkeit des Ausdrucks hat mir beim Modeln gefehlt.

84 Gibt's etwas Anstrengenderes im Leben, als die sogenannten eigenen Träume zu verwirklichen?

Das ist das Anstrengendste, sicher. Die Schauspielerei ist nach wie vor ein Traum. Einige Träume haben sich erfüllt, andere noch nicht. Die hundertprozentige Rolle, die Rolle des Lebens, habe ich noch nicht gespielt. Es gibt auch einige Träume, die sehr persönlich sind – Familie gründen, Kinder kriegen –, von denen ich hoffe, dass ich sie nicht verpasse.

85 Ist es schwer, bei Dreharbeiten seinen Freund nicht zu betrügen?

Das ist vielleicht etwas, das man am Anfang macht. Da denkt man: Oh, der Co-Star. Und: Wir sind wirklich toll zusammen. Dann lernt man das ziemlich schnell, dass man die Arbeit nicht nach Hause mitnimmt.

86 Wahre Geschichte, dass nicht die Filmpartner, sondern die Beleuchter auf dem Set die wirklich bösen Buben sind?

Das habe ich auch gehört. Und mittlerweile verstehe ich das. Die DPs – die Directors of Photography – sind wirklich die, die gerade Schauspielerinnen am besten angucken und genau sehen, was geht.

87 Wird man das als Schauspielerin nie los, dass man eigentlich überhaupt nicht gut aussieht?

Das ist die Model-Krankheit. Weil man als Model ständig nur auf sein Aussehen reduziert wird. Als Schau-

spielerin darf man ja ein bisschen mehr als hübsch sein.

88 Wird man das als Schauspielerin nie los, dass man eigentlich nichts kann?

Das wird man nie los, nein. Das ist ein bisschen anstrengend.

89 Manchmal Lust, einfach Hausfrau zu sein?

Ich würde sagen, eine Hausfrau bin ich schon, und zwar eine gute. O ja! Ich liebe es zu kochen. Ich sammle Kochbücher. Ich bin die Frau, die für 20 Leute eine Riesentorte backt. Das Bügeln hat auf mich eine geradezu therapeutische Wirkung, ich liebe es.

90 Hat die Schauspielerei – neben dem Punkt, dass man schnell viel Geld verdienen kann – noch eine gute Seite?

Auf einer sehr narzisstischen Ebene hat man das Gefühl, dass man zu 100 Prozent lebt. Man kann sehr euphorische Momente in der Schauspielerei erleben. Und richtig, wenn man nicht aufpasst, wird man davon krank.

91 Auf eine gesunde, auf eine ganz angenehme Art: Wird die Schauspielerei in Ihrem Leben immer unwichtiger?

Nein, sie wird wichtiger: in der Komplexität. Ich habe keinen Bock mehr, nur zu drehen, um zu drehen.

Jetzt haben wir doch, hoppla, eine ganze Menge besprochen. Und erfahren. Die Pein, die Zumutung, die es für eine intelligente Frau bedeutet, Schauspielerin zu sein. Da hilft der Erfolg, das Superstardom, dann auch nicht viel. Sie verschränkt die Hände hinter ihrem Kopf, und nun, zum ersten Mal in diesem Gespräch, fällt Diane Krugers Lächelmaske. Es steht ein offener, ernster, interessierter Ausdruck in ihrem Gesicht: gekonnte Pose. In etwa zehn Minuten, so der Eindruck, könnte man mit dem wahren Gespräch, den wirklich interessanten Fragen beginnen. So machen wir, was doch auch hübsch ist, langsam Schluss für heute. Letzte Fragen: Beauty-Ticks und Selbstmordgedanken. Vielleicht bleibt ein Frust bei ihr, dass wir mit ihr nicht ausschließlich über ihr Lieblingsthema, französisches Autorenkino, geredet haben, vielleicht! Herzlichen Dank, Diane Kruger.

92 Was ist der Sinn des Lebens?
Ach, wenn ich das wüsste. Ich weiß es nicht. Ich bin überhaupt nicht religiös. Ich habe Angst zu sterben. Ich habe Angst, krank zu werden. Das Gefühl, sinnlos auf dieser Welt gewesen zu sein, ohne etwas zu hinterlassen. Ist die Liebe der Sinn des Lebens? Wäre schön.

93 Wann zuletzt an Selbstmord gedacht?
Zwanzig Jahre her. Als Teenager. Oh ja. Als Teenager, mit 16, 17, habe ich immer gedacht: Ich könnte verrückt werden. Es war die klassische romantisch-pubertäre Selbstüberschätzung, in Richtung von: Ich drehe ab. Ich bin so anders als alle anderen. Blabla.

94 Ihr Beauty-Tick?
Ich habe furchtbare Haare: dünn und zerbrechlich. Es gibt hier in Paris in der Apotheke so Ampullen. Die schüttet man sich auf die Haare, die Kopfhaut wird heiß, und auf einmal hat man das Gefühl: Mann, habe ich toll volle Haare.

95 Wenn Sie mal Riesenlust auf einen Hamburger haben, vergessen Sie dann alle guten Vorsätze?
Ja klar.

96 Was macht Ihr Vaterkomplex?
Kein Vaterkomplex.

97 Wann zuletzt in der Metro in Paris schwarzgefahren?
Kann man hier nicht. Das geht leider nur in Berlin.

98 War das ein schöner Moment, als Sie bei der Verleihung der Golden Globes im letzten Jahr neben Ihrem Freund, dem Seriendarsteller und Schauspielerkollegen Joshua Jackson, saßen und der Moderator Ricky Gervais seine mittlerweile legendäre Beleidigungs-Orgie über das gesamte Hollywood-Establishment abzog?
Ich fand's voll lustig, ja. Die Leute, die für Preise nominiert sind, sind oft nicht die souveränsten Menschen der Welt. Ich fand sehr lustig, dass ausgerechnet Hollywood mal ein bisschen Selbstironie zeigen musste.

99 Richtig, dass man einer schönen Frau mit nichts so eine Freude machen kann wie mit einer teuren Handtasche?
Ach, nee! Ein guter Satz, auf einem Taschentuch notiert, ist viel besser.

9. Februar 2012

14. Stock im »Martin Luther King Jr. Labor Center«, am westlichen Ende der 43. Straße in Midtown Manhattan, New York. Sein Büro hat etwa zehn Quadratmeter. Die Trophäen eines fast unwirklich reichen und aufregenden Lebens des 20. Jahrhunderts hängen an den Wänden: Goldene Schallplatten, Filmplakate, Schwarz-Weiß-Fotografien, die ihn mit Martin Luther King zeigen, mit Duke Ellington und Muhammad Ali, mit John F. Kennedy, Bill Clinton und der Königin von England. Hinter seinem Schreibtisch steht ein Stuhl mit hoher Rückenlehne, Stangen aus Messing, Sitzfläche aus Leder: ein Thron. Dieser König, Harry Belafonte mit Namen, hat einmal – so kann man es wirklich sagen – die Popmusik erfunden: 1956, im Geburtsjahr des Pop, zog sein zweites Album »Belafonte« an Elvis Presley vorbei und wurde das erste Album der Popgeschichte, das sich mehr als eine Million Mal verkaufte. Belafonte wurde einer der prominenten Vertreter der amerikanischen Bürgerrechtsbewegung: Noch heute liest er Barack Obama öffentlich die Leviten. In diesen Tagen erscheint Belafontes Biografie »My Song«. Es ist ein wenig so, als führte man ein Interview mit dem Empire State Building, der amerikanischen Verfassung oder mit Präsident John F. Kennedy. Wo, um Himmels willen, anfangen? Harry Belafontes große Gestalt betritt das Büro. Er sieht aus wie ein Basketballer: breite Schultern. Er ist wie ein englischer Landadliger gekleidet: schlammgrüne Cordhose, Flanellhemd über Kaschmirpullover. Belafonte bezieht seinen Thron, faltet die Hände, lächelt. Sein berühmter Kopf: die polierte Glatze, die ebenen Züge. So sieht ein strahlend schöner Mann aus. Harry Belafonte ins Gesicht guckend, begreift man, dass man immer Harry Belafonte im Kopf hatte, wenn man sich einen klugen und schönen Schwarzen vorstellte. Der Interviewer war gewarnt, dass Mr. Belafonte gerne lange Sätze bildet und ungern unterbrochen wird. Wir werden ihn selbstverständlich ausreden lassen. Wir fangen dieses Interview nicht mit dem üblichen Klein-Klein an, sondern mit acht Fanfaren, acht Böllerschüssen: Ikonen der amerikanischen Populärkultur, mit denen Harry Belafonte abhing.

1 Ihre Erinnerung an Elvis Presley?

Folgen Sie mir in das Jahr 1956: Die Plattenfirma RCA hatte in Manhattan ihre neuen Studios bezogen, es waren die modernsten Aufnahmestudios der Welt. Wir nahmen mein zweites Album, *Belafonte*, auf, ein nicht ganz unwichtiges Album: Es stand später monatelang an der Spitze der Charts. Wir kamen gut voran, aber die Techniker meldeten ein Problem: Ein Hintergrundgeräusch drang in den angeblich schalldichten Raum. Es waren Elvis und seine Band, die im Studio nebenan ihr erstes Album aufnahmen: Sie spielten einfach zu laut. Ich sprach mit dem Studioleiter, der überbrachte meine Beschwerde an Elvis' Manager, Colonel Tom Parker. Der antwortete umgehend mit einer Karte und einer Schachtel Pralinen: »Sie können entweder mein neuer Klient werden. Oder ich werde Sie vernichten. Herzlich, Ihr Freund, Colonel Parker.« Wir haben das Problem dann so gelöst, dass Elvis ein neues Studio bezog. Ich habe Elvis damals nicht als Rock 'n' Roller gesehen. Er war ein unsicherer junger Mann, der nach seinem Ausdruck suchte.

Er flüstert! Seine Stimme ist ein dunkles, raues, gebrochenes Wispern. Es spricht: die Erfahrung eines ganzen Jahrhunderts. Sein Gesicht choreografiert die gesprochenen Worte mit. Eine fast unheimliche Kraft springt aus den Zügen um den Mund, die Nase, die Augenbrauen. Nur sein rechtes Auge spielt nicht mit. Es wirkt wie tot. Was ist mit seinem rechten Auge? Hallo, Mr. Belafonte, können Sie nicht ein bisschen lauter sprechen? Nein, man hört dem König Belafonte auch deshalb gleich gebannt und konzentriert zu, weil er nicht ganz einfach zu verstehen ist.

2 In drei Worten, was erinnern Sie von Ihrem Freund Martin Luther King Jr.?

Seine Gelassenheit. Seine Bescheidenheit. Seine spirituelle Kraft.

3 Ihre Erinnerung an Ihre Freundin, die legendäre Ms. Eleanor Roosevelt?

Eine große Dame. Die geborene Anführerin. Die Art, wie sie nach ihren

Aufgaben als First Lady einen natür-lichen Führungsanspruch lebte – als große Gastgeberin, Diplomatin und Aktivistin für Frauenrechte –, war un-widerstehlich. Als ich sie im Jahr 1947 kennenlernte, saß sie an der Ausfor-mulierung der Erklärung der Allge-meinen Menschenrechte.

4 Wie erinnern Sie sich an Mari-lyn Monroes letzten öffentlichen Auftritt im Madison Square Gar-den, als sie John F. Kennedy mit »Happy Birthday, Mr. President« ein Geburtstagsständchen brach-te?
Wenn Sie nach signifikanten Details suchen, die ein Verhältnis zwischen John und Marilyn belegen, dann muss ich Sie enttäuschen. Es war der verrückteste Karneval, auf dem ich jemals war: unendliche Feierlichkei-ten. Ihr Auftritt hatte eine unwirk-liche Dimension – da sang die auf-regendste Frau der Welt, aber aller Augen lagen auf dem Präsidenten, um zu sehen, wie er reagierte. Es war ein verführerischer Auftritt. Ich glau-be nicht, dass Marilyn zeigen wollte, dass sie den Präsidenten vor den Au-gen der Welt verführen konnte. Sie

war einfach die Marilyn, die sie im-mer war.

5 Ihre Erinnerung an die Motor-radspritztouren mit Marlon Bran-do?
Er saß gerne bei mir hintendrauf. Wir fuhren den West Side Highway hoch, von Greenwich Village bis rauf zur 135. Straße, 1951 war das eine nicht besonders befahrene Straße. Wir fuh-ren auch Rennen gegeneinander.

6 Ihre Erinnerung an Frank Sina-tra? War er ein schlechter oder gu-ter Mensch?
Mir wäre nie eingefallen, in diesen Kategorien – gut und böse – über ihn zu denken. Frank hatte eine unstete Persönlichkeit. Er mochte sein Image als unberechenbare, als gefährliche Person. Was Frank am besten be-schreibt: Er war eine ungeheure Kraft, die nie ganz zur Ruhe kam. Er gab sich gerne mit Mafia-Mitgliedern und Gangstern ab, ganz einfach des-halb, weil er in Gesellschaft dieser Leute groß geworden war. Als sein Stern immer höher stieg, musste er für die Mafia arbeiten – wie wir das alle mussten: Du konntest nicht in Las Vegas, nicht in irgendeinem der

großen Nachtklubs in Amerika auftreten und nicht mit der Mafia zusammenarbeiten. Was Frank und mich auseinanderbrachte, war sein Übertritt von den Demokraten und dem liberalen Kennedy-Lager zu den Republikanern.

7 Wie geht es Ihrem alten Freund Sidney Poitier?

Wir sprechen ab und an am Telefon. Ich denke, es geht ihm gut.

8 Konnten Sie Ihrem Kollegen Michael Jackson nachsehen, dass er offenbar lieber wie ein weißer Mann aussehen wollte?

Was hätte ich ihm vergeben sollen? Woher sollte ich das Recht dazu nehmen? Wenn man sich Michaels Kindheit anguckt, den Schmerz, die Pein, die er ertragen musste, dann ist es mir unerklärlich, wie er so viel erreichen konnte. Sigmund Freud wurde für Michael Jackson erfunden. Ich sehe die Kämpfe, die dieser große Künstler mit sich, der Komplexität des Lebens und dem Universum ausfocht, und ich denke: Es war ein trauriges Leben. Michael hat wesentlich mehr Anstrengung und Folter erfahren als Glück.

Der Interviewer erklärt Mr. Belafonte, dass wir mit den nächsten zehn, zwanzig Fragen nun einmal ganz weit von ihm wegrücken und ihn wie einen vollkommen unbekannten Mann über einige Basisdaten seiner Existenz befragen wollen: damit wir ihn neu begreifen.

Mr. Belafonte lächelt. Nur sein rechtes Auge macht nicht mit. Vielleicht heißt das, dass er einverstanden ist.

9 Wie groß sind Sie in Zentimetern?

Ich kenne nicht die Übersetzung in Zentimetern. Ich bin sechs Fuß und eineinhalb Zoll hoch.

10 Trinken Sie?

Ja.

11 Sind Sie verheiratet?

Sogar sehr.

12 Sind Sie ein reicher Mann?

Nein.

13 Sind Sie ein singender Schauspieler oder ein schauspielender Sänger?

Ich bin ein Schauspieler, der singt.

14 Waren Sie erst politischer Aktivist oder erst Sänger?

Ich wurde zum Aktivisten, als ich die Welt zum ersten Mal mit wachen Augen ansah, also etwa mit fünf.

15 Sind Sie ein Revolutionär?

Ja.

16 Waren Sie jemals ein Hipster?

Sich selbst als Hipster zu bezeichnen ist nicht möglich. Es ist, so denke ich, praktisch unmöglich, zum selben Zeitpunkt Hipster und ein sehr erfolgreicher Sänger zu sein. Gehen wir zurück zu den Jazzclubs, dem *Royal Roost* und anderen Clubs im Village, in denen ich um 1949 auftrat: Es war eine sehr hippe Szenerie.

17 Wie war es als erster Mensch auf dem Mond?

Ich war nicht der erste Mensch auf dem Mond. Aber ich möchte der nächste sein.

18 Haben Sie einst die Popmusik erfunden?

Ich war es nicht ganz allein. Mein Verdienst liegt darin, dass ich die Folkmusik in den Fokus der populären Kultur gerückt habe.

19 Manchmal genug davon, der Liebling der Frauen zu sein?

Oh, nein. Wunderbare Frauen.

20 Mit 85 Jahren: Sind Sie ver- **wundert darüber, dass es Sie immer noch gibt?**

Sehr verwundert. Wirklich wahr.

21 Echt wahr, dass Sie keine Noten lesen können?

Das ist wahr.

22 Welches Instrument spielen Sie?

Ich spiele keins.

23 Wie beschreiben Sie die besondere Qualität Ihrer Stimme?

Ich hatte eine weiche, eine schmeichelnde Stimme. Es gab keine musikalische Erziehung, es gab keinen Mozart und keinen Brahms, ich war kein Kind der Kirche: Ich habe nie in einem Kinderchor gesungen. Als Kind habe ich die Gesänge der Arbeiter in den Baumwollfeldern des Südens gehört. Der hart arbeitende Mann, der an den Lagerfeuern in den Plantagen sitzt, der singt und Geschichten erzählt, war meine Ausbildung.

24 Wer ist Matilda?

Das ist die Frau, die sich mit dem Geld aus dem Staub machte.

25 Wie sahen die Bananenboote der United Fruit Company aus?

Ganz normale Frachtschiffe.

26 Wie sah der Mann aus, aus dessen Mund Sie zum ersten Mal den »Banana Boat Song« hörten?
Diesen Mann gab es nicht. Der Song erklang über den Feldern, in denen die Männer in den Baumwollplantagen arbeiteten.

27 Im Jahr 1956, in dem der Pop erfunden wurde, kämpften Sie mit Elvis um die am besten verkaufte Platte des Jahres. Und Sie gewannen. Wie fühlte sich das an?
Der Wettbewerb zwischen uns fand eher auf der geschäftlichen Ebene statt. Der Plattenfirma gefiel die Tatsache, dass zwei ihrer größten Stars um den Thron des Pop kämpften, sie haben ein Geschäft daraus gemacht. Privat sind Elvis und ich nie aneinandergeraten. Wir lebten in unterschiedlichen Welten.

28 Der Name der ersten Schallplatte, die Sie kauften?
Eine Nat-King-Cole-Single: *Straighten Up and Fly Right.*

Harry Belafonte singt! Er singt den Refrain des Nat-King-Cole-Songs aus dem Jahr 1943. Und es ist sofort ein Fingerschnippen in seiner Flüsterstimme. Mr. Belafontes linkes Auge blitzt.

29 Was hat Ihre musikalische Karriere mehr vorangebracht, die Gründung von »Belafonte Enterprises Inc.« oder der »Banana Boat Song«?
Natürlich der *Banana Boat Song.* Nichts nimmt es mit diesem Song auf. Er ist meine Visitenkarte. Nachdem sie eine Nacht lang Bananen auf die Schiffe verladen haben, sehen die erschöpften Bauern dem Tag entgegen: »Day-o!« Erschöpfung und Zuversicht. Der Song ist ein Schrei aus den Herzen armer Arbeiter, er wurde eine Hymne der Bürgerrechtsbewegung, und das ist er bis heute: eine Hymne der Lebensfreude.

30 Was bedeutete die Popularisierung der elektrischen Gitarre in den Sechzigern für Ihre Musik?
Sie bedeutete, dass meine Stimme vor Herausforderungen stand, denen sie nicht immer gewachsen war.

31 Noch ein Kapitel später in Ihrer Karriere: Konnten Sie mit der Musik von Jimi Hendrix etwas anfangen?

Ich hatte ein Gefühl für seine Musik, aber ich mochte sie nicht besonders. Ich bin nie ein großer Fan der Rockmusik gewesen.

32 Haben Sie einen Lieblings-Hip-Hop-Song?

Ja. *Beat Street* von Melle Mel und Grandmaster Flash, der Soundtrack des Breakdance-Films.

Was Mr. Belafonte jetzt nicht erzählt, ist, dass er den Film »Beat Street« aus dem Jahr 1984 produziert hat. Kluger, undurchschaubarer Harry Belafonte: Er sitzt da auf seinem Thron, lächelnd und mit gefalteten Händen. Wir riskieren nun den aberwitzigen Versuch, den Stationen seines Lebens in ein paar Fragen hinterherzureisen.

33 Kingston oder Harlem?

Das ist so, als ob ich mich zwischen meinem linken und rechten Arm entscheiden sollte. Es gibt kein Besser oder Schlechter zwischen diesen beiden Orten. Ich bin in Kingston und in Harlem aufgewachsen, es sind die Pole meiner Kindheit, es sind die Pole meiner Sozialisation, meiner Kultur.

34 Der einsamste Moment Ihrer Kindheit?

Das Jahr 1935, als meine Mutter mich bei meiner Großmutter in Jamaika abgab: Ich war neun Jahre alt. Ich sah das Auto vom Pier abfahren, und ich wusste: Jetzt muss ich für mich selbst sorgen.

35 Wie bereitete Ihre Großmutter Jane im Bergdorf Aboukir auf Jamaika ein Hühnchen zu?

Sie hatte etwa zwanzig Huhnrezepte. Sie konnte das Huhn grillen, kochen und braten. Vor ihrer Hütte stand ein aus Steinen gebauter Holzofen. Wundervolle Geschmäcker, Gerüche, Erinnerungen.

36 Die schlimmste Misshandlung durch Ihren Vater?

Er schlug mich mit seinem Gürtel blutig. Da war er volltrunken. All der Schmerz, die Wut, die Ohnmacht, die er in seinem Leben erfahren hatte, brachen in diesen Momenten aus ihm heraus. Er trieb es so weit, dass ich mich im Krankenhaus behandeln lassen musste.

37 Die wichtigsten Worte Ihrer Mutter?

Lass keinen Tag vergehen, an dem du

191

nicht die Gelegenheit ergreifst, für Gerechtigkeit zu kämpfen.

38 Was meinte Ihre Mutter mit dem gut gemeinten Ratschlag »Du solltest nur eine Frau mit guten Haaren heiraten«?

Es war ihr Anspruch. Das Denken meiner Mutter war noch ganz dem britischen Klassensystem verpflichtet. Gute Tischmanieren wurden bei uns zu Hause großgeschrieben. Langes und wildes Haar war Ausdruck einer niederen Klasse, eine gute Frau trug glattes, gekämmtes, gepflegtes Haar. Gepflegtes Haar war eine Demonstration von Klassenbewusstsein, und viele populäre schwarze Künstler, die es in der weißen Gesellschaft zu etwas gebracht hatten, hielten sich daran. Nat King Cole trug glattes Haar. Duke Ellington trug glattes Haar.

39 Frei nach einer Anekdote in Ihrer soeben veröffentlichten Biografie »My Song«: Wenn man eine schöne Frau unbedingt haben will, können Sie empfehlen, ihren rechten Schuh zu stehlen?

Es war keine Absicht, es entstand aus einer spontanen Eingebung: Als ich den Schuh in der Hand hielt, hatte ich keine Ahnung, was ich damit anfangen sollte. Aber richtig, dieser Gag bescherte mir die Beziehung zu meiner ersten Frau Marguerite. Sie wollte den Schuh natürlich wiederhaben, und ich sagte, sie bekäme ihn nur zurück, wenn sie mit mir ausginge.

40 Ihr traumatischstes Erlebnis als US-Soldat im Zweiten Weltkrieg?

Einer der übelsten Aufträge war das Verladen von scharfer Munition auf Kriegs- und Handelsschiffe in der Flottenstation Port Chicago. Dorthin versetzt zu werden kam einer Todesmission gleich: Bei einem Unfall in Port Chicago im Juli 1944 waren 320 Matrosen zu Tode gekommen. Es war eine besonders schwere, stumpfsinnige und gefährliche Arbeit, also Arbeit für die niedrigsten Kräfte der US-Army: die Schwarzen. Unsere Vorgesetzten waren weiß und extrem brutal.

41 Ihre Erinnerung an die Hände des schwarzen Schauspielers Rex Ingram im Hollywoodfilm »Sahara«?

Es waren die Hände eines schwarzen Soldaten, der in der Truppe von Humphrey Bogart kämpfte. Diese Hände ergreifen einen Nazioffizier, der sich davonmachen will, es gibt den klassischen Hollywood-Kampf, der Schwarze wirft den Nazioffizier zu Boden und erstickt ihn im Wüstensand. Nie zuvor hatte ich einen Schwarzen in einem Film so etwas Heldenhaftes tun sehen. Den meisten mag diese Szene nicht viel bedeutet haben. Aber für uns schwarze Kids bedeutete sie einen Durchbruch in der populären Kultur.

42 Ihre Erinnerung an einen Samstagabend im Jazzclub *Royal Roost*?

Das war der Ort schlechthin – ein Epizentrum des Jazz, der Geburtsort des Bebop. Und ich feierte dort meinen ersten Auftritt. Es war ein Pausenauftritt, das Orchester spielte *Pennies from Heaven*, ich war wie betäubt vor Aufregung, und als ich gerade loslegen und den Mund aufmachen wollte, trat ein Mann mit Saxofon nach vorn und spielte ein Solo. Es war Charlie Parker. Ich war ein namenloser Sänger und hatte Charlie Parker als Begleitmusiker! Es war eine fan-

tastische Freundschaftsgeste. Nach diesem Auftritt war ich mit einem Schlag kein unbekannter Sänger mehr. Damals verlieh man mir den Künstlernamen »The Gob with the Throb«, der Matrose mit dem Rhythmus im Blut.

43 Gut sechzig Jahre später, wie lauten Ihre Grüße an den schwarzen Radio-DJ Mr. Symphony Sid?

Danke, Sid. *I love you*. Er saß hinter einer gläsernen Kanzel und moderierte die abendliche Live-Übertragung aus dem *Royal Roost*.

44 Kann man sagen, dass der deutsche Regisseur Erwin Piscator, bei dem Sie mit Walter Matthau, Tony Curtis, Rod Steiger und Marlon Brando Schauspielerei studierten, Sie davor bewahrte, ein Sänger billiger Liebesschnulzen zu werden?

Das kann man so sagen. Sein Workshop eröffnete uns neue Welten. In Piscators Kollektiv gab es keine Stars, wir waren alle gleichberechtigt. Er spielte mit uns moderne Autoren wie Sartre, Steinbeck und Robert Penn Warren. Er gab uns ein Gefühl für die gesellschaftskritische Dimension von Theater.

45 Als junger Künstler, wie haben Sie es geschafft, nicht drogensüchtig zu werden?

Ich hatte immer ein starkes Bewusstsein für die zerstörerische Kraft von Drogen. Ich habe eine Menge Kollegen – großartige Kollegen, Männer und Frauen – in meinem unmittelbaren Umfeld an Drogen zugrunde gehen sehen. Eine der schmerzhaftesten Erfahrungen meines Lebens war, Zeuge vom Tod Billie Holidays zu werden. Ich war an diesem Abend in ihrer Garderobe, ich hatte ihr beim Anziehen geholfen. Ich war bei Stan Getz, als er eine Überdosis Kokain nahm. Ich sah Charlie Parker und Lester Young in die Knie gehen. Große Künstler, die den Kampf gegen Drogen verloren haben.

Bis hierher war es ein Abtasten. Wir müssen nun in sein eigentliches Werk hinein: Das sind, wie man bei der Lektüre von »My Song« begreift, nicht seine Songs, nicht seine Filme, sondern sein lebenslanger Kampf für die Rechte der Schwarzen. Geschichtsstunde mit dem Bürgerrechtler Belafonte.

46 Wie schauen Sie heute zurück auf das 20. Jahrhundert?

Es war ein Jahrhundert fataler Kriege und gigantischer sozialer Umwälzungen, ein Jahrhundert des technischen Fortschritts und der Barbarei, ein Jahrhundert großer Hoffnung und noch größerer Rückschläge. Die Welt hatte sich gleich mehrmals fast selbst ausgelöscht. Wir sind diesem noch jungen Jahrhundert schuldig, dass es besser wird.

47 Wenn Sie einem jungen Menschen erklären müssten, was die Rassentrennung in den 1950er-Jahren in den USA im Alltag für Auswirkungen hatte, was würden Sie sagen?

Es war ein Zustand ständiger sozialer Erstickung. Es drückte dir die Luft zum Atmen ab. Es drang in deine Träume ein. Es bohrte sich in dein Herz. Es zerstörte deine Seele. Diese zerstörerischen Kräfte bildeten nicht nur einen Alltag von ständiger sozialer Grausamkeit, sie wurden durch Gesetze festgeschrieben, gefördert und legalisiert – Gesetze, die so stark waren, dass sie unabänderlich und unumkehrbar, wie gottgegeben schienen. Stellen Sie sich vor, dass Ihnen das Recht verwehrt ist, sich frei zu bewegen und Ihre Meinung zu äußern. Wenn Sie es doch tun, dann kommen Sie ins Gefängnis. Alles, was wir immer wussten, war, dass wir den Kampf gegen diese bösen Kräfte führen mussten.

48 Welche Demonstration der amerikanischen Bürgerrechtsbewegung war wohl die entscheidende?

Der Marsch auf Washington und die Versammlung vor dem Lincoln Memorial am 28. August 1963 waren sicherlich ein Meilenstein: Das ist das große historische Datum. Es gab kleinere Aufmärsche, die genauso wichtig waren. Eine der mutigsten und riskantesten Demonstrationen, an denen ich je teilnahm, war der Bus-Boykott in Montgomery, Alabama, der in den Jahren 1955 und 56 stattfand. Damals entschieden Frauen um die Symbolfigur Rosa Parks, sich nicht länger den Gesetzen der Rassendiskriminierung zu beugen. Die Praxis der Segregation sah damals vor, dass Schwarze beim Busfahrer bezahlten und wieder ausstiegen, um im hinteren Teil des Busses zu den für Schwarze reservierten Sitzplätzen zu gelangen – nicht selten fuhr der Bus dann ohne sie ab. Die Frauen hingen von diesem Bus ab, der sie zur Arbeit fuhr – wenn sie zu spät kamen, verloren sie ihre Arbeit. Die simple Tatsache, dass eine Frau sich geweigert hatte, ihren Sitzplatz einem Weißen frei zu machen, hatte einen Protest ausgelöst, der über ein Jahr lang anhielt.

49 Wie haben Sie es geschafft, ausgerechnet Charlton Heston als einen der prominenten Anführer beim Marsch auf Washington zu verpflichten?

Ich habe ihn besucht. Und mit ihm gesprochen. Er war ein verständiger Mann. Charlton Heston gehörte zum konservativen Lager in Hollywood. Ich ging davon aus, dass er ein Interesse daran haben musste, diesen Ruf zu korrigieren.

50 Gibt es den einen großen Song, der die ganze Kraft der Bürgerrechtsbewegung transportiert?

Natürlich. *We Shall Overcome.*

51 Wo haben Sie das »Nur für Farbige«-Schild zum ersten Mal gesehen?

Während des Krieges. Auf einem Bahngleis im Süden.

52 Jemals konkret Angst davor gehabt, vom Ku-Klux-Klan erschossen zu werden?

Im Sommer 1964, als ich mit meinem Freund Sidney Poitier an den Protesten der Bürgerrechtsbewegung in Mississippi teilnahm. Und unzählige Male zuvor: Jede Konzertreise in den Fünfzigerjahren in den Süden fand praktisch unter Lebensgefahr statt. Sidney und ich waren wie Brüder damals, und wir waren die zwei bekanntesten schwarzen Entertainer der Welt. Es war ein enormes Risiko: diesen reichen Negersänger aus New York umlegen, der sich einbildet zu wissen, was für uns im Süden gut ist? Zehn Punkte! Es brauchte kein weiteres Motiv.

53 Die Idee, dass ein Protest gewaltfrei und friedlich stattfinden könnte, wer hat Ihnen die nahegebracht?

Die Person, die mich auf den Pfad des gewaltfreien Widerstands brachte und mich in dieser Idee bestärkte, war natürlich Dr. King.

54 Wenn Martin Luther King Sie nach einem langen Tag in Ihrer Wohnung in der Upper West Side in Manhattan besuchte, worüber haben Sie dann geredet?

Es ging um die komischen Seiten der Politik. Wir sprachen über unsere Kinder, über unsere Frauen, und natürlich ging es immer wieder um bekannte Persönlichkeiten, von denen wir hofften, dass wir sie für unsere Sache gewinnen könnten.

55 War Martin Luther King auch ein lustiger Mann?

O ja. Sehr lebensfroh. Schauen Sie sich das Foto von Martin und mir an, das am Eingang in meiner Wohnung hängt: Nie haben Sie Martin so lachen sehen. Es zeigt zwei über das ganze Gesicht strahlende Männer.

56 Wahre Geschichte, dass Sie dem Prediger Martin Luther King die Freuden des Alkohols beigebracht haben?

Ich habe Martin einige leichte Seiten des Lebens nähergebracht. Bei mir konnte er entspannen. In meinem Schrank stand immer eine Flasche Harveys Bristol Cream, ein süßer Sherry. Die war für ihn reserviert. Und daran nippte er dann immer ein bisschen. Eigentlich war er ja ein strikter Antialkoholiker. Martin machte eine Show daraus zu kontrollieren, ob jemand nach seinem Besuch aus der Flasche getrunken hatte. Zu diesem Zweck markierte er den Stand auf der Flasche.

57 Jemals nah daran gewesen, Kommunist zu werden?

Welcher intelligente Mensch wäre das nicht?

58 Hatten Sie Sympathien für die Ziele von Malcolm X?

Große Sympathien, ja. Auch Respekt. Ich mochte ihn sehr. Aber in unseren philosophischen Ansichten standen wir denkbar weit auseinander. Ich konnte keine Politik unterstützen, die die Lösung unserer Probleme darin sah, den weißen Mann umzubringen.

59 Können Sie hier noch einmal die wundervolle Szene erzählen, wie Sie im Jahr 1952 in einen für Weiße reservierten Swimmingpool in einem Hotel in Las Vegas hineingesprungen sind?

Ich bin, lange schon bevor mein Erfolg mir gewisse Freiheiten bescherte, immer ein stolzer Mann gewesen – ich hatte Freude an kleinen Provokationen und Vergeltungsschlägen gegen den Stumpfsinn des weißen Establishments. Wenn ich das Gesetz als ungerecht erkannt hatte, und das geschah täglich, dann wollte ich dieses Gesetz übertreten: Notfalls würde ich ins Gefängnis gehen. Die Idee war: Wenn du für deine Überzeugungen ins Gefängnis gehst, dann demonstrierst du gegen die Ungerechtigkeit, dann ist das Teil deines politischen Kampfes. Man hatte uns im schwarzen Teil der Stadt in einer miesen Kaschemme untergebracht, die Show sollte im *Thunderbird* auf dem Strip stattfinden. Der Pool kam mir wie eine perfekte Bühne für eine politische Demonstration vor. Die weißen Gäste staunten nicht schlecht, als sie sahen, dass sich das Wasser, in dem dieser schwarze Sänger schwamm, nicht dunkel färbte. Nach meinem Kopfsprung war der Pool für Weiße und für Schwarze geöffnet.

60 Die Heirat mit einem weißen, jüdischen Mädchen, war das für Sie auch ein politischer Protest?

Der Grund für die Beziehung zu meiner zweiten Frau Julie war Liebe. Die Reaktionen, die diese Heirat in der

Öffentlichkeit auslöste, waren allerdings hochpolitisch.

61 War Hollywood in den Fünfzigerjahren rassistischer als das Musikgeschäft?

Ja. Ganz einfach deshalb, weil das Kino noch mehr Geld umsetzt und noch tiefer in das Bewusstsein der Menschen eindringt. Hollywood war die stärkste und einflussreichste Kunstindustrie der Welt, das ist sie bis heute: Sie kann das Bewusstsein der Menschen innerhalb weniger Sekunden mit ein paar wenigen Bildern auf den Kopf stellen. Ganz gleich, ob Komödie, Thriller oder Drama, jede Geschichte, die damals in Hollywood erzählt wurde, zeichnete den schwarzen Mann als unterlegene, als minderwertige Figur. Mit jedem neuen Film bestärkte Hollywood das amerikanische Publikum in seinem Glauben und seinem Selbstverständnis, dass der schwarze Mann als menschliches Wesen nicht vollkommen und nicht ernst zu nehmen war.

62 Richtig, dass Mr. Bojangles, der für das weiße Publikum tanzende Schwarze aus dem Song von Sammy Davis Jr., zeitlebens ein größerer Gegner war als der Kommunistenjäger McCarthy oder der berüchtigte FBI-Chef J. Edgar Hoover?

Nein. Ich war es doch, der Sammy Davis Jr. vorgeschlagen hatte, diesen Song zu interpretieren! *Mr. Bojangles* war kein Ausdruck des Teufels und der Rassendiskriminierung, im Gegenteil: Er stand für die Freude des Tanzens, die universelle Freude, die Menschen durch Musik zuteilwerden kann. Was die Gesellschaft tat, ist, diese Figur zu einem Sklaven, einem Clown und Opfer der Gesellschaft zu stilisieren. Als der Stepptänzer Bill Robinson in den Varietés der Dreißigerjahren und später in Filmen mit der jungen Shirley Temple die Figur des Bojangles darstellte, wurde er zur Personifizierung dieses Klischees. Uns, der später geborenen Generation schwarzer Künstler, war es eine moralische Verpflichtung, die Sache des schwarzen Mannes auch politisch zu vertreten.

Das sind alles profunde, unterhaltsame Antworten. Aber komisch, wir brauchen jetzt mehr Zunder. Mal hö-

ren, was Belafonte zu den folgenden, echt prekären Fragen sagt.

63 Lassen Sie uns Klischees über Schwarze miteinander durchgehen, die bis heute in den Köpfen vieler Menschen sind, und Sie nennen mir Ihre spontane Einschätzung. Sind Schwarze die besseren Tänzer?
Ja. Vielleicht nicht im klassischen Ballett.
64 Sind Schwarze bessere Musiker?
Nein. Wenn Sie bei Musik an Bach, Mozart und Beethoven denken, wie könnten Schwarze da besser sein?
65 Können Schwarze besser Reden halten als Weiße?
Das ist Blödsinn.
66 Haben Schwarze besseren Sex als Weiße?

Oh! Pause. Hier zögert er. Das Wort »Sex« ist keins, das man in Gegenwart des Gentlemans Belafonte ohne Folgen ausspricht. Anspannung. Mr. Belafontes Augen werden schmal. Es ist das Gesicht eines analytisch denkenden, psychologisch versierten, in der Konversation mit allen Wassern gewaschenen Mannes. Die großen Hände ruhen unverändert auf dem Tisch. Hat er so John F. Kennedy angeguckt, als der Präsident ihn 1960 darum bat, ihm bei der Rekrutierung schwarzer Wählerstimmen im Süden zu helfen? Mildes, spöttisches Lächeln des Rhetorikkönigs Harry Belafonte.

Da ich niemals Sex in Gestalt eines weißen Mannes hatte, kann ich diese Frage schwerlich beurteilen. Aber, lassen Sie mich bei Ihrer Frage, die Sie in einer frivolen und saloppen Art und Weise formulieren, doch noch einen Moment lang bleiben und sie ernst nehmen. Wenn Sie fragen, ob es beim schwarzen Mann ein Gefühl der sexuellen Überlegenheit und, wichtiger, beim weißen Mann ein Gefühl der sexuellen Unterlegenheit gibt, dann antworte ich: Dieser Punkt ist der alles entscheidende für die Analyse der fortdauernden Präsenz von Rassismus auf der ganzen Welt. Nicht nur in der Hinsicht, in der Sigmund Freud Sexualität als Triebfeder aller menschlichen Energien und Ängste gedeutet hat; sondern im konkreten sozialen Sinn. Die große Angst des weißen Mannes liegt in seiner sexuellen Unterlegenheit gegenüber dem schwarzen Mann. Diese Angst scheint unausrottbar. Sie besteht in der Annahme, dass der schwarze Mann die weiße Frau verführen oder vergewaltigen möchte, und sie liefert, in der Folge, die Begründung und Triebfeder dafür, dass der schwarze Mann kastriert und gelyncht werden darf und muss. Wie war es früher? Du durftest eine weiße Frau nicht einmal angucken, ohne gelyncht zu werden.

Erneutes Wegrücken von Mr. Belafonte – um ihm so erneut näherzukommen: Wir stellen dem König Harry Belafonte nun die acht größten, die schwersten Fragen der Welt. Fragen, so groß wie Wolkenkratzer. Er kann das. Er kriegt auch diese Fragen klein.

67 Ist es wahr, dass Kinder in den USA an Hunger leiden?
Ja, es ist wahr: Im Süden der USA sterben Kinder an Unterernährung. An Hunger sterben bedeutet nicht automatisch, dass der Körper an einem Mangel an Lebensmitteln ein-

geht. Mangelernährung bedeutet falsche, unbeständige Ernährung, und bei dieser notdürftigen Ernährung wird der Körper geschwächt und damit anfällig für Infektionen und Krankheiten.

68 Wie sollen wir die Armut in der Welt besiegen?
Der zentrale Begriff lautet Gerechtigkeit. Der Kampf gegen die Armut ist der Kampf für mehr Gerechtigkeit: Die Armut auf der Welt schwindet in dem Maße, in dem die Gerechtigkeit in die Welt einzieht. Schauen Sie nach Europa, nach Südamerika. Und schauen Sie, als negatives Beispiel, in viele afrikanische Staaten. Totalitäre Systeme verhindern, dass Menschen zu ihrem Recht auf ein selbstbestimmtes Leben kommen. Meine Botschaft lautet: Gerechtigkeit ist größer als das Gesetz. Das Gesetz regelt lediglich, wie viel Gerechtigkeit sich ein Land zumutet. Die meisten Religionen basieren auf Vorstellungen von Gerechtigkeit, von denen die Gesetze sich ableiten. Gerechtigkeit ist wirklich eine universale moralische Kraft.
69 Haben Sie Sympathien für die Occupy-Wall-Street-Bewegung?

Große Sympathien. Ich bin fast zwangsläufig auf der Seite der Leute, die auf die Straße gehen und ein Unbehagen formulieren. Sei dieses Unbehagen auch noch so konfus.

70 Wie sollen wir den Kapitalismus reformieren?

Bei jeder Debatte über dieses große Thema lautet meine Frage an die Wirtschaftsfachleute: Wie wollt ihr euer System von Angebot und Nachfrage aufrechterhalten, wenn ihr euch nicht um die Leute kümmert, die am Ende die Produkte kaufen sollen? Wir brauchen ein System, das die niedrigen Einkommen an den Gewinnen der globalen Finanzspekulation beteiligt. Ein System ist immer nur so stark wie die Armen, die daran teilnehmen. Wenn Sie mich deshalb einen Sozialisten nennen wollen, bitte. In Wahrheit bin ich nur ein denkender und mitfühlender Mensch.

71 Soll Amerika den Iran angreifen?

Ich bin vollkommen unbeirrbar und entschieden gegen Gewalt und gegen Krieg. Die konstante Rückkehr zu den Mitteln des Krieges wird nur das hervorbringen, was die Philosophen, an die ich glaube, immer wieder beschrieben haben: neue Gewalt, neue Kriege. Das Prinzip »Auge um Auge, Zahn um Zahn« hinterlässt dich blind und zahnlos. Krieg ist keine Lösung.

72 Was sollte Barack Obama als Nächstes tun?

Er sollte Gesetze erlassen, die das System der Armut in den USA dauerhaft durchbrechen: Erziehung in Amerika sollte umsonst sein. Arzneimittel in Amerika sollten für alle umsonst sein. Und: Er sollte jetzt loslegen. Diese zwei simplen Maßnahmen würden die ökonomische Landschaft in Amerika für immer verändern.

73 Nach sechzig Jahren als politischer Aktivist glauben Sie noch an die Kraft der Straße?

Ich glaube an keine andere Macht. Alle Macht der Welt liegt auf der Straße.

74 Wenn Sie im Jahr 2012 einen radikalen Gedanken formulieren müssten, wie würde der lauten?

Dieser Gedanke müsste sich natürlich mit dem Zustand des Kapitalismus befassen. Der Kapitalismus ist mittlerweile die dominierende Kraft in den zwei am schnellsten wachsenden

201

Volkswirtschaften, in China und Indien. Das Rezept unserer Märkte aber lautet: Wir brauchen billige Märkte, die wir ausbeuten können. Das bedeutet: Unser System ist darauf angelegt, dass es Reich und Arm gibt. Hier müssen wir umdenken: Wir müssen nicht arme, sondern produktive Märkte aufbauen.

75 Seit »We Are the World« und »Live Aid« sind 27 Jahre vergangen, wie beurteilen Sie den Erfolg dieser beiden Kampagnen?

Als das, was sie waren: überwältigende Erfolge. Diese Kampagnen haben den Zweck, für den sie angetreten sind, erfüllt: akute Not lindern; dauerhafte Strukturen gegen den Hunger auf der Welt aufbauen; ein Bewusstsein für die Probleme der Dritten Welt schärfen. Wir sollten in Zukunft wieder mehr dieser Kampagnen haben.

Irre, aber nun ist der Fragensteller gerührt. Erschöpfung: Es ist eine gute Erschöpfung. Mr. Belafontes klare Worte, die mächtigen Geschichten, die zarte, flüsternde Stimme, sein kluges und gütiges Gesicht haben ihre Wir-

kung getan. Es ist auch anstrengend, ein ganzes Jahrhundert aus seinem Leben erzählen zu hören. Nun wird es Zeit für die sogenannten Gefühle. Auf den Punkt: Der Interviewer möchte den König noch einmal singen, er möchte diese raue, flüsternde Stimme noch einmal abheben hören.

76 Sind Sie der König der Welt?

Das bin ich nicht. Und der will ich auch gar nicht sein.

77 Wie verteidigen Sie sich gegen das vielleicht hinterhältige Gerücht, dass Sie ein Heiliger sind?

Schönheit liegt in den Augen des Betrachters. Ich bin kein Heiliger.

78 Haben Sie immer noch Groupies?

Was glauben Sie?

79 Sehen Sie einen Nachfolger für Harry Belafonte?

Tausende.

80 Mit 85 Jahren: Sind Sie einverstanden, dass Sie der am besten aussehende Harry Belafonte sind, den es jemals gab?

Ich habe früh erfahren, dass Charisma und Aussehen – vor allem in der Unterhaltungsindustrie – eine große

Rolle spielen. Unsere westliche Kultur betet Schönheit an. Mein gutes Aussehen abzustreiten wäre Zeitverschwendung und Ausdruck von Unernsthaftigkeit. Gott, ja. Ich war ein gut aussehender Mann.

81 Wie geht es Ihren Stimmbändern?

Sie haben ihren Geist aufgegeben.

82 Wie geht es Ihrem rechten Auge?

Es ist blind.

83 Wie geht es Ihrer Schwäche für Blackjack und das Glücksspiel?

Alles im Griff.

84 Wie geht es Ihrem Armutstrauma?

Sehr gut. Es ist ein Grund, warum ich hier sitze und arbeite: Ich kümmere mich um ungelernte Hilfskräfte, die Arbeiter, die die unterste Arbeit annehmen müssen, um zu überleben. Wir veranstalten Lesungen, Vorträge, Symposien. Wir sehen zu, dass wir die jungen Leute von der Straße kriegen. Wir unterrichten Gewaltfreiheit, sozialen Zusammenhalt, soziales Engagement. Aus unseren Vorträgen haben sich viele Mitglieder der Occupy-Wall-Street-Bewegung rekrutiert.

85 In fünfzig Jahren Psychotherapie mit Dr. Peter Neubauer, welches war der wertvollste Gedanke, den Sie aus seinen Sitzungen mitnehmen konnten?

Der Mensch ist zu allem imstande. Zu allem Guten, allem Schlechten.

86 Wann sind Sie zuletzt in einer Fernsehtalkshow eingeschlafen?

Gerade gestern Abend. Sie fragen, wann ich zuletzt als Gast einer Fernsehtalkshow eingeschlafen bin? Schon viele Male. Es ist ein alter Trick von mir, mich schlafend zu stellen, wenn die Fragen mich langweilen.

87 War es ein fröhliches oder ein ernstes Leben?

Ein sehr, sehr ernstes Leben.

88 Wie sieht der liebe Gott aus?

Du wirst ihn treffen, wenn du auf die Straße gehst und dich ein wenig umschaust. Sprich mit den Menschen. Augen auf!

89 Vater, Sohn oder Heiliger Geist, wen mögen Sie am liebsten?

Keinen der drei. Denn sie entstammen der Religion. Ich widersetze mich der Religion. Ich möchte mich nicht der Debatte verschließen, ob es einen Gott gibt oder nicht, schon gar nicht dem wissenschaftlichen Ansatz: Es muss eine Antwort geben. Ich glaube an die Existenz einer moralischen Kraft. Diese Kraft hilft uns zu begreifen, was gut und was des Teufels ist. Ich persönlich bin zu dem Schluss gekommen, dass es keinen Anfang gibt. Alles war immer. Und alles wird immer sein.

90 Kann ein Mensch allein die ganze Welt retten?

Ein Mensch kann dazu beitragen. Aber er kann es nicht ganz allein tun. Jesus Christus, Gandhi und Dr. King, sie alle haben sich durchgesetzt, weil sie die Gemeinschaft der fühlenden und denkenden Menschen auf ihre Seite gebracht haben.

91 Was singen Sie, wenn Sie in Ihrem Badezimmer singen?

Wenn ich singe, dann in das Ohr meiner Frau.

92 Sind Sie ein Tänzer?

Wenn ich bei meiner Frau bin, sie sitzt am Computer oder liest, und das Radio spielt ein altes Lied, dann sage ich: Komm, Baby. Schenke mir diesen Tanz. Und wir stehen auf und tanzen, und ich singe zu der Musik aus dem Radio.

Lächelnder, über das ganze Gesicht strahlender Mr. Belafonte. Komplett gerührter, von der Wucht dieser Worte praktisch ausgeschalteter Interviewer. O Gott.

93 Kann es eine wichtigere Sache im Leben eines Gentlemans geben als blitzblank geputzte Schuhe?

Geputzte Schuhe sind ein Anfang.

94 Was machen Ihre Pläne, sich als Alterssitz eine eigene Insel zuzulegen?

Erledigt. Eine Schnapsidee.

95 Wie geht es Ihrem alten Freund Udo Lindenberg?

Zuletzt hat er mich eingeladen, das Filmfestival in Berlin mit ihm zu besuchen. Ich liebe Udo. Er ist verrückt.

96 Irgendwelche Informationen über den akuten Gesundheitszustand Ihres alten Freundes Fidel Castro?

Natürlich. Ich habe ihn gerade erst wieder besucht: im Oktober. In seinem Haus auf Kuba. Ich besuche ihn regelmäßig dort. Es geht ihm ordentlich. Er ist ja nur ein Jahr älter als ich. Die üblichen lebhaften Debatten über den Zustand der Welt. Und jedes Mal, wenn ich ihn treffe, hat er zahlreiche Gäste. Die Führer dieser Welt. Gabriel García Márquez. Auch hohe Gäste aus Deutschland.

97 Was ist die Geschichte des Stuhls, auf dem Sie sitzen?

Ein Geschenk aus einem Dorf in Afrika.

98 Eine heftige Frage: Wenn Sie sich einen Song aussuchen könnten, den Menschen auf Ihrer Beerdigung singen sollen, welcher Song wäre das?

Try to remember. Der Song aus dem alten Broadway-Musical *The Fantasticks.*

Mr. Belafonte singt. Das 20. Jahrhundert, das ganze Leben dieses unsterblichen Künstlers hebt ab und fliegt. Er singt diesen alten Song, den er gleich mehrmals aufgenommen hat, mit kleiner, brüchiger Stimme, einem toten rechten und einem blitzenden linken Auge: »Try to remember the kind of September / When life was slow and oh, so mellow / Try to remember the kind of September / When grass was green and grain so yellow ...« Ist das lächerlich, wenn der Interviewer berichtet, dass ihm im Angesicht des »Try to remember« singenden Harry Belafonte die Tränen in die Augen stiegen? Vielleicht ein bisschen. Mr. Belafonte betrachtet die Wirkung seines Songs. Sein berühmtes Lächeln. Und dann zwinkert sein rechtes Auge.

Einer meiner erfolgreichsten Songs in Deutschland. Einer meiner erfolgreichsten Songs auf der ganzen Welt.

99 Ausgeschlossen, dass Sie bei der Eröffnung des Freedom Tower in Manhattan vor einer Milliarde Fernsehzuschauer Ihr berühmtes »Day-o« anstimmen werden?

Das ist ausgeschlossen. Leider. Aber wenn man mich bittet, ein Grußwort zu sprechen, ich werde da sein. Ich werde es selbstverständlich tun.

7. März 2012

205

»Brenners Park-Hotel« in Baden-Baden, vielleicht doch das schönste Hotel in Deutschland. Er ist hier, um eine Woche lang nichts zu tun und es sich gut gehen zu lassen. Im Museum Ludwig in Köln eröffnet jetzt die Bilderschau »A Bigger Picture«. David Hockney, ein Großmeister der Malerei. Gehört er zu den drei oder fünf bedeutendsten Künstlern auf Erden? In den Sechzigerjahren wandte er sich, gegen die Strömung der Zeit, der gegenständlichen Malerei zu, zog von England nach Los Angeles, galt bald als Vertreter der Pop-Art. Hockney gibt selten Interviews – und wenn doch, dann sind diese Interviews Sternstunden, in denen er eine tolle Verspieltheit, Ironie und Tiefsinn zeigt und die unverschämt gute Laune, die viele seiner Bilder auszeichnet. Von der Kunstkritik wurde Hockney vor Jahrzehnten in den Kanon der Großen aufgenommen, und doch haftet seiner Kunst bis heute ein Makel des zu Leichten, Gefälligen, Unernsten an: Seine Bilder sind schlicht zu schön. Ein Kritiker nannte Hockney einst den »Cliff Richard der Malerei«. In Suite No. 212 sitzt der Meister an seinem Schreibtisch. Er trägt: grauen Doppelreiher, ein blau-gelb-rot-weißes Hawaiihemd, zweifarbige Schuhe. Seine feinen, manikürten Hände fallen auf. Auf dem Schreibtisch liegen Zigaretten der Marken Camel und Magnum Classic Davidoff, zwei iPads, eines in grüner, eines in roter Lederhülle. Hockney bittet den Besucher, einen Sessel zu ihm heranzuziehen – der Interviewer wird während des einstündigen Gesprächs eine Kopfhöhe unter dem plaudernden Kopf des Künstlers sitzen und ihm das Aufnahmegerät entgegenstrecken. Hockney ist schwerhörig, an der Grenze zur Taubheit, die Fragen müssen in Brülllautstärke gestellt werden. Hinter dem Schreibtisch steht die Balkontür auf, der Vorhang bewegt sich im Wind, draußen geht ein Sturzregen in die Lichtentaler Allee hinab. Ein verschmitzt lächelnder Hockney, er klappt mit der rechten Hand sein rechtes Ohr nach vorne.

1 Tee oder Kaffee?
Kein Koffein. Auch keinen Alkohol. Nun schon seit 15 Jahren.
2 Pfeife oder Zigarette?
Beides.
3 Pink oder Lila?
Lila.
4 Blau oder Hellblau?
Blau.
5 Morgen- oder Abendlicht?
Morgenlicht. In Kalifornien liebe ich das Licht um fünf oder sechs Uhr früh. Ich könnte verrückt werden über diesem wunderbaren Licht. Verstehen Sie? Ich bin Maler!

Da! Ein erster Beweis seiner Originalität und Geistesgegenwart. »Ich bin Maler!« Toll.

6 William Turner oder Paul Cézanne?
Cézanne.
7 Richard Wagner oder die Pet Shop Boys?
Wagner.
8 Kraulen oder brustschwimmen?
Brust. Ich schwimme jeden Morgen. Schwimmen ist mein Sport.

Der Fragensteller brüllt, Hockney antwortet leise. Sein vornehmer englischer Akzent. Vielleicht muss man doch nicht so laut brüllen. Er hält immer noch sein Ohr nach vorne gedrückt. Er hat Spaß an dieser Sache, aber es muss jetzt, für seinen Geschmack, doch noch ein bisschen mehr kommen: Geist? Tiefsinn? Ironie? Bitte etwas in der Richtung! Hockneys Augen hinter den Brillengläsern blitzen.

9 Wie geht's den Ohren?
Schlecht. Wirklich sehr schlecht. Ich verliere mein Gehör. Ich kann kaum noch Musik hören, und es geht rapide abwärts in diesen Tagen. Ich muss davon ausgehen, dass ich bald vollständig taub bin.
10 Wie geht's den Augen?
Sehr gut. Ich sehe alles, manchmal mehr, als mir lieb ist.
11 Richtig, dass Sie auch deshalb meistens Hut tragen, weil Ihr Augenlicht so sensibel ist?
Ich trage immer Hut, und richtig, es ist kein Mode-Statement. Ich bin sehr lichtsensibel. In Kalifornien würde ich ohne Hut niemals vor die Tür treten.

12 Im Rückblick auf die letzten 25 Jahre: Macht Älterwerden Spaß?
Geht so. Echt: geht so. Ich habe mein ganzes Leben immer gerne gelacht, insofern ... Ein befreundeter Arzt hat mir das Lachen empfohlen. Er sagt: Ein Körper, der lacht, kann, während er lacht, keine Angst empfinden. Ein Moment der Erholung.

13 Mit 75, tragen Sie immer noch gerne verschiedenfarbige Socken?
Socken sind mir gleich.

14 Richtig, dass die Theorie des Passivrauchens Unsinn ist?
Absoluter Nonsens, ja.

15 Haben Sie in 75 Jahren etwas Besseres kennengelernt als die nächste Zigarette?

Er freut sich sehr. Greift nach der Davidoff-Packung. Die nächste Zigarette: immer ein guter Gag. Enorm blitzende, frische, lächelnde, nach dem nächsten Gag suchende Augen hinter den Hockney-Brillengläsern.

Ich habe das Rauchen nur ein Mal – vor 20 Jahren für drei Wochen – aufgegeben. Mein Assistent war sehr erleichtert, als ich mit dieser Phase wieder abgeschlossen hatte. Er sagte, es seien die drei anstrengendsten Wochen gewesen, die er je mit mir erlebt hat.

16 In zwei Wörtern, was ist das Beste an Los Angeles?
Die Natur!

17 Echt wahr, dass es in Kalifornien niemals regnet?
Das ist nicht wahr. Es regnet in den Regenzeiten, im Dezember, Januar, Februar. Der Regen fällt sehr gerade vom Himmel herunter, weil es in Kalifornien kaum Wind gibt, es regnet wirklich wie in dem Musical *Singin' in the Rain*. Der Regen fällt in Kalifornien wie an Fäden gezogen, während er in England eher schräg einfällt.

18 Wie beschreiben Sie das Blau des kalifornischen Himmels?
Als himmelblau.

19 Ihr Lieblingssong von den Beach Boys ?
Habe ich vergessen. Ich bin in der Popmusik keine große Autorität.

20 Im Jahr 1964, an welchem Strand gab es die bestaussehenden Surfer-Boys?
Laguna Beach. Aber diese Jungs se-

hen eigentlich an allen Stränden sehr attraktiv aus.

21 Können Sie ein Burger-Restaurant in Los Angeles empfehlen?

Fat Burger. Ich habe die Restaurants lange vor dem Rauchverbot aufgegeben. Wegen des Lärms. Lärm ist mein Gesundheitsproblem. Wenn Sie taub sind, dann mögen Sie keine Restaurants. Ich esse fast nur zu Hause.

22 Die schönste Autostrecke durch Los Angeles?

Vor 25 Jahren habe ich für einen Film eine Choreografie inszeniert: Der Highway 2 von Pasadena durch die Berge, die Musik war Wagners *Parsifal* und die *Dritte Sinfonie* von Schumann. Ich habe Freunde mit auf diese Fahrt genommen: Sogar Kinder waren von der Musik fasziniert. Kürzlich habe ich Kasper König aus Köln auf diese Tour mitgenommen, und wir hatten drei Kameras auf der Rückbank installiert.

23 Mit welchen Worten beschreiben Sie Ihre Heimatlandschaft Yorkshire?

Es gibt Berge, Moore, Felder. Es ist abwechslungsreich für eine englische Grafschaft.

24 Zwei Gründe, warum Sie Ihr Alter nach 40 Jahren Kalifornien doch wieder lieber in England verbringen?

Moment, ich habe mein Zuhause in Los Angeles – anders, als berichtet wird – nie aufgegeben. Mein Haus liegt oben am Berg, am Nicholas Canyon, ich schau auf das San Fernando Valley und die Universal Studios, seit 30 Jahren lebe ich nun dort. Mein Archiv ist in Los Angeles, all meine Bilder lagern dort.

25 Richtig, dass Sie nach 40 Jahren Amerika immer noch einen leichten Yorkshire-Akzent sprechen?

Möglich. Ich höre mich ja kaum noch sprechen. Ich bin Sprecher, kein Zuhörer.

Zigarettchen. Der Künstler ist für seinen Privatkrieg gegen das Rauchverbot bekannt, er lässt es sich von niemandem verbieten, kann stundenlang über die Freiheit des sich die nächste Zigarette anzündenden, nur seinem eigenen Willen unterworfenen Weltbürgers philosophieren. Wir gehen auf ein klassisches Hockney-Thema: Swimmingpools.

26 Das Haus mit dem schönsten Pool, das Sie in L. A. jemals gesehen haben?

Der beste Ort in L. A. ist immer der Ort, an dem Sie wohnen.

27 Ihre beste Poolparty?

Ein paar Partys bei mir zu Hause waren gut.

28 Wie sieht Mr. Hockneys Pool aus?

Es gab ihn schon, als ich das Haus gekauft habe. Ich habe in diesem Sommer die Kacheln angemalt: nichts Besonderes, ein paar Wellen, Wasserspritzer. Es wird nicht lange halten, die kalifornische Sonne ist sehr stark.

29 Liegen Sie an Pools lieber auf Marmorsteinen oder auf grünem Rasen?

Ich bin zu alt, um an einem Pool zu liegen. Ich schwimme nur noch.

30 Wie geht es Peter und Nick von Ihrem Gemälde »Peter Getting Out of Nick's Pool« aus dem Jahr 1966?

Peter lebt in New York, Nick starb vor 20 Jahren, 50-jährig. Ja, er starb an Aids.

31 Fällt Ihnen ein Gemälde aus dem 16. oder 17. Jahrhundert ein, das badende Menschen zeigt?

Natürlich, einige. Denken Sie an Cranachs *Jungbrunnen*, das in der Berliner Gemäldegalerie hängt: wundervolles Bild. Alte Weiber betreten den Brunnen und verlassen ihn am rechten Beckenrand als Jungfrauen.

32 Kann es etwas Schöneres auf der Welt geben als einen entspannten 21-Jährigen, der neben einem Pool steht?

O ja. Zwei junge Männer an einem Pool.

Genüsslich an der Zigarette ziehender Hockney – mit Zufriedenheit registriert er den Lachanfall des Besuchers. O ja, diejenigen, die gerne Witze machen, wollen ihre Zuhörer natürlich auch lachen sehen! Punkt für den Entertainer David Hockney.

33 Ihr berühmtestes Gemälde aus dem Jahr 1967 – es zeigt einen Wasserspritzer in einem Pool vor einer Bungalowfassade: Warum heißt das Bild »A Bigger Splash«, nicht »A Big Splash«?

Dasselbe Motiv gibt es auf mehreren Bildern. Eine Fassung heißt *A Smaller Splash*, weil das Format kleiner ist.

Das größte Format desselben Motivs heißt eben *A Bigger Splash*.

34 Welche Bedeutung hat es, dass das Sprungbrett in »A Bigger Splash« gelb ist?

Sprungbretter sind im Allgemeinen gelb. Oder gelblich.

35 Warum stehen zwei Palmen rechts neben dem Haus, nicht drei Palmen?

Sie haben die Palmen übersehen, die sich in den Fensterscheiben spiegeln.

36 Der Stuhl, der links im Bild vor der Hausfassade steht, ist das ein besonderer Designerstuhl?

Glaube kaum.

37 Welche Uhrzeit hat das Gemälde? Konkret: Zu welcher Tageszeit spritzt das Wasser auf »A Bigger Splash« hoch?

Lassen Sie mich rasch 45 Jahre in der Erinnerung überwinden: Es gibt kurze Schatten unter dem Dachvorsprung. Ich würde sagen: zwölf Uhr mittags.

38 Echt wahr, dass Sie das Bild an einem Tag gemalt haben?

Nein. Allein für den Wasserspritzer brauchte ich zwei Wochen.

Die Bildbetrachtung hat ihm Spaß, aber keinen übertrieben großen Spaß gemacht. Der Oberkörper im Anzug lehnt sich beim Zigarettenanstecken nach hinten, die Augen stellen sich schmal. Gelingt es uns, diesen hellen Geist über 99 Fragen hinweg mitzunehmen? Lektion Hockney: Ein Gag an sich ist nichts. Es muss ein Gag sein, in dem der helle, schnelle, ungeduldige Geist drinsteckt!

39 Hat es für Ihre Kunst eine Bedeutung, dass Sie als Brite, nicht als Amerikaner geboren wurden?

Ich bin halt Brite. Wir Briten sollen doch diesen besonderen Humor haben.

40 Kann man sich aussuchen, ob man Amerikaner oder Brite ist?

Man bleibt Brite, ein Leben lang. Aber man kann als Brite ganz wundervoll in Kalifornien leben. Ich tue es!

41 Die große Frage: Ist es ein Riesenmissverständnis, dass man Sie als Pop-Art bezeichnet hat und noch bezeichnet?

Pop war doch wunderbar. Aber ich

muss sagen, dass mich dieser Begriff nie sehr interessiert hat. Pop ist mir egal.

42 War Pop-Art schlechte Kunst?

Nein, Pop war ganz wunderbare Kunst! Sehr erfrischend, sehr befreiend.

43 Ihre berühmten wasserstoffblond gefärbten Haare, die Sie im Kontrast zu schwarzen Brillengestellen trugen: Haben Sie diese Haarfarbe erfunden?

Ich habe diese Farbe 30 oder 40 Jahre lang getragen. 1961 hatte ich im Fernsehen eine Werbung gesehen mit der Botschaft: »Blondes have more fun«.

44 Welches waren die klügsten Worte, die Sie je aus dem Mund von Andy Warhol gehört haben?

Andy sagte gerne: Art, das ist eine Abkürzung von Arthur.

45 Hat sich Andy das Wasserstoffblond seiner Haare bei Ihnen abgeschaut?

Glaube nicht. Er war einfach zur selben Zeit dran wie ich.

46 Auf einem Schwarz-Weiß-Foto von 1963 sind Sie mit Andy Warhol und den Kunsthändlern Henry Geldzahler und Jeff Goldman in Manhattan abgebildet. Erklären Sie uns dieses Foto!

Das Foto hat Dennis Hopper aufgenommen. Ich habe Dennis in Andys Studio kennengelernt. Er kam mit seiner Ehefrau und mit Henry Geldzahler, um eine *Mona Lisa* von Andy zu kaufen. Als Dennis sich verabschiedete, sind Andy und ich ins Kino in der 42nd Street gegangen, um uns *Night Tide* von Curtis Harrington, den neuen Film mit Dennis Hopper, anzuschauen.

47 Bei einigen Sechziger-Jahre-Helden wie Bob Dylan scheint es derzeit schick zu sein, die wilden Sechziger im Rückblick als langweilig, als reaktionär zu bezeichnen. Stimmen Sie zu?

Ich war in den Sechzigern in Kalifornien, nicht in Swinging London. Mir würde etwas anderes zu den Sechzigern einfallen als langweilig: Die Sechzigerjahre waren das letzte Jahrzehnt, das keine Revivals kannte. Sie hätten damals niemals 20 Jahre alte Musik gespielt. Es war alles neu. Alles frisch. Alles aufregend. Es war ein tolles Jahrzehnt.

48 Als junger Künstler, was war für Sie damals wichtiger, Pop oder die klassische französische Moderne?
Die klassische französische Moderne. Die französische Moderne ist Pop, da kommt doch alles her. Lichtenstein ist von Fernand Léger beeinflusst.

49 Über die Jahrzehnte, wie hat sich Ihr Blick auf Matisse und Cézanne verändert?
Er hat sich nicht verändert. Ich fühle mich noch immer jung, wenn ich diese Bilder anschaue. Man kann eigentlich nicht sterben, solange man diese Bilder betrachtet.

50 Und was war Ihnen wichtiger, die Renaissance oder die französische Moderne?
Alles ist wichtig, alles war einflussreich.

51 Francis Bacon, Lucien Freud, Frank Auerbach, Ronald Kitaj: Was hat die Mitglieder der sogenannten »School of London« miteinander verbunden?
Der Begriff »School of London« kam von R. B. Kitaj. Kunst hieß damals abstrakte Kunst, Abstraktion war das Gesetz. Kitaj sagte: Das sehe ich anders, es gibt kein Gesetz, ich male figurativ. Und ich pflichtete ihm bei.

52 Die figurative Kunst, die den menschlichen Körper möglichst plastisch darstellen wollte, war die um 1960 schlicht durchgedreht?
Glaube nicht. Die europäische Kunst brauchte Abstraktion, weil sie dem Blick der Fotokamera, dem Blick der Perspektive, entkommen musste. Die Chinesen brauchten keine Abstraktion, weil dort die Perspektive nie ein Thema war.

53 Habt ihr jungen Figurativen euch mit den deutschen Expressionisten, mit Georg Baselitz und Markus Lüpertz, verbunden gefühlt?
Die Deutschen hatten immer gute Maler, sie haben sie noch heute. Die Franzosen haben sich in den Sechzigern ganz auf ihre Philosophen konzentriert und so das Feld der Malerei der Fotografie überlassen. Uninteressant.

54 Als junger Mann, wussten Sie sofort, was Sie malen wollten?
Mich interessiert: die Abbildung der Welt. Die Frage, die mich beschäftigt, lautet: Wie sieht die Welt aus? Des-

halb bin ich auch so von der Fotografie fasziniert.

55 Können Sie die drei großen Themen benennen, die Ihr Werk bestimmen?

Nun, noch einmal: die Schilderung, die Abbildung der Welt. Mir ist sehr bewusst, dass die Fotografie in einer Sackgasse steckt – sie kann die Wildheit und Kompliziertheit der Welt nicht abbilden. Ich sehe sehr deutlich, dass wir uns in Schallgeschwindigkeit in eine ganz neue Welt bewegen. Mich begeistern die neuen technischen Möglichkeiten, mit denen sich die Welt abbilden lässt.

56 Von welchem maltechnischem Problem sind Sie derzeit fasziniert?

Mich interessiert gerade wieder mal: die Perspektive. In der Kunstgeschichte gilt es ja als ausgemacht, dass die Zentralperspektive auf eine Entdeckung des Frührenaissance-Architekten und Bildhauers Filippo Brunelleschi zurückgeht. Im Jahr 2000 reiste ich noch einmal nach Florenz, in den Dom *Santa Maria del Fiore*, um mir die berühmte Kuppel anzuschauen. Für einen Film für die »Royal Academy of Arts« haben wir die Kuppel mithilfe von Spiegeln und drei Kameras aufgenommen, um das Fließen der Perspektive abzubilden. Unendlich interessant.

57 Haben Sie jemals davon geträumt, ein Heldentenor zu sein?

Nein. Ich habe Musik immer gemocht, aber ich bin nicht sicher, ob meine Musikalität besonders ausgeprägt ist. Dabei habe ich eine ehrgeizige musikalische Ausbildung genossen, ich bin mit dem Hallé-Orchester aus Manchester aufgewachsen.

58 Was muss man wissen, um das Bühnenbild für Wagners »Tristan und Isolde« in Los Angeles zu entwerfen?

Ich bin mit dem Repertoire des 19. Jahrhunderts sehr vertraut. 1974 war ich zum ersten Mal in Bayreuth: Wolfgang Wagners *Ring*. 1978 habe ich den Chéreau-*Ring* gesehen. Meine Regel Nummer eins beim Bühnenbildentwerfen lautet: Die Bühne muss der Musik dienen, nicht andersherum.

59 Ihre Lösung für das Duett »O sink hernieder, Nacht der Liebe« im zweiten Aufzug des »Tristan«?

Wir haben eine Farbenexplosion inszeniert. Die Inszenierungen von Wieland Wagner müssen sehr farbig gewesen sein, wir kennen ja heute nur die Schwarz-Weiß-Fotografien.

60 Die Explosion der Farben auf Ihren Panoramabildern »Grand Canyon«, die Sie 1999 im »Centre Pompidou« ausstellten: Haben Kritiker recht, wenn sie diese Bilder als Rebellion gegen die Tragödie Ihrer Ertaubung deuten?

Man kann alles irgendwie interpretieren. Kritiker haben auch immer gerne die vielen leeren Stühle auf meinen Bildern hervorgehoben: angeblich ein Hinweis auf Vereinsamung. Ich habe keine Ahnung. Der Grand Canyon fasziniert mich, weil es dort keine Perspektive gibt. Der Betrachter muss viele Blicke werfen, das Ganze in den Blick nehmen.

Unterbrechung. Der Künstler klappt die rote Hülle des iPads auf, er möchte dem Besucher den Film, den er im Dom Santa Maria del Fiore gedreht hat, vorführen. Der Unterhalter Hockney hat also genug geplaudert, jetzt ist die Betrachtung seiner Kunst dran. Gar nicht einfach, ihn zur Fortset-

zung dieses Interviews zu überreden. Er spricht, während sein Zeigefinger über das iPad fährt.

61 Lassen Sie uns über Farben reden. Wie beschreiben Sie Ihr Verhältnis zu Farben?

Wir alle sehen Farben unterschiedlich, nicht wahr? Farben werden wesentlich subjektiver wahrgenommen als Formen. Wie heißt Matisses berühmter Ausspruch? Zwei Kilo Blau sind blauer als ein Kilo Blau. Sehr tiefsinnig.

62 Wenn das Gehör nachlässt, werden die Farben stärker?

Wenn das Gehör abnimmt, wird die Wahrnehmung des Raums deutlicher. Ich habe darüber nachgedacht, und ich verstand: Mein Körper schickt mir diese andere Wahrnehmung zur Orientierung. Ich höre nicht mehr, woher eine Bewegung kommt. Alle Geräusche sind flach für mich.

63 Ihre Lieblingsfarbe des Tages?

Ich mag das Grün meiner iPad-Lederhülle.

64 Ist Pink eine grausame Farbe?

216

Moment, es gibt Tausende, eine Million verschiedene Pink.

65 Kennen Sie eine wärmere Farbe als ein dunkles Lila?

Ein dunkles Rot.

66 Was kann Grün?

Auf großen Flächen ist Grün eine schwierige Farbe. Mondrian hat kein Grün benutzt. Turner mochte kein Grün.

67 Was ist das Problem mit Rot?

Kein Problem. In Balboa habe ich kürzlich ein großes Stahlgebäude besichtigt, das die Stadt aufwendig erhält. Die Oberfläche ist gerostet. Ein wundervolles Rot.

68 Warum ist der Himmel nachts schwarz?

Das ist die Frage nach dem Ursprung des Universums. Ich habe darauf keine Antwort.

Der Künstler führt nun Bilder vor, die er mit dem Finger auf dem iPad gemalt hat, wunderschöne Landschaftsbilder in Grün, Gelb, Pink, Orange. Haben wir ihn verloren? Verehrter Herr Hockney, kehren Sie doch wieder in dieses Interview zurück!

69 Wie ist Ihr Verhältnis zu Neo Rauch und den Malern der Leipziger Schule?

Noch einmal dieser Begriff: Diese Maler scheinen an der Abbildung der Welt interessiert zu sein. Genau wie ich.

70 Welches Werk der zeitgenössischen Kunst haben Sie sich zuletzt gekauft?

Ich bin kein großer Sammler.

71 Wovon hat Ihre Freundschaft zu Ihrem Kollegen Ronald Kitaj gehandelt?

Wir haben uns vor langer Zeit auf dem »Royal College of Art« kennengelernt. Er war immer viel wohlhabender als wir, er war der einzige Student mit einem Auto. Er war ein großer Leser. Er hat der figurativen Kunst die entscheidenden Impulse gegeben. Er glaubte an die Malerei. Ich habe ihm seine zweite Frau vorgestellt. Ich vermisse Kitaj. Er war ein wichtiger Freund.

72 Was ist das für ein Gefühl, sich auf einem Porträt von Ihrem Kollegen Ronald Kitaj selbst zu betrachten?

Er ist der einzige Künstler, für den ich

je Modell gesessen habe. Ich werde nach Berlin reisen, um mir dieses Bild noch einmal anzuschauen. Ich habe Kitaj auch einige Male gezeichnet.

73 Welche große Entwicklung sehen Sie in der gegenwärtigen Malerei?

So unendlich viele! Ich würde hier unbedingt den animierten Film dazunehmen. Zum Beispiel die *Simpsons*. Haben Sie die Abwesenheit von Schatten in den Simpsons bemerkt? Schatten gibt es in den *Simpsons* nur, wenn sie unbedingt nötig sind: zum Beispiel bei Autorücklichtern. Ich habe festgestellt: Außerhalb der europäischen Kunst gibt es kaum Schatten. Die Chinesen, Japaner, Perser, Inder? Keine Schatten.

74 Ein technischer Gegenstand, der Ihnen zuletzt Freude gemacht hat?

Das iPad.

75 Wie ist es möglich, mit iPhone und iPad Kunst zu machen?

Man kann ganz wundervoll darauf malen. Und man kann den Entstehungsprozess des Gemäldes als Film abspielen.

76 Müssen Sie heute darüber lachen, dass Sie in den Achtzigerjah-ren mit Faxgeräten experimentiert haben?

Ich muss über vieles lachen!

77 In groben Zügen: Wie umreißen Sie die Geschichte der technischen Erneuerungen der letzten 1000 Jahre?

Für 500 Jahre war die Kirche der bestimmende Lieferant von Bildern. Und sie hatte die soziale Kontrolle. Im 19. Jahrhundert ging der Kirche diese Kontrolle verloren. Im 20. Jahrhundert ging die soziale Kontrolle von Fotos und Filmen aus. Nun stehen wir am Anfang einer neuen Epoche: Jeder kann Bilder herstellen, verteilen und vermarkten. Ich verfolge diese Entwicklung mit großer Freude und Aufmerksamkeit.

78 Wie lautet Ihre Antwort auf den immer wieder gern gebrachten Ausspruch »Die Malerei ist tot«?

Ich möchte Ihnen eine Gegenfrage stellen: Wer sind die größten Filmstars der Dreißiger- und Vierzigerjahre des letzten Jahrhunderts? Mickey Mouse und Donald Duck. Und sie sind Produkte der Malerei. Kein Kind kennt heute noch James Cagney, Douglas Fairbanks jr. und Humphrey

Bogart. Aber sie alle kennen Donald Duck. Die Abgesänge auf die Malerei sind absolut gegenstandslos.

79 Als Maler, unterscheiden Sie zwischen der Oberfläche und dem Inhalt der Dinge?

Ich habe einmal geschrieben: Die Oberfläche ist eine Illusion. So wie die Tiefe.

80 Was ist das größte Missverständnis der Moderne?

1920 schlugen amerikanische Futurologen Alarm. Um 1960, so hatten neueste Berechnungen ergeben, würde die Welt so viele Telefonvermittler brauchen, dass die Menschen praktisch keinem anderen Beruf mehr nachgehen könnten. Die Berechnungen waren korrekt, sie hatten nur ein entscheidendes Detail übersehen: 1960 besaß jeder längst sein eigenes Telefon. Wie sagte einst Sam Goldwyn? Es ist sehr schwer, Vorhersagen zu treffen, besonders wenn sie die Zukunft betreffen.

81 Was hat es zu bedeuten, dass die Kunstkritik Ihnen einst den Titel des »Cole Porter der Malerei« verlieh?

Das ist okay.

82 Man hat Sie auch als »Cliff Richard der Malerei« bezeichnet. Auch okay?

Vollkommen okay, klar.

Ein schöner Moment. Hockney kichert, er kichert etwa zehn Sekunden lang. Es ist ihm so vollkommen gleich, wie man ihn nennt. Wenn ein Künstler jemals glaubhaft demonstriert hat, dass seine Kunst längst nicht mehr von den Titulierungen und Schlagworten der Kritik zu treffen ist, dann in diesem Moment. Nenne man ihn doch den »Cliff Richard der Malerei«! Cool. Neue Zigarette.

83 Der Self-Rating-Test. Schätzen Sie Ihr Talent nun bitte von null Punkten, restlos unbegabt, bis zu zehn Punkten, maximale Begabung, ein. Traditionalist.

Hier gebe ich mir eine 7,5.

84 Alter Meister.

7,5. Verzeihen Sie bitte. Alle guten Künstler sind arrogant.

85 Porträtmaler.

Ich male gute Porträts! Ich gebe mir hier erneut: 7,5. Picasso setze ich auf zehn.

86 Porträtmaler von Dackeln.
Da bleibe ich bei einer 7,5.

87 Hedonist.
Null Punkte. Kein Künstler kann Hedonist sein. Ich bin ein Arbeiter. Aber ich bewundere Hedonisten.

88 Amerikaner.
Hier gebe ich mir: 7,5 Punkte.

89 Aktivist für die Rechte Homosexueller.
Ich verteidige mich immer nur selbst, meine Rechte als Raucher werde ich bis zum bitteren Ende verteidigen. Aber ich spreche nicht für andere. Und ich möchte auch nicht, dass andere für mich sprechen.

90 Labour-Sympathisant.
Zwei Punkte. Im Herzen bin ich ein Anarchist. Ich glaube, ich habe in meinem Leben nur zwei Mal gewählt.

Er hat genug geplaudert. Mit freundlicher und unwidersprechbar bestimmter Geste lädt der Künstler dazu ein, sich mit ihm über sein iPad zu beugen. Er möchte die Kunst betrachten, von der wir hier die ganze Zeit reden, konkret: seine Kunst. Kunst angucken ist die natürliche Folge vom Über-Kunst-Reden: schön! Er führt

Filme vor, die im Museum Ludwig in Köln zu sehen sein werden.

91 Mögen Sie den Titel der Ausstellung »A Bigger Picture«, die jetzt im Museum Ludwig in Köln eröffnet?
Ich liebe diesen Titel. Ich habe ihn ausgesucht.

92 Was ist in der Ausstellung »A Bigger Picture« zu sehen?
Ich zeige 18 Filme à neun Minuten. Die 18 Filme ergeben zusammen ein Kunstwerk, einen Film. Die Bildschirme sind größer als Fernseher, viel größer. Eine Kamera hat ihre Grenzen, also benutze ich 18 Kameras. Die Musik ist *Stars and Stripes Forever* von John Philip Sousa, von meinem Assistenten auf dem Akkordeon gespielt. Sehen Sie? Gefällt es Ihnen? Das passiert, wenn Kunst ein besseres und größeres Bild zeigt: Der Betrachter entscheidet, wo er hinguckt. Er sieht das exakte Gegenteil von MTV.

93 Was für ein unfassbar cooles Hemd haben Sie denn da bitte an?
Wieso? Das ist ein ganz normales Hawaiihemd. Aus Seide. Ich habe es in

Los Angeles, auf der Melrose Avenue, gekauft. Ich dachte, es passt gut zu diesem Anzug.

94 Wie sieht eigentlich David Hockneys Regenmantel aus?

Er guckt. Schweigt. Legt die Zigarette in den Aschenbecher. Grinst. Das kann er gut! Dieser ulkige David Hockney! Er steht auf, führt den Besucher ins Nebenzimmer. Aus einem Schrankfach nimmt er eine beige karierte Stoffhülle, in der sein Regenmantel steckt.

89 Dollar, 1964 bei »Bloomingdale's« gekauft. Und es ist immer noch ein guter Mantel.

Super Mantel. Da stehen wir nun in »Brenners Park-Hotel« in Baden-Baden in David Hockneys begehbarem Kleiderschrank. Er hält das Paket seines schönen Regenmantels in den Händen, die Zigarette brennt nebenan. Hat das einen Spaß gemacht! Letzte Fragen an den Kunstgiganten David Hockney.

95 Können Sie einen guten Witz erzählen?

Gerne. Die Ehefrau zum Ehemann: Du schubst mich durch die Gegend und sprichst immer hinter meinem Rücken. Der Mann zu seiner Frau: Das liegt daran, dass du im Rollstuhl sitzt, Darling. O ja. Sehr, sehr lustig.

96 Ist es wahr, dass Sie immer ein Stück Zeichenkohle in der rechten Hosentasche tragen?

Absolut unwahr.

97 Gibt es einen Himmel für Dackel?

Ich fürchte, nein. Ich hatte einmal zwei Dackel, Stanley and Boogie. Für 15 und 18 lange Jahre waren sie meine besten Freunde.

98 Wenn Sie Gott malen müssten, was würden Sie da malen?

Meine Schwester erklärte mir einmal: Gott ist der Raum um uns herum.

99 Kann es etwas Schöneres geben als einen englischen Rasen, der im Morgenlicht unter einem Rasensprenger liegt?

O ja. So viel. Der menschliche Körper ist das Schönste.

31. Oktober 2012

Der Spiegelsaal von »Clärchens Ball-
haus« in der Auguststraße, Berlin:
Holz, Kronleuchter, blinde Spiegel. Es
ist die zweite Veranstaltung der 99
Fragen, die vor Publikum stattfindet:
Interviewer und Interviewter sitzen
auf einer Bühne, etwa 250 Zuhörer
haben Platz. Dem Kandidaten ist gesagt worden, dass er kurze Antworten
geben soll: »Wir wollen den Maschi-
nengewehr-Steinbrück sehen!« Ni-
ckender Kandidat, er zeigt zum ersten
Mal seine Zähne. Applaus im Publikum. Dem Kandidaten für das Amt
des Bundeskanzlers müsste es derzeit
sehr gut gehen: Seine Rede beim No-
minierungsparteitag der SPD war ein
voller Erfolg. Und so wirkt er auch:
gespannt, locker, konzentriert. Steinbrück, die Rakete, der Bullterrier, das
Nashorn: Man hat – natürlich – auch
ein bisschen Angst vor ihm. Selbst bei

223

Interviews mit den »tagesthemen« wirkt er so, als ob er jederzeit bereit wäre, eine Schlägerei anzufangen. Die Gefahr bei diesem Livegespräch besteht nicht darin, dass ihm die Fragen zu tough sein könnten; Gefahr liegt einzig in der Möglichkeit, dass er sich langweilt – dann, so Beobachter des politischen Geschäfts, kann dieser Kandidat richtig ungemütlich werden. Unser Konzept besteht also darin, dass wir ihm abwechselnd sehr naheliegende und banale Fragen vor die Füße rollen, die ihn unterfordern, und ihn mit kleinen Gemeinheiten stechen. Du liebes bisschen: Wir fangen ganz locker an.

1 Geld oder Liebe?
Beides.

Lacher. Applaus im Publikum. Gleich mit der ersten Antwort hat der Kandidat Kontakt zum Saal aufgenommen. Steinbrück: Vollprofi. Er grinst ins Publikum: seine Zähne! Du lieber Himmel. Es geht gleich ab.

2 Schnaps oder Bier?
Bier.

3 »High Noon« oder »Blade Runner«?
Eindeutig *Blade Runner. Blade Runner* im Director's Cut.

Und der Kandidat wird jetzt vom Interviewer mit dem taktischen Lob unterbrochen, dass er das ganz großartig macht. Kurze Antworten: Danke, bitte weiter so! Im nächsten Absatz, so erfährt der Kandidat, kommen ein paar psychologische Fragen.

4 Lieblingswort »Bullshit«?
Ich mag das Wort leiden, weil es sich im Englischen höflicher anhört als ein vergleichbares deutsches Wort.
5 Wird Ihnen auch immer schlecht, wenn Politiker von »den Menschen« reden?
Eindeutig ja. Ich würde von den Bürgern und Bürgerinnen reden.
6 Verstehen Sie, wenn die Leute ein bisschen Angst vor Ihnen haben?
Das verstehe ich nicht, weil ich eigentlich ein ganz friedfertiger Mensch bin.
7 Kann man das lernen, ein wenig freundlicher zu gucken?

Das ist schwierig. Die runtergezogenen Mundwinkel und die zusammengepressten Lippen, die spiegeln sehr selten meine Gemütslage wider.

8 Sind Sie mit Frauen eigentlich genauso knallhart wie mit Männern?

Pause. Etwa drei Sekunden Pause. Er wartet, bis die Leute lachen. Dann grinst er selbst.

Nicht in allen Lagen.

9 Ist das Ihr Trick, dass Sie wirklich etwas sagen, wenn Sie etwas sagen?
Das ist kein Trick. Dieses Geschwafel passt einfach nicht zu mir.

10 Können Sie jetzt mal auf den Punkt eine Schlagzeile liefern?
Eine gute Grundlage ist die beste Voraussetzung für eine solide Basis.

11 Haben Journalisten zu oft ein Glaskinn?
Eindeutig ja. Journalisten sind gut im Austeilen, aber umgekehrt sehr empfindlich und schlecht im Einstecken.

12 Können Sie kurz klarstellen, welches Honorar Sie für dieses Interview erhalten?
Bisher nur ein Glas Wasser.

Zwischenapplaus. Der Kandidat schaut jetzt erst – zum ersten Mal – dem Fragensteller ins Gesicht. Vollprofi! Logisch, der Kontakt zum Publikum ist ihm wichtig, hier muss er die Zustimmung gewinnen. Er sitzt mit übereinandergeschlagenen Beinen: wunderbar angespannter, dabei komplett beweglicher, jederzeit zu einer üblen Keilerei bereiter Kandidat.

13 Niemals ein Glas Rotwein unter fünf Euro?
Das kommt auf die Weinlage an.

14 Was kosten Ihre Schuhe?
Ich vermute, um die 150 Euro. Was kosten Ihre?

Er wendet zum zweiten Mal den Kopf zum Fragensteller. Langsam. Des Kandidaten Blick zielt durch die Brillengläser. Zähneblecken: Man sieht vor allem die untere Zahnreihe. Steinbrücks berühmter »Was willst denn du, Bürschchen?«-Blick. Er kann so geil lauernd, verächtlich, angriffslustig gucken. Dieser Blick ist ein sehr, sehr gekonnter Blick – natürlich auch eine Aufforderung zum Spielen!

15 Wann zuletzt Ihre Netzcard First von der Deutschen Bahn eingesetzt?
Von Dortmund nach Berlin nach der Hauptversammlung von Borussia Dortmund.

16 Wie viele Tage sind es noch bis zur Bundestagswahl?
273.

Gelächter. Triumphierender Kandidat. Steinbrück zeigt auf den Fragensteller.

Das kann er jetzt so schnell nicht nachprüfen.

17 Unter uns: Ist der Käs' gegessen?
Wo haben Sie denn den Dialekt her?

18 Was ist gut an einem Fehlstart?
Dass es nur noch bergauf gehen kann.

19 Werden Sie sich jetzt bald die schwarze Hornbrille kaufen, mit der Steinmeier, Westerwelle und Wulff ihr Image aufpoliert haben?
Garantiert nicht, denn der Durchblick wird ja durch eine neue Brille nicht besser.

20 Wofür haben Sie die viel zitierte Beinfreiheit zuletzt genutzt?
Um Ihnen auf die Füße zu treten.

21 Welcher kreative Affe hat Sie eigentlich geritten, als Sie zustimmten, den Gag mit den Wohnzimmergesprächen in Ihr Programm zu nehmen?
Das ist kein Gag, sondern eine vernünftige Idee. Weil es eine Art ist, dialogisch mit Menschen umzugehen und nicht im Sinne von Frontalunterricht. Wir haben da von Veranstaltungen abgekupfert, wie sie in den USA stattfinden.

22 Auf den Punkt: Geht es Deutschland für eine Wechselstimmung einfach zu gut?
Viele Menschen vermissen etwas. Viele Menschen haben den Eindruck, dass diese Gesellschaft nicht mehr zusammenhält. Deshalb sprechen die ökonomischen Daten nicht unbedingt für einen Wechsel. Aber einige glauben, es ist etwas aus dem Lot geraten.

Fünf Minuten rum. Noch ist nichts komplett schiefgegangen. Wir nehmen uns jetzt den Kandidaten Steinbrück vor, wie er sich in seiner Nominierungsrede präsentiert hat.

23 Zitat: »Mehr Wir, weniger Ich.« Wer ist das Ich?

Wir alle einzeln. Nach dem Motto: Alle denken an sich, nur ich, ich denke an mich.

Applaus. Es ist der erste Applaus, der dem Inhalt einer seiner Aussagen gilt. Weniger Egoismus: super. Finden alle gut.

24 Freiheit, Gerechtigkeit, Solidarität sind Grundlagen Ihrer Kandidatur: Was sind bitte die Grundlagen Ihrer Kandidatur?

Dasselbe in umgekehrter Reihenfolge.

25 Echt wahr, dass Sie noch nie eine Wahl gewonnen haben?

Das stimmt nicht. Ich habe zwei Mal einen Wahlkreis gewonnen. Aber eine Landtagswahl habe ich verloren, mit einer Stimmenzahl, mit der Hannelore Kraft jüngst gewonnen hat.

26 Wären 29 Prozent für die SPD ein tolles Ergebnis?

Eindeutig nicht. Aber eine Messlatte lege ich jetzt nicht, damit Sie mich nicht ständig nach meinen Hochsprungqualitäten fragen.

27 Wissen Sie, warum der Steinmeier nicht kandidiert hat?

Ja. Aber ich verrat's Ihnen nicht.

28 Haben wir das richtig verstanden, dass man, wenn man Sie wählt, Frank-Walter Steinmeier als Außenminister kriegt?

Er hat alle Wahlmöglichkeiten.

29 Wo liegt noch mal die Mitte?

Wo wir beide sitzen.

30 Korrekt, dass sich in der Mitte mittlerweile mehr Wut auf Banker und Privatisierung findet als im SPD-Vorstand?

Ja, die Mitte hat die nachvollziehbare Vorstellung, dass Maß und Mitte verloren gehen könnten in dieser Gesellschaft.

31 Wer ist derzeit die größte Nervensäge bei den Grünen?

Der Gärtner, der in der Nachbarschaft am Samstagnachmittag den Rasen mäht.

32 Können Sie jetzt mal, versuchsweise, mit einer sozialliberalen Koalition drohen?

Laden Sie das nächste Mal Herrn Kubicki ein.

Wir müssen ihn – jetzt – mit ein paar Merkel-Fragen quälen.

33 Sagen Sie Mutti?
Niemals. Zu despektierlich.

34 Kann Merkel SPD?
Nur, wenn die SPD ihr behilflich ist.

35 Der Moment, in dem Sie mit Merkel den Deutschen garantiert haben, dass die Sparkonten sicher sind: War das der deutscheste Moment der Politik der letzten zehn Jahre?
Der deutscheste Moment? Was soll denn das bedeuten? Wie lange haben Sie denn über dieser tollen Frage geknüselt? Es war kein deutscher Moment. Es war ein Moment, in dem es darum ging, den Deutschen Angst zu nehmen. Darauf könnte ich jetzt länger antworten, aber das mögen Sie ja nicht.

36 Hat der Moment, in dem Sie mit Frau Merkel die Spareinlagen garantiert haben, Sie nicht auf ewig auf die Rolle des Assistenten festgelegt?
Nein. Ich habe nicht den Eindruck, dass da Koch und Kellner aufgetreten sind. Es war geradezu notwendig, dass da zwei standen, die eben nicht parteipolitisch motiviert sind und versuchen, Geländegewinne zu erzielen. Nur das hat Vertrauen geschaffen.

37 Wie kritisieren Sie die Garderobe der Frau Merkel?
Die Frau ist definitiv nicht exaltiert.

38 Welche ist Merkels größte politische Fehlleistung in den letzten fünf Jahren?
Dass sie keine neue Geschichte von und über Europa entwickelt. Und den Menschen nicht vermittelt, dass Europa ein großes zivilisatorisches Projekt ist.

39 Ist das Ihr größtes Problem, dass Merkel fast nie etwas sagt?
Das Ungefähre schützt vor Kritik und Anwürfen. Sie bleibt gern so lange wie möglich in Deckung.

Wir sprechen jetzt: seit elf Minuten. Plötzlich Sorge beim Interviewer, dass es doch zu wenig konkret, zu inhaltsleer, zu ungefähr wird. War er schon einmal gefordert, hat er sich schon einmal mit einer Aussage gefährdet? Des Kandidaten Leistung besteht natürlich darin, dass er die prekären, die zitierbaren Antworten vermeidet. Vertreter der Nachrichtenagenturen sind im Raum, in fünf Minuten wäre die Meldung raus. Wir schlagen nun den Kurs ein, dass wir die Leinen einmal ganz locker lassen: Biografie-Fragen an Peer Steinbrück.

40 Warum eigentlich Peer und nicht Peter?
Das ist der skandinavische Teil meiner Familie.

41 Wie umreißen Sie die Biografie Ihres Urgroßonkels Hugo Delbrück?
Er war Mitbegründer der Deutschen Bank. Ich habe mal gefragt, ob daraus noch gewisse Ansprüche für mich resultieren.

42 Sind Sie das Bürgertum?
Wenn, dann das aufgeklärte Bürgertum.

43 Ihre Schulnote in Physik?
Vier. Das war eine der besseren.

44 Erinnern Sie sich noch, was Sie in Ihrer Abi-Rede 1968 gesagt haben?
Das war eine verhältnismäßig politische Rede. Das Skript habe ich noch. Es war meine erste öffentliche Rede.

45 Echt wahr, dass Ihre Mutter geraten hat: »Junge, du musst später mal etwas machen, wobei du quatschen kannst«?
Der Satz ist verbürgt.

46 Ungeklärte Frage: Haben Sie bei der Bundeswehr ein Haarnetz getragen?
Nein, nie. Aber damals hatte ich wenigstens noch Haare.

47 Welche Erinnerung haben Sie an die Razzia in Ihrer Hamburger WG im Jahr 1970?
Das war die Kieler Wohngemeinschaft. Eine denkbar unangenehme Erinnerung, weil die Wohnung von 20 Polizisten gestürmt wurde und ein ungefähr 18-jähriger Polizeischüler seine Maschinenpistole auf meinen Bauch richtete, den Finger am Abzug.

48 Warum wurde nichts aus Ihrer Doktorarbeit?
Weil ich einen Job kriegte als persönlicher Referent von Hans Matthöfer, und anschließend ist sie von einem Rhein-Hochwasser weggeschwemmt worden. Das hat mich vor jedem Plagiatsvorwurf bewahrt. Gott, bin ich diesem Hochwasser dankbar!

Viel Gelächter, viel Applaus. Zufriedener Kandidat. Schluss mit der Ausruhphase. Wir werden wieder politischer. Fragen zu seiner politischen Heimat, der alten Tante SPD.

49 150 Jahre! Ist die SPD nicht schon ein bisschen alt?

Das ist sie nicht. Vor allem ist die SPD die einzige Partei in Deutschland, die sich nie umbenennen musste, weil sie sich für etwas zu schämen oder zu verantworten hatte.

50 Welches alte Arbeiterlied singen Sie gerne?

Gut, das naheliegende, dessen Strophe ich am besten kenne: *Wann wir schreiten Seit' an Seit'.*

51 Kriegen Sie auch immer einen Schreck, wenn Sie das Willy-Brandt-Haus betreten, weil die Brandt-Statue so sagenhaft groß und hässlich ist?

Wenn ich einen Schreck kriege im Willy-Brandt-Haus, dann wegen anderer Dinge, zum Beispiel im langsamsten Fahrstuhl Berlins stecken zu bleiben.

52 Ist das wahr, dass Andrea Nah-les Violett als die neue SPD-Farbe durchgesetzt hat?**

Das stimmt. Einige sind auf die Idee gekommen, wir müssten mal mit einer etwas anderen Farbe auftreten, und der Zuspruch zum Purpur war bisher groß.

53 Ihnen peinlich, dass Elke Ferner von den SPD-Frauen Sie jetzt auch gut findet?

Er wartet. Sofort brandet Gelächter auf. Er wartet noch ein bisschen. Jetzt muss der SPD-Kandidat Peer Steinbrück, den SPD-Frauen neuerdings so lieb haben, richtig lachen. Es ist, allerdings, ein echtes, ein sympathisches Lachen. Himmel, fühlt sich dieser Kandidat hier wohl, das ist ja furchtbar!

Wer hat Sie denn auf diese Frage gebracht? Nein. Da muss ich ja was richtig gemacht haben.

54 Ist das ein Sieg oder die ultimative Demütigung, dass Ralf Stegner Ihnen jetzt auch den Rücken stärkt?

Für uns beide gilt die Schlussakte von Helsinki.

55 Ihr Ernst, dass man in der SPD nur etwas werden kann, wenn man vier Scheidungen hinter sich hat?
Den Satz habe ich selber geprägt. Den haben Sie von mir geklaut. Ist Ihnen klar, dass Sie plagiieren?

56 Echt wahr, dass euch jetzt die CDU erklären muss, warum die Agenda 2010 gut und notwendig war?
Nein, die CDU profitiert davon und nimmt die politische Rendite der Schröder'schen Reformen für sich in Anspruch. Auch das ist ein Plagiatsvorwurf.

57 An der Basis: Kommen die Genossen noch oft mit den 1,25 Millionen?
Das ist das Brutto, nicht das Netto.

58 Was war die tollste Leistung eines SPD-Kanzlers nach Brandts Kniefall?
Zum Beispiel, diesen Staat liberal zu halten vor dem Hintergrund der terroristischen Anschläge und Entführungen im Herbst 1977.

59 Können Sie jetzt bitte mal etwas total Sozialdemokratisches sagen?
Das wäre auf Knopfdruck zu gestanzt.

60 Können Sie jetzt bitte mal etwas total Sozialdemokratisches über deutsche Manager sagen?
Von denen haben, wie ich glaube, mehr eine soziale Verantwortung, als wir gelegentlich unterstellen. Insbesondere jene, die in Familienunternehmen tätig sind.

61 Ihr Problem, auf den Punkt gebracht: Dementieren Sie mit Ihrem Dementi, dass die SPD nicht mit Geld umgehen kann, nicht, dass Sie ein Sozi sind?
Es gibt viele Sozialdemokraten, die gut mit Geld umgehen können. Die jetzige Bundesregierung hat trotz bester Rahmenbedingungen in den letzten drei Jahren 100 Milliarden Euro neue Schulden gemacht.

Drücken, drängeln, dranbleiben. Wir kommen zum schwierigsten Absatz, den drängenden politischen Fragen. Hier ist der Kandidat voller vorgefertigter, voller halb toter Antworten. Kurz bleiben!

62 Nervthema Spitzensteuersatz?
Überhaupt nicht. 49 Prozent sind angemessen. In den seligen Zeiten von

231

Helmut Kohl haben Sie 53 Prozent Spitzensteuersatz gehabt.

63 »Einige Steuern werden sich für einige erhöhen.« Wer sind diese einigen?

Diejenigen in den oberen Etagen des Gesellschaftsgebäudes.

64 Gilt der Müntefering-Schlachtruf »Wer nicht arbeitet, soll auch nicht essen«?

Das ist die unverschämteste Verfremdung einer guten und sinnvollen Aussage, die ich je gehört habe.

65 Krankenschwester, Gebäudereiniger, Friseurinnen: An welcher Berufsgruppe machen Sie gerne deutlich, dass wir den Mindestlohn brauchen?

An allen, die teilweise nur 4 Euro oder 4,50 Euro verdienen und bei Vollzeit kein auskömmliches Einkommen haben, um ihr Leben zu bestreiten. Also sind wir für einen Mindestlohn von 8,50 Euro.

66 Kernthema »Bändigung der Finanzmärkte«: Warum hören wir dazu von Ihnen fast nichts mehr?

Haben Sie Kitt in den Ohren? Sie hören dazu ganz viel von mir. Im September habe ich ein umfängliches Papier zu diesem Thema vorgelegt und dazu Auskunft gegeben.

67 Richtig, dass Ihre ausgefuchsten Berater Ihnen im Wahlkampf vom Thema Europa abraten, da mit Europa gegen Merkel nicht zu punkten ist?

Im Gegenteil. Ich hielte es für ziemlich kleinmütig, auf Europa im Wahlkampf nicht einzugehen, zumal ich gerne Ressentiments und falschen Parolen entgegentreten möchte.

68 Wann waren Sie das letzte Mal in Griechenland?

Vor vier Jahren. Da habe ich der griechischen Statistik noch geglaubt.

69 Wie schließen Sie die Schere zwischen Arm und Reich?

Mindestlohn, gleiche Bezahlung von Frauen und Männern, Eingrenzung von Minijobs, Reform des Ehegattensplittings, höhere Besteuerung derjenigen, die in den höheren Etagen des Gesellschaftsgebäudes leben.

70 Können Sie Opel retten?

Nein. Kein Politiker kann auf Dauer ein Unternehmen retten, das auf dem Markt verliert. Wir können versuchen, dabei behilflich zu sein, Arbeitsplätze zu erhalten.

71 Wie kriegen wir den Iran dazu, auf Atomwaffen zu verzichten?

Alleine schaffen wir das nicht. Sondern nur mit massivem internationalem Druck und Sanktionen.

Der toteste Punkt des Interviews ist erreicht. Egal. So ist das mit Politikern. Wir stechen in sein Lieblingsthema, die Wirtschaft, hinein. Für einen SPD-Politiker ist der Kandidat bei der Wirtschaft ja bekanntlich ziemlich beliebt.

72 Was haben Sie persönlich gegen die Deutsche Bank?

Gar nichts. Ich wünsche eine tüchtige und starke Deutsche Bank. Aber ich möchte vermeiden, dass Kunden mit gängigen Einlagen für die Risiken von Investmentbankern haften.

73 Mögen Sie den immer guten Begriff der Heuschrecken?

Der hat jedenfalls eine Diskussion auf den Punkt gebracht. So ähnlich wie der Begriff der Kavallerie.

74 Können Sie den bösesten Renditejäger in Deutschland mit Namen nennen?

Das kann ich nicht. Ich hielte Schau-

prozesse auch für weniger hilfreich als eine Einhegung der Renditejagd.

75 Wer ist Ihr bester Freund in der deutschen Wirtschaft?

Ich glaube, der Wirt eines italienischen Restaurants im Regierungsviertel.

76 Simple Frage: Ist der Finanzsektor in Deutschland zu groß oder zu klein?

Gemessen an der Größe unserer Realwirtschaft, ist er eher zu klein.

77 Können Sie noch einmal erklären, warum Onkel Dagobert eben definitiv kein Spekulant ist?

Weil er den ganzen Zaster in seinem Tresor bunkert und eben nicht anlegt.

25. Minute: Kandidat und Publikum bekommen erklärt, dass zwei Drittel der Show vorüber sind. Steinbrück: »Waren das mehr als zehn Fragen?« Logisch, er hätte auch tausend Fragen beantworten können, der Showman Steinbrück hat da keine Probleme – geschenkt: Nun wird es anders asozial. Der Kandidat soll sein Talent einschätzen, von null Punkten, minimales Talent, bis zehn Punkte, maximale Begabung. Er will erst nicht. Dann muss er doch.

78 Ihr Talent als Spieler, bitte.
Sieben Punkte.
79 Hand-in-der-Hosentasche-Redner.
Fünf.
80 Kapitalist.
Sechs.
81 Deregulierer.
Sechs.
82 Hausfrau.
Null. Weil ich keine Frau bin.
83 Nashorn.
Zehn.
84 James Dean.
Null.
85 Grünen-Fresser.

Er macht ein tolles Geräusch. Tief aus dem Bauch heraus. Ein Grollen. Steinbrück schluckt gerade einen Grünenpolitiker herunter. Große Show! Begeistertes Publikum.

Null.
86 Gerhard Schröder.
Fünf.

Steinbrück wirft einen seiner berühmten Blicke: Es ist jetzt ein kleines Lächeln in diesem immer noch auf Gegenangriff, auf Attacke eingestellten Gesicht. Klatschendes Publikum. Er weiß, dass er durch ist. Er hätte ja auch Unsinn reden, hätte gehetzt und unsouverän wirken, sich verhaspeln, Stoff für Anti-Steinbrück-Schlagzeilen liefern können: hat er alles nicht gemacht. Die Linie, auf der ein Politiker fast nichts sagt und dabei trotzdem ernsthaft, frisch und unterhaltsam wirkt, ist dünn: Da war er drauf. Aua, er hat das mit toller, eiskalter Ruhe, er hat das ziemlich gut gemacht.

87 Wozu das alles?
Wir müssen uns bewegen, vorwärtsbewegen.
88 Seid ihr Politiker einsame Menschen?
Nein, definitiv nicht.
89 Sind Sie im Kern ein tieftrauriger Mensch?
Auch nicht. Ich habe nicht die Zeit dafür, und es entspricht auch nicht meinem Gemüt.
90 Mit welcher historischen Leistung wollen Sie als Kanzler in die Geschichte eingehen?
Keine Antwort. Warten Sie's ab.

91 Wann wird's mal wieder richtig Sommer?

Na, dann wohl im Sommer 2013.

Er findet's die total bescheuerte Frage. Der Kandidat schüttelt den Kopf, lacht. Das Publikum lacht. Wir erleben jetzt live, zumindest für heute Abend: das Siegerlächeln des Kandidaten Peer Steinbrück.

92 Wie geht's Ihrem alten Freund Roland Koch?

Der führt, glaube ich, »Bilfinger Berger« ganz erfolgreich.

93 Sind 18 Grad nicht ein bisschen kalt?

Es sind bei uns zu Hause nicht 18 Grad. Jedenfalls nicht in meinem Arbeitszimmer.

94 Würden Sie Ihrer Frau Gertrud eine Niere spenden?

Zu privat.

95 Wie geht's Ihrem Kirschbaum?

Der muss wahrscheinlich, weil er zu alt ist und einen Pilz hat, abgeholzt werden. Das macht mich traurig.

96 Stürmen Sie beim Tennis immer noch zu schnell ans Netz?

Gelegentlich nicht nur im Tennis.

97 Hilft Alkohol?

Auf Dauer nicht.

98 Noch mal in aller Kürze: Warum sollen wir Sie wählen?

In zwei Sätzen: Weil ich Ihnen nichts verspreche. Also glauben Sie mir.

99 Wie ging die Schachpartie gegen den ehemaligen Weltmeister Wladimir Kramnik aus?

Nach 37 Zügen: mit meiner Niederlage.

19. Dezember 2012

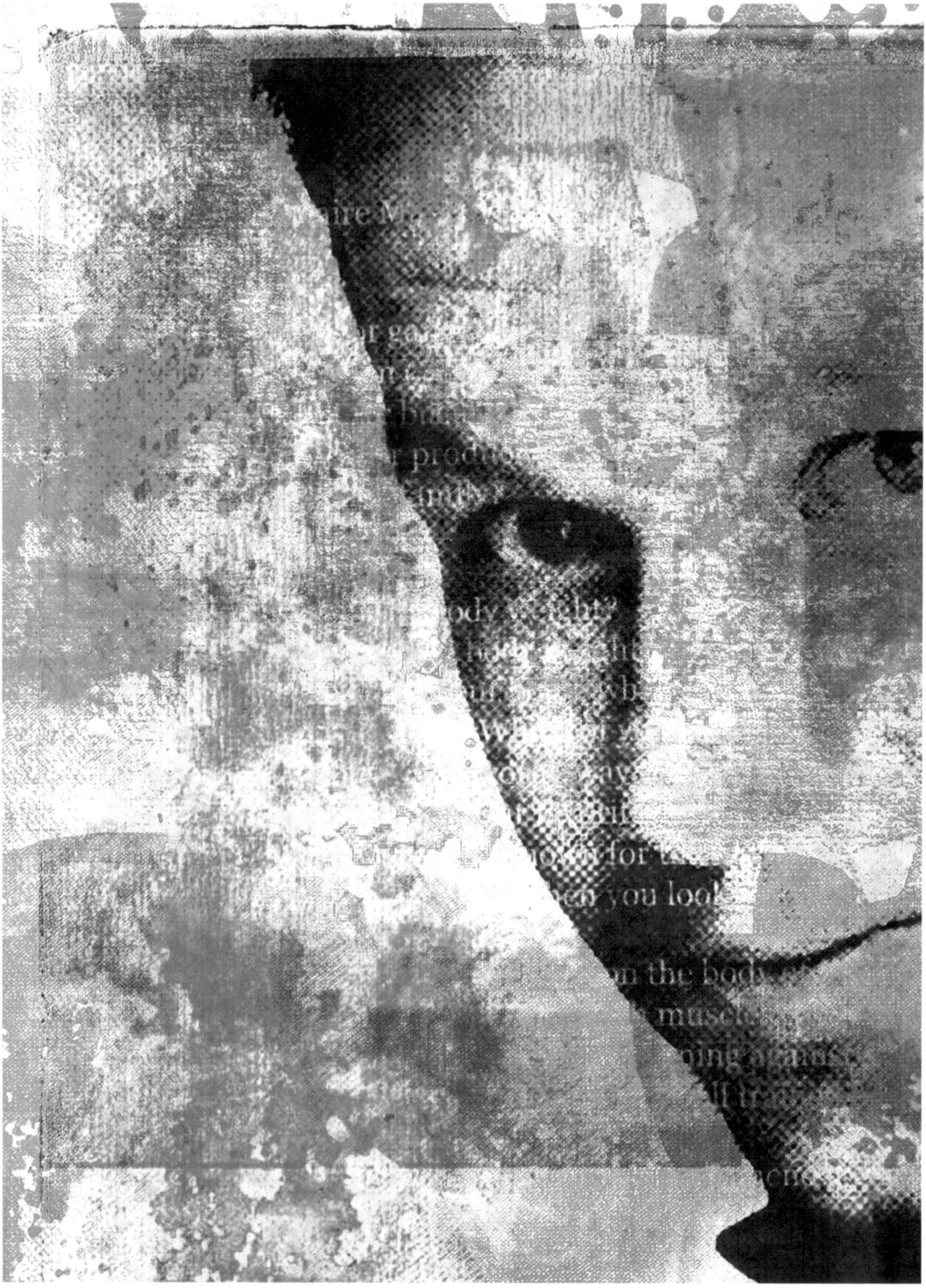

you look
the body

Eine Suite im Hotel »Ritz-Carlton«, Berlin. Dreißig Minuten Interviewzeit. Er ist hier, um seinen neuen Film »Broken City« zu promoten (Mark Wahlberg als ausrangierter Cop, Russell Crowe als korrupter New Yorker Bürgermeister). Der Interviewer hat große Lust, mit diesem Mark Wahlberg zu sprechen – auch deshalb, weil der so angenehm weit weg von einem

Genie ist, dafür aber natürlich schon Großes geleistet hat. Wahlberg, bald 40 Jahre alt, hatte die toughe Jugend, die sich als klassische amerikanische Aufstiegsgeschichte gut macht: mit 16 wegen Körperverletzung im Gefängnis, dann Rapper, dann Unterhosenmodell, dann Hollywoodstar (»Boogie Nights«, »The Italian Job«, »The Departed«). Seit zehn Jahren ist Wahl-

berg außerdem Produzent von TV-Serien (»Entourage«, »Boardwalk Empire«). Das nennt man: eine Karriere. Das Genre, in dem Wahlberg sich als Schauspieler ausgezeichnet hat, könnte man als »Brett« bezeichnen – das Brett wie tougher, temporeicher, auf dem neuesten Stand der Technik inszenierter Actionfilm (Wahlberg spielt gerne Cops, Gangster, Scharfschützen, Boxer). Da sitzt er – klein, austrainiert, breitbeinig. Er lächelt null. Er trägt – anders geht es nicht – eine fette Gold-Rolex am Handgelenk. Er sieht, wie in seinen Filmen, auf eine wirklich gute Art hart, verschlagen und streetwise aus: das Ghettokid, das es zum Hollywood-Tycoon gebracht hat. Gags sind mit ihm eher nicht möglich. Dieser Star wird, während er spricht, nur das Allernötigste sagen (wir können froh sein, wenn er zwei oder drei Antworten gibt, die nicht komplett formelhaft ausfallen). Es ist die Humorlosigkeit des Machers: Er hat das nächste Projekt im Kopf, nicht die bereits gelaufenen Filme. Einfache Fragen, kleine Fragen: klein anfangen.

1 Cops oder Gangster?
Gangster.
2 Bourbon oder Scotch?
Scotch.
3 Jeans oder Anzug?
Jeans.
4 Schauspielern oder produzieren?
Beides.
5 Ruhm oder Familie?
Familie.

Yeah. Toll prollig dasitzender, keine Miene verziehender Star. Da kommt jetzt doch: ein klitzekleines Grinsen. Ein Hinweis darauf, dass er sich nicht querstellen wird. Für Mark Wahlberg wie für viele seiner berühmten Kollegen sind Interviews die reine Zeitverschwendung. Es bringt dem Erfolg des neuen Films wenig. Es bringt ihm geschäftlich nichts. Warum also anstrengen? Warum überhaupt Interviews geben? Sicher, er ist vertraglich dazu verpflichtet. Man muss davon ausgehen, dass bei diesem Wahlberg jetzt nicht mehr als etwa 20 Prozent seines Gehirns, seines Humors, seiner Aufmerksamkeit aktiviert sind.

6 Ihr ideales Körpergewicht?
82 Kilogramm.

7 Ihr derzeitiges Körpergewicht?
82 Kilogramm.

8 Welcher Muskel Ihres Körpers ist in Idealform?
Mein Bizeps.

9 Welcher Ihrer Muskeln braucht ein paar Extra-Trainingseinheiten?
Mein Arsch.

10 Ihre Lieblings-Workoutmaschine?
Der Boxring.

11 Ihre Lieblingsmethode, Gewicht zu verlieren?
Basketball spielen.

12 Welches Proteinshake-Produkt empfehlen Sie?
Marked.

Er spricht, natürlich, von seiner Sportnahrungsmittel-Firma, die 2012 auf den Markt kam. Der Werbespruch für Proteine von Mark Wahlberg lautet: »Get marked«.

13 Wie kommentieren Sie den Körper Ihres 66-jährigen Kollegen Sylvester Stallone?
Eine Inspiration für jeden, der ernst-

haft trainiert. Er ist in unglaublich guter Verfassung für sein Alter.

14 Kann ein Mann zu viele Muskeln haben?
Ja. Die Bodybuilder sind zu massig. Dünn ist in.

15 Wie warnen Sie vor Steroiden?
Nicht gut für den Schwanz.

16 Hat Ihr hart trainierter Körper auch eine religiöse Botschaft?
O ja. Dein Körper ist ein Tempel.

17 Welches Workoutprogramm für den Kopf empfehlen Sie?
Lesen.

Das war das Aufwärmprogramm. Dieser komplett kontrollierte, in sich ruhende, gleichgültige Mark Wahlberg ist toll. Wir wollen ihn nun zu seiner toughen Jugend befragen. Frage des Interviewers an den so wunderbar desinteressiert wirkenden Hollywoodstar: »Ist es in Ordnung, wenn wir Sie jetzt zu Ihrer toughen Jugend befragen?« Achselzuckender Wahlberg. Es ist ihm gleich.

18 Dieb, Gangmitglied, Drogendealer, Gefängnisinsasse, Rapper, Unterhosenmodel, Actionfilmstar,

Produzent: Welchen Schritt in Ihrer Karriere planen Sie als Nächstes?
Studioboss.
19 Sind Sie Working class?
Absolut.
20 War es eine Badass-Jugend?
Leider ja.
21 Jemals dem Versuch erlegen, Ihre Gangster-Jugend zu romantisieren?
Nie.
22 Welche Erinnerung haben Sie an den berühmten Calvin-Klein-Unterhosen-Shoot mit Kate Moss?
Zwei Stunden. In Herb Ritts Studio in L. A.
23 Je in Kate Moss verliebt gewesen?
Nein. Sie blieb abstrakt für mich. Wunderschönes Mädchen. Aber nicht mein Typ.
24 Einmal Rapper, immer Rapper?
Nein.
25 Waren Sie der erste Gangsta-Rapper?
Überhaupt nicht. N. W. A, auch Ice-T waren vor mir dran. Sie waren meine Idole.
26 Welches Detail in der Attitüde eines Rappers verrät Ihnen, ob der Typ eine Pfeife ist oder nicht?
Sprache. Du weißt es einfach.
27 Wenn Sie heute »Good Vibrations« von Marky Mark and the Funky Bunch im Radio hören, haben Sie gute Gefühle?
Keine Gefühle. Ich erinnere mich nicht mal an den Text.
28 Als Hip-Hop-Star, waren Sie immer gut zu Ihrer Mutter?
Ja.
29 Wie hieß die Streetgang, bei der Sie Mitglied waren?
Alle haben die Trikots der amerikanischen Basketball-Liga NBA getragen. Wir waren die Bulls.
30 Echt wahr, dass Sie 25 Mal verhaftet worden sind?
Um die zwanzig Mal, ja.
31 Die schlimmste körperliche Gewalttat, die Sie je einem anderen Menschen zugefügt haben?
Die Körperverletzungen, die Unbeteiligten bei Raubüberfällen zugefügt wurden: Die waren alle nicht gut.
32 Erinnern Sie sich an den Namen des Vietnamesen, dem Sie als 16-Jähriger vor einem Schnapsladen ein Auge ausschlugen?

Ich kann mich an den Namen dieses Mannes leider nicht erinnern. Aber glauben Sie mir, ich habe für diesen Mann gebetet. Ich habe vor dem Gericht und vor dem lieben Gott viele Male für diese Tat um Vergebung gebeten.

33 Der Name des Erwachsenengefängnisses, in dem Sie für diese Tat einsaßen?

»Deer Island House of Correction«, Boston, Massachusetts.

34 Die schlimmste Erfahrung im Gefängnis?

Die ersten acht Stunden sind hart: Die musst du irgendwie schaffen. Es sind gleich ein paar Typen auf mich drauf.

35 Nach Ihrer Erfahrung: Funktioniert Gefängnis als Mittel zur Läuterung und sozialen Reintegration?

Ich habe eine Hilfsorganisation gegründet, die Jugendlichen in prekären Stadtvierteln dabei helfen soll, einen Ausbildungsplatz zu kriegen. Ich denke, das funktioniert.

36 Haben Sie das Wort »bitch« in den letzten 30 Jahren oft genug gesagt?

Ja.

37 Wie erklären Sie sich die Faszination für das Wort »Nigga« bei weißen und schwarzen Jugendlichen in den Vereinigten Staaten von Amerika?

Moment. Es ist für einen Weißen im Allgemeinen nicht in Ordnung, dieses Wort zu benutzen, es sei denn, er ist Teil einer Lebenswirklichkeit, in der die Codes und der Sprachgebrauch der afroamerikanischen Bevölkerung dominieren: als homie, als Bruder. Wenn ein Weißer Nigga sagt, dann meistens in der Absicht, jemanden herabzusetzen und zu diskriminieren.

38 Stand Frühjahr 2013: Welches sind die härtesten, politisch absolut unkorrekten amerikanischen Ghettoworte, die Ihnen gerade einfallen?

Wahrscheinlich: *I love bad bitches / That's my fucking problem / And yeah I like to fuck / That's my fucking problem.* Das ist der Refrain. Kennen Sie den Song? *Fuckin' Problems* von A$AP Rocky. Ein großer Hit. 2 Chainz macht bei dem Song mit, Drake und Kendrick Lamar.

241

Mit Erwähnung des Wortes »bitches« bringt Wahlberg die Hände ins Spiel. Er gestikuliert! Punktsieg für den Interviewer: Im Gemüt des Hollywoodstars spielt sich eine Regung ab. Und nun – Achtung – fängt sein rechtes Knie an zu wippen. Geht hier doch noch etwas? Kommen jetzt die Emotionen? Fragen zu seiner Schauspielkunst.

39 Wer hat Ihnen Schauspielern beigebracht?
Steve McQueen, James Cagney, Robert Ryan, John Garfield, Edward G. Robinson.

40 Als Schauspieler, sind Sie Mr. Minimalist?
Ich bin kein Method-Actor. Aber ich habe gerade ein paar Rollen gespielt, in denen ich ziemlich stark und ausdrucksvoll rüberkomme. Vielleicht habe ich beim letzten Auftritt sogar ein bisschen übertrieben. Ich denke an *Pain & Gain* von Michael Bay, der im April anläuft.

41 Ist Hollywood Bullshit?
Du lieber Himmel, nein. Ich liebe Hollywood. Hollywood ist sehr gut zu mir gewesen. Keine Beschwerden an dieser Stelle.

42 Sind Sie manchmal selber überrascht darüber, dass Sie es vom Unterhosenmodel zu einem respektablen Charakterdarsteller und einflussreichen TV-Produzenten gebracht haben?
Ich habe sehr viel Glück gehabt. Ich habe sehr, sehr hart gearbeitet. Und ich bin sehr dankbar für meinen Erfolg.

43 In ein paar Worten, wie umreißen Sie Ihre Rolle in Ihrem neuen Hollywoodfilm »Broken City«?
Ich bin ein gestrandeter Typ aus der mittleren Gehaltsklasse, der versucht, auf die Beine zu kommen.

44 Diebe, Drogendealer, Schmuggler, korrupte Cops: Was ist gut an den bösen Jungs?
Es macht Spaß, wenn sie durchdrehen.

45 Was hat Dirk Diggler, der Pornostar in »Boogie Nights«, für Ihre Karriere getan?
Diese Rolle hat den Charakterdarsteller Mark Wahlberg auf den Plan gesetzt.

46 Beispiel »Boardwalk Empire«:

Welche Arbeitsschritte haben unter Ihnen als Produzent stattgefunden, damit diese Serie Wirklichkeit werden konnte?

Rechte des Buches kaufen; bei HBO vorschlagen; das Team zusammenstellen; Martin Scorsese überreden, dass er den Piloten dreht. Du brauchst außerdem Genies wie Terence Winter und Tim Van Patten, die das Buch schreiben und Regie führen. Die größte Schwierigkeit war es, Marty dazu zu überreden, dass er Fernsehen macht.

47 Wie hat sich der Beruf des Hollywoodproduzenten innerhalb der letzten zehn Jahre verändert?

Ich produziere keine Hollywoodfilme, ich produziere Fernsehfilme, meistens für den Pay-TV-Sender HBO, das ist ein Unterschied. Mein Selbstbewusstsein, wirklich etwas auszuprobieren, also ein künstlerisches Risiko einzugehen, ist größer geworden. Mit HBO haben wir natürlich einen großartigen Partner.

48 Wie ist so ein Businesslunch mit Martin Scorsese?

Interessant. Martin ist kein Geschäftsmann, er ist ein Künstler. Er hat keine Ahnung von Geld und Finanzierungen, und er muss sie auch nicht haben. Er holt immer weit aus, mit all diesen aberwitzigen Bezügen aus Politik und Geschichte. Mit Marty fühlt es sich immer an, als ob ein Professor einen Vortrag hält.

49 Wer berät Sie bei Ihrer Rollenauswahl?

Mein Superkumpel und Geschäftspartner Steve Levinson.

50 Richtig, dass in Ihrer Produktionsfirma Ihr langjähriger Partner Steve Levinson die Rolle des Bad Guy übernimmt, während Sie fürs Lächeln und fürs Zusagen zuständig sind?

Richtig, ich sage immer Ja. Und dann muss er kommen und die Sache für mich absagen. Perfekt.

51 Der beste amerikanische Pay-TV-Sender?

Natürlich HBO. Sicher, Showtime hat ein paar starke Formate, aber Serien wie *Boardwalk Empire*, *Girls*, *Game of Thrones* und *True Blood* sprechen doch für sich.

52 Was kann eine Serie künstlerisch leisten, was ein Hollywoodfilm nicht leisten kann?

Wir gehen mit diesen Serien den langen Weg. Wir können realistisch, komplex, widersprüchlich, subtil und ganz in der Gegenwart verhaftet sein. HBO-Serien sind die Fortsetzung des amerikanischen Autorenkinos aus den Siebzigerjahren unter XXL-Bedingungen.

53 Von welcher Fernsehserie, die Sie als Produzent gerade entwickeln, können Sie jetzt schon reden?

Wir arbeiten etwa an zehn gleichzeitig. Eine heißt *Lifestyle Lemonaid*. Mit Chris Klein und Erin Richards. Es geht um Paare, Beziehungsprobleme, den ewigen Stoff.

Hoppla. Jetzt hat er doch gerade etwas bedeutungsvoll Klingendes gesagt: HBO-Serien sind die Fortsetzung des amerikanischen Autorenkinos! Man versteht: Dieser Mark Wahlberg kann sich punktuell bedeutungsvoll äußern. Er hat als Hollywoodprofi nur ein so effizientes Timing, dass er von den klug klingenden Sätzen immer nur wenige rauslässt. Beeindruckend! Wir fragen nun nach seinen Qualitäten als Familienvater.

54 Wie dürfen wir uns Ihr Familienhaus vorstellen?

Wir leben in Beverly Hills, Los Angeles: viel Grün, hohe Bäume. Wir bauen uns gerade ein neues Haus. Das wird dann etwas Größeres, eine Art französisches Schloss.

55 Wie sieht Mr. Wahlbergs Fernsehsessel aus?

Eine Chaiselongue. Steht in meinem Badezimmer.

56 Wer macht das Frühstück, Ihre Frau Rhea oder Sie?

Meine Frau.

57 Wie sieht bei Wahlbergs die Zu-Bett-bring-Zeremonie aus?

Es ist ziemlich chaotisch. Wir haben zwei Söhne und zwei Töchter, Ella, Michael, Brendan und Grace. Jedes Kind verdient eine Extrabehandlung, da brauchen meine Frau und ich unsere ganze Kraft.

58 Was tut der Supervater Mark Wahlberg, wenn der kleine Brendan nicht schlafen kann?

Ich hole ihn zu mir auf meinen Fernsehsessel im Badezimmer und lasse ihn ein bisschen Baseball gucken.

59 Die Kinder im Namen des Herrn

erziehen, was genau bedeutet das im Alltag?

Es beginnt damit, dass wir morgens beim Frühstück beten, und endet damit, dass wir abends beim Zubettgehen beten. Dazwischen versuchen wir, uns wie gute Menschen zu benehmen und den Kindern ein Vorbild zu sein. Ich gehe jeden Morgen in die Kirche.

60 Ist es eine gute Idee, mit seinen Kindern Paintball zu spielen?

Nein. Aber ich besitze einige Paintball-Gewehre, und ab und zu dürfen sie damit schießen.

61 Sind Computerspiele okay?

Meine Kinder spielen keine Computerspiele. Weiß der Himmel, warum, sie interessieren sich nicht dafür.

62 Wissen Ihre Kinder, dass ihr Vater vor vielen Jahren einmal im Gefängnis saß?

Nein. Wir besprechen das zur rechten Zeit.

63 Als guter Ehemann und Familienvater, sind Sie da automatisch auch Feminist?

Nein. Wir haben eine klare Abmachung: Meine Frau dürfte arbeiten, wenn sie wollte, aber sie will ja nicht.

Sie ist die beste Mutter und Ehefrau auf Erden.

Was hat er da gerade gesagt? Seine Frau will nicht arbeiten, weil sie die beste Mutter auf Erden ist? Vorsicht, Mr. Wahlberg, solche Äußerungen haben bei uns in Deutschland auf der Twitter-Seite #Aufschrei ein Nachspiel. Er sitzt da: zufrieden, mit sich selbst im Reinen, sich keiner prekären Worte bewusst. Wunderbar.

64 Einer Frau Respekt erweisen, wie genau geht das?

Sie fragen: Wie geht's? Sie fragen: Kann ich Ihnen etwas zu trinken anbieten?

65 Wann zuletzt in einem Stripclub gewesen?

Vergessen.

66 Gute Idee, sich in ein Exmodel zu verlieben?

In meinem Fall ja.

67 Gute Idee, sich in eine Schauspielerin zu verlieben?

Zur Hölle! Nein.

68 Kann eine Frau einem Mann das Leben retten?

Ein Mensch kann sich immer nur selbst retten.

69 Wenn Ihnen das Perfekter-Ehemann-Dasein an einem Freitagabend um zehn zum Hals raushängt, wohin gehen Sie da?
Ich bleibe zu Haus. Vielleicht trinke ich ein Glas Wein, oder ich schaue mir mit einem Kumpel einen Boxkampf an. Es hat keinen Sinn, auszubrechen, wenn du glücklich bist. Die Zeiten der großen Ausbrüche sind vorbei.

70 Drei Mitglieder Ihrer privaten Entourage?
Sarah, Eric the real E. und Johnny B.

Etwas hat sich in den letzten Minuten gelöst. Jedenfalls sitzt der Interviewte Mark Wahlberg jetzt wie folgt da: weit auseinandergestellte Beine, wippende Knie, die Hände auf den Knien abgelegt. So sieht kein gelangweilter, kein gleichgültiger Hollywoodstar aus. Das berühmte Zeitfenster steht jetzt für etwa zwei Minuten offen. Er hat an zwei, drei Stellen schon einen Hauch von Leidenschaft erkennen lassen. Mit Glück kommen noch mal zwei gute Stellen dazu. Brenzlige Fragen, Jesus-Christus-Fragen an den gläubigen Christen Mark Wahlberg.

71 Als moderner Mann, können Sie mir sagen, wie der liebe Gott aussieht?
Ich zeige Ihnen ein Foto.

Er kramt aus der Gesäßtasche seiner Jeans ein Portemonnaie hervor. Im Portemonnaie: eine Fotokarte mit einer hässlichen, mit Airbrush-Technik gemalten Darstellung des gekreuzigten Jesus. Auf dem Foto steht der Schriftzug: »Jesus I Trust in You«.

72 Der Name Ihrer Kirche?
Ich bin Mitglied der katholischen Kirche. Fertig.

73 Welche Worte Jesu bedeuten Ihnen am meisten?
Euch ist vergeben.

74 Der Name des Priesters, dem Sie am meisten schulden?
Father Flavin. Ich kenne ihn, seitdem ich 13 bin. Vor zwei Wochen haben wir gemeinsam Golf gespielt.

75 Sind Sie morgens, wenn Sie aufstehen, glücklich, dass Sie nicht Mitglied bei Scientology sind?
Jesus, ich weiß praktisch nichts über Scientology.

76 Sind Sie ein Verfechter der Trennung von Staat und Kirche?
Es kommt ganz darauf an. Lassen Sie es damit bewenden.

77 Fürchten Sie die fundamentalistische Glaubensausrichtung der amerikanischen Tea-Party-Bewegung?
Mit der Tea-Party-Bewegung lege ich mich nicht an. Und die Tea Party legt sich nicht mit mir an.

78 Beinhaltet Ihr Katholizismus den Glauben, dass die USA die führende Nation auf Erden sind?
Blödsinn.

79 Nach Ihrer Glaubensausrichtung, dürfen Männer mit Männern zusammenleben?
Absolut gerne. Keinerlei Probleme.

80 Wie lautet Ihre Kritik am soeben zurückgetretenen Papst?
Als Katholik kritisiere ich keinen Papst. Ich denke, einige Dinge müssen sich in der katholischen Kirche ändern, weil die Zeiten sich ändern.

Ich bin, zum Beispiel, für die Ehe von gleichgeschlechtlichen Partnern.

81 Hat Gott eine spezielle Botschaft für euch Hollywoodstars?
Ich hoffe nur, Gott ist ein Filmfan, so viel ist klar.

Er lacht. Ist ja auch lustig, dass der liebe Gott Filmfan ist. Lustig ist auch, dass ihm das Lachen komischerweise nicht so gut steht, der finster guckende Mark Wahlberg sieht besser aus. Endspurt. Er wird nun in den berühmten Talenttest der 99 Fragen eingewiesen.

82 Schätzen Sie Ihr Talent nun von null Punkten, kein Talent, bis zu zehn Punkten, maximales Talent, ein. Daddy.
Ich möchte eine Zehn sein. Keine Ahnung, wo ich stehe.

83 Bad Boy.
Null.

84 Hollywood-Tycoon.
Neun.

85 Smartass.
Zehn.

86 Außenseiter.
Neun. Ich bin natürlich fett im Busi-

247

ness. Aber als Familienvater halte ich mich raus.

87 Waffennarr.
Zwei. Da habe ich keine Probleme.

88 Womanizer.
Null. Ich bin ein verheirateter Mann, ich habe zwei wunderschöne Töchter. Wenn ein Kumpel sagt: »O mein Gott, schau dir den Arsch der Süßen an!«, dann antworte ich: »Das ist die Tochter von jemandem. So shut the fuck up.« Wenn du Töchter hast, verändert sich dein Blick als Mann.

Diese letzte Pointe ging an seine weiblichen Fans: PR-Profi Mark Wahlberg (man kann sich allerdings gut vorstellen, dass dieser Mann beim Anblick einer tollen Frau nicht gleich die Nerven verliert). Er hat während dieses Interviews nicht geglitzert, aber er hat gezeigt, wie man als Mann und moderner Star seinen Kasten sauber hält: alle Achtung. Die Pressefrau unterbricht: Zeit abgelaufen (wir bringen das hier noch rasch zu Ende, sind ja nur noch zehn Fragen). Jetzt setzt der Hollywood-Tycoon noch mal sein ernstes Gesicht auf: genug Spaß gehabt! Schon klar, das Leben ist eine unlustige, beinharte, todernste Sache.

89 Lieben Sie Amerika?
Absolut.

90 Wie schafft man es in Amerika?
Das Großartige an Amerika ist: Jeder kann zu uns kommen und es bei uns schaffen. Du kriegst das raus, was du reinsteckst. Diesen Satz haben Sie schon tausendmal gehört. Und er spricht die Wahrheit.

91 Wann zuletzt in Las Vegas gewesen?
Für einen Boxkampf. Manny Pacquiao gegen Tim Bradley.

92 Jemals einem Terroristen im echten Leben begegnet?
Wahrscheinlich.

93 Jemals vom Schauspieler Til Schweiger gehört?
Nie.

94 Wie geht's Ihrem Bruder Donnie, dem ehemaligen Sänger der Teenieband New Kids On The Block?
Exzellent. Er spielt neben Tom Selleck in der Fernsehserie *Blue Bloods – Crime Scene New York.*

95 Was passiert in einem typischen Mark-Wahlberg-Albtraum?

Ich muss wieder ins Gefängnis. Es ist ganz gut, dass diese Albträume ab und zu wiederkommen. Meine Ängste, meine Albträume halten mich auf Trab.

96 Ausgeschlossen, dass Sie noch mal einen Hip-Hop-Track aufnehmen?

Ausgeschlossen.

97 Die Geschichte der Uhr, die Sie da tragen?

Eine Rolex Yacht-Master II. Meine Frau Rhea hat sie mir geschenkt.

98 Kann man sagen, dass Sie einen Teil Ihrer Energie aus der simplen Tatsache ziehen, dass Sie nicht sehr groß sind?

Richtig. Jimmy Cagney war auch nicht sehr groß. Ich bin sehr einverstanden mit meiner Körpergröße.

99 Dürfen wir jetzt eine komplett verbotene und brennend heiße Frage stellen und erfahren, welche Unterhosenmarke Sie tragen?

Lululemon.

1. April 2013

Innenhof des Hotels »Chateau Marmont«, Hollywood. Kühle Winde streichen durch die warme Luft: Himmel, ist das angenehm hier. Der Regisseur und Autor Werner Herzog, 70, wird am 28. April mit dem »Ehrenpreis für hervorragende Verdienste um den deutschen Film« ausgezeichnet, weshalb er zu diesem einen Gespräch in Los Angeles empfängt, wo er seit 18 Jahren lebt. Der berühmteste deutsche Regisseur und vielleicht bekannteste lebende deutsche Künstler im Ausland – 2009 wurde Herzog vom »Time Magazine« unter die »100 einflussreichsten Menschen der Welt« gewählt – sieht aus wie ein Sozialkundelehrer: brauner Woolrich-Reißverschlusspullover, Wuschelhaare. Im Ausland war dieser Regisseur, der vor Urzeiten zusammen mit Schlöndorff, Wenders und Kluge als junger deutscher Filmer antrat, mit seinem wahrlich mystischen Werk – »Aguirre, der Zorn Gottes« (1972), »Fitzcarraldo« (1982), »Cobra Verde« (1987) – immer größer als in Deutschland. Seine letzten Filme (»Grizzly Man«, »Bad Lieutenant – Cop ohne Gewissen«, »Die Höhle der vergessenen Träume«, »Death Row«) haben in Deutschland irrerweise kaum Wirkung gehabt. Gleichzeitig hat Herzog, kongruent zu seinem Verschwinden in Deutschland, besonders in den USA und besonders in den letzten zehn Jahren eine sagenhafte Karriere hingelegt. Als Regisseur, so hört man, kann er sich seine Schauspieler, gleich einem Quentin Tarantino, mittlerweile aussuchen: Alle wollen mit ihm drehen. Als Filmemacher wird er von hippen und klugen Leuten auf fast schon nervtötende Art verehrt: Werner Herzog? Come on, der Größte! Für seine Installation im Whitney Museum in New York standen die Menschen um mehrere Häuserblocks Schlange. Als Herzog im Oktober letzten Jahres in der Berliner Volksbühne aus seinen Aufzeichnungen »Eroberung des Nutzlosen« vorlas, war der Saal gefüllt mit französischen Filmstudenten, dänischen Architekten und New Yorker Künstlern, die kein Wort verstanden und trotzdem gebannt zuhörten. Zuletzt hat Herzog noch eine Karriere als Hollywood-Schauspieler begonnen – in »Jack Reacher« ist er als Psychopath mit weißen Kontakt-

251

linsen und Gegenspieler von Tom Cruise zu sehen. Der Gesprächspartner Werner Herzog: Er gilt als streng, missmutig, nicht einfach. Am Telefon hat er darum gebeten, das Gespräch um eine Stunde nach vorne zu legen, auf zehn Uhr. Er sei erst gestern wieder in Amerika gelandet, war in Italien und Marokko, müsse noch so viel wegarbeiten. Gestern sei es auf der Premiere von »Spring Breakers«, dem neuen Film von Harmony Korine, später geworden. Richtig, Herzog möchte keine Fragen zum jüngst aufgedeckten Inzest seines Schauspielers Klaus Kinski beantworten.

1 Wie war's gestern auf der Filmpremiere von Harmony Korines »Spring Breakers«?
Den Film kannte ich schon aus dem Schneideraum. Ich hatte das Gefühl: Das ist ein außergewöhnlicher Film mit unglaublich düsterer und subversiver Kraft. Obwohl da permanent Disney-Mädchen in Bikinis vor untergehender Sonne in Florida zu sehen sind. Den Harmony Korine unterstütze ich, seitdem ich den ersten Film von ihm gesehen habe. Ich habe

in zwei seiner Filme mitgespielt. Für ihn bin ich ja so eine Art Mentor oder Vaterfigur. Der Film aller Filme ist für den Harmony mein *Auch Zwerge haben klein angefangen.*

2 Wie geht's Ihrer legendären Arbeitswut am heutigen 15. März 2013?
Ich versuche die Scherben aufzulesen, die wegen Daten- und Zeitverschiebung am Boden liegen – ich bin erst vor 36 Stunden aus Nordafrika gelandet. Davor war ich in Rom, wo ich eine Oper inszeniert habe. Es sind ungeheure Kulturschocks: eine Verdi-Oper in Rom, eine Woche Sahara, zurück nach L. A. Während ich im Flugzeug saß, gab es einen neuen Papst.

3 Ist die Kultur für Sie ein scheußlicher Begriff?
Absolut nicht scheußlich. Scheußlich wird's immer dann, wenn Sie sich mit den Bettnässern des Feuilletons in Deutschland auseinanderzusetzen haben. Kultur ist für mich ein kollektiver geistiger Erregungszustand, den ich immer erwünscht habe und immer herbeizuführen versuche. Ganz praktisch: An meinen Sets

herrscht dieser stille, tiefe Erregungszustand.

4 Können Sie in wenigen Worten noch einmal die Installation erklären, mit der Sie im letzten Jahr im Whitney Museum in New York an der Biennale teilgenommen haben?
Man hat mich zu dieser Biennale eingeladen, und ich habe sofort gesagt: Nein. Zur Gegenwartskunst habe ich keinen Bezug. Die kamen dann mit »Aber Sie als Künstler ...«. Und ich habe durchs Telefon geblafft: »Ich bin kein Künstler, ich bin Soldat!« Meine Frau, die hörte, dass ich da mit irgendeinem Museum sprach, sagte: Überleg doch mal. Dich beschäftigen so viele Dinge, die weder in der Literatur noch im Kino ausdrückbar sind. Meine Installation waren dann Projektionen auf drei Wänden – Drucke des für mich sehr wichtigen Künstlers Hercules Seghers, der in der Früh-Rembrandt-Zeit gearbeitet hat. Der war seiner Zeit einfach drei-, vierhundert Jahre voraus. Nur der junge Rembrandt hat ihn ernst genommen. Für mich ist Seghers der Vater aller Modernität. Witzig war natürlich, dass keiner der Kuratoren vom Whit-

ney den Namen Hercules Seghers je gehört hatte.

5 Was lernt man als 70-jähriger Filmregisseur, wenn man für die Hipsterband The Killers bei einem Konzertmitschnitt Regie führt?
Das war ein Live-Streaming. Es war nicht meine Idee, die Killers wollten unbedingt, dass ich das mache. Es ist merkwürdig, welchen bedingungslosen Anhang ich zum Beispiel unter Rockmusikern habe. Das für mich vollkommen neue Medium des Live-Streamings hat mich beeindruckt: Das haben zehn Millionen live gesehen.

Die Herzog-Stimme: Man kennt sie, zum Beispiel aus dem Filmporträt »Mein liebster Feind« (1999), in dem er die manische Beziehung zu seinem Lieblingsschauspieler Klaus Kinski aufarbeitet. Der schleppende, raunende, eindringliche Ton: Es ist immer alles so wichtig, was er sagt! Der Gestus des Sprechers Werner Herzog lautet: »Ich sage Ihnen hier jetzt etwas, das ich noch nie jemandem so gesagt habe. Hören Sie genau zu.« Weil es eben nicht unanstrengend ist, mit ihm zu sprechen, stellen wir ihm jetzt Plauderfragen: Niveausturz. Mal hören, wie er darauf reagiert.

6 Ist das ein Drei- oder ein Fünftagebart?
Ich weiß es gar nicht. Wie gesagt: Ich bin seit 48 Stunden fast ununterbrochen in Flugzeugen gewesen. Richtig ist: Ich rasiere mich ungern. Als noch lästiger, als mich zu rasieren, empfinde ich es, mir einen Bart wachsen zu lassen.

7 Ist das für Sie wichtig, sich morgens extra nicht die Haare zu kämmen?
Dazu kann ich jetzt nichts sagen.

8 Wie geht's dem Herzen?
Dem Herzen geht es gut. Danke.

9 Wie geht's den Augen?
Sie sind ein bisschen entzündet. Ich habe in der Sahara zu viel Staub und Sand hineinbekommen. Deshalb werde ich für Ihren Fotografen nachher auch wie der Schlagerstar Heino eine Sonnenbrille tragen.

10 Keine Lust, sich mal wieder einen Schnurrbart wachsen zu lassen?
Das kann ich im Moment nicht sagen.

Der Bart war, wenn ich mich richtig erinnere, ein ganz guter Schutz, hinter dem ich mich sicher fühlte. Komischerweise.

Also: Dieser Herzog ist ein derart ernsthafter Sprecher, plaudern geht mit ihm nicht so gut. Dass eine Frage unernst, ironisch, spielerisch gemeint sein könnte, das schließt er praktisch aus. Er antwortet in jedem Fall: ernst. Der Interviewer erklärt ihm nun, dass in den nächsten Fragen sein Ruhm in den USA thematisiert werden soll.

11 Selber überrascht darüber, wie berühmt Sie mittlerweile in den USA sind?
Ich habe ehrlich gesagt keinen wirklichen Bezug dazu. Ich empfinde das eher als bizarr.

12 Ihre Erklärung, warum Sie in den USA vor allem die 17- bis 23-Jährigen lieben?
Sie sind noch jünger: 15. Ich glaube, dass ich wirklich eine Alternative bin. Die sichtbar ist. Ich bin für viele ein Orientierungspunkt. Der Orientierungspunkt Werner Herzog hat sich seine Glaubwürdigkeit über Jahr-

zehnte in konsistenter Arbeit verdient. Wenn ich zu einer Session mit meiner Rogue Film School aufrufe – das sind sporadisch durchgeführte lange Wochenenden –, dann melden sich in den ersten 15 Minuten 3000 Leute.

13 Ist Ihnen das Wort »Kult« auch unangenehm?

Es ist mir völlig gleichgültig. In einer Betrachtungsweise auf mich hin ist es irrelevant.

14 Wann zuletzt von einem Wildfremden angesprochen oder gleich umarmt worden?

Das passiert schon, ja. Ich muss auch immer ein bisschen aufpassen. In Lokalen achte ich darauf, dass ich mit dem Rücken zur Wand sitze. Und jetzt habe ich zum Beispiel immer den Eingang im Blick. Es sind die klinisch Wahnsinnigen, die es auf mich abgesehen haben.

15 Was, um Himmels willen, ist da passiert, als Sie 2006 bei einem Fernsehinterview in Los Angeles angeschossen worden sind?

Das war ganz insignifikant, ganz unbedeutend. Jemand auf der anderen Seite der Straße brüllte: »Immer diese Filmstars! Immer diese Kameras!« Auf einmal hat's gekracht, und ich war getroffen: unterhalb vom Gürtel. Es galt mir, weil ich derjenige war, der vor der Kamera stand. Es fühlte sich an, als hätte jemand mit einem schweren, nassen Tuch gegen mich geschlagen. Es war keine schwere Verletzung. Ich bin nicht mal ins Krankenhaus gefahren.

16 Ist der Tom Cruise von Nahem betrachtet auch wieder nur ein netter Mensch?

Ihn als nett zu bezeichnen ist nicht ausreichend. Sie müssen da schon genauer hinschauen. Und ich hatte die Gelegenheit, genau hinzuschauen. Er ist außergewöhnlich aufmerksam seiner Umgebung gegenüber. Er schüttelt zum Beispiel irgendeinem Kabelträger am Set die Hand oder bringt einer Garderobenfrau einen Espresso. Was sofort ins Auge springt, ist das tiefe Ausmaß von Professionalität. Jede seiner Handlungen scheint generalstabsmäßig vorbereitet. Es ist zum Fürchten manchmal. So habe ich festgestellt: Er isst nicht wirklich so, wie wir essen. Er beschäftigt einen Ernährungsberater. Er nimmt also alle zwei Stunden eine kleine, ausgerechnete Menge von irgendetwas zu sich – sagenhaft. Er muss sich aber auch so verhalten. Sich in diesem Beruf jahrzehntelang an der äußersten Spitze zu halten bedarf einer außerordentlichen Disziplin. Die Disziplin schätze ich an ihm. Weil ich im Grunde genommen, nur in der Seele anders gelagert – als Bayer –, auch sehr diszipliniert bin.

Wir sind von der Filmfirma, die das Gespräch vermittelt hat, aufgefordert, den Filmpreis anzusprechen, den er diesen Monat erhält. Also: fünf Fragen zu der natürlich heiklen und kaum beantwortbaren Frage, ob der Regisseur Herzog in Deutschland genug Anerkennung erfahren hat.

17 So einen Filmpreis für hervorragende Verdienste, wie steckt man den seelisch weg?

Ach, eigentlich ist das bedeutungslos. Ich sehe dem Ganzen mit gemischten Gefühlen entgegen. Und zwar deshalb, weil so ein Ehrenpreis ja immer missverstanden werden kann: als Ende einer Karriere, als vorweggenommenes Begräbnis. Schauen Sie: Im letzten Jahr habe ich sechs Filme gemacht. In diesen Wochen werde ich vier Filme fertigstellen. Ich muss die nur noch mischen. Möglicherweise bin ich bald auch wieder als Schauspieler zugange. Das heißt: Ich arbeite in der rohen Gegenwart, im Hier und Jetzt – viel intensiver als in früheren Jahrzehnten. Ein Fazit zu ziehen hieße, nach hinten zu schauen. Ich bin völlig gegenwartsorientiert.

18 Haben Sie genug Preise bekommen?

Das ist alles irrelevant. Einen Preis für einen Film zu bekommen macht den Film nicht besser und nicht schlechter.

19 »Verlorener Sohn des deutschen Kinos«. Ist das ein guter Titel für Sie?

Ach ja.

20 »Bekanntester Unbekannter des deutschen Kinos«. Ist das ein angenehmer Titel für Sie?

Ich kann nicht viel damit anfangen. Weil ich ja doch einem bestimmten Kreis von Leuten, die Kino mögen, bekannt bin. Ich bin ja auch nie wirklich weg gewesen. Ich habe ja ununterbrochen Filme gemacht. Nur, vieles davon ist in Deutschland nicht im Kino gelaufen.

21 Warum ist so ein Superfilm wie »Grizzly Man« in Deutschland nicht im Kino gelaufen?
Das weiß ich nicht.

Unterbrechung. Eine besonders gut aussehende blonde Dame, die wirkt, als wäre sie nicht nur auf dieser Terrasse, sondern in der ganzen Welt zu Hause, tritt an den Tisch. Der Gentleman Herzog erhebt sich, begrüßt sie mit einer angedeuteten Umarmung. Die beiden unterhalten sich drei Minuten lang: Small Talk. Das sieht lustig aus, wie der deutsche Regisseur mit dem Pulli und die blonde Kanone sich unterhalten. Blondine ab.

Rosamund Pike: Im Übrigen auch sehr, sehr professionell. Kennen Sie sie? Sie spielt die weibliche Hauptrolle in Jack Reacher. Ich nehme sie als Geisel, was *Jack Reacher* beziehungsweise Tom Cruise sehr unwirsch macht.

22 Es gibt von Ihnen die Äußerung: »In Deutschland bin ich missverstanden worden.« Was genau haben wir missverstanden?
Falsch, das habe ich nie gesagt. Absolut nicht. Es ist undenkbar, dass so etwas von mir kommt. Eine Totalfälschung. Gleichzeitig muss ich sagen, dass ein paar Sachen von mir übersehen worden sind. Es lag wohl daran, dass ich nie einem großen Trend angehört habe. Mehr noch: Was Trend war, war immer weit von mir entfernt. Ich habe, zum Beispiel, dem Neuen Deutschen Film nicht angehört. Ende der Sechzigerjahre und in den gesamten Siebzigerjahren war das Postulat, die Weltrevolution durch Film zu bewirken, und ich habe gesagt: Ihr seid Kretins. Sowohl eure Analyse, dass Deutschland ein faschistoider Unterdrückungsstaat ist, ist falsch, wie das Heilmittel, Deutschland in kommunistische Kommunen aufzulösen. Es gab mich dann, wenn über mich geredet wurde, über mehr als ein Jahrzehnt hinweg nur mit einem schmückenden Beiwort, mit einem Epitheton ornans. Das besagte: Der faschistoide Regisseur Werner Herzog hat wieder einen Film gemacht. Natürlich! Ein Film wie *Aguirre, der*

Zorn Gottes galt als faschistoider Film.

23 Was können Sie über Ihr derzeitiges Projekt, die Verfilmung des Lebens der Archäologin und Geheimagentin Gertrude Bell, sagen? Darüber rede ich erst, wenn es abgefilmt ist.

Ihn angucken – so wie man ja oft erst nach zehn Minuten darauf kommt, sich denjenigen anzuschauen, mit dem man da spricht: Er ist groß. Eine imposante Gestalt. Der große, müde Kopf. Insgesamt: Seine Kultiviertheit, die in jeder Faser seines Körpers steckt, macht ihn zu einer angenehmen, vertrauenerweckenden Gestalt. Man kennt diesen Typus: So wie Herzog sehen die 68er aus, die heute um die 70 sind, unter Gerhard Schröder unser Land regiert haben und in München-Schwabing bei einem guten Italiener einen guten Rotwein bestellen. Biografie-Fragen.

24 Wie heißen Sie mit richtigem Namen? Da halte ich mich bedeckt. Es gibt verschiedene Versionen. Die Namen

sind wie viele Gerüchte über mich ein Kunstgebilde, das mich beschützt: In meinen Biografien taucht zum Beispiel immer wieder die Geschichte auf, dass ich in Pittsburgh für die NASA gearbeitet habe. Sie können auch nachlesen, dass ich aus Liebe zu meinen Filmen eine Astronautenkarriere abgebrochen habe.

25 Ihr erstes Filmerlebnis? Ich kann's kaum Erlebnis nennen. In der Dorfschule in den Bergen in Oberbayern tauchte, ich war gerade elf, ein fahrender Projektionist auf und führte zwei Filme vor, die mich beide nicht beeindruckt haben. Ein Film war über Eskimos, die ein Iglu gebaut haben. Nachdem ich sehr viel im Schnee aufgewachsen bin, konnte ich sehen: Das sind schlecht bezahlte Statisten, die nicht wissen, wie man mit Schneeharsch und Eis umgeht.

26 Immer wieder ist von einem Schauer die Rede, der Sie als Kind überkam. Was war da? Gut, das ist jetzt sehr blumig ausgedrückt. Richtig ist: Ich hatte mit 14 eine sehr intensive Phase, in der sich Perspektiven und Konstanten für mein Leben angelegt haben, die mich bis heute prägen. Erstens: zu Fuß unterwegs sein. Zweitens: Kino. Es war klar, das ist in gewisser Weise meine Bestimmung. Drittens: eine intensive religiöse Phase. Ich bin damals Katholik geworden. Obwohl ich heute nicht mehr religiös bin, habe ich ein tiefes Verständnis für die jüngsten Vorgänge im Vatikan, Rücktritt des alten Papstes, Wahl des neuen Papstes.

27 Wer war der Sturm-Sepp?

Ein Bauernknecht am Sturm-Hof. Wie er wirklich hieß, weiß ich nicht. Eine Mythenfigur, immer schweigsam. Nachdem wir ihn als Kinder geärgert haben, hat er mit der Sense nach uns ausgeholt: so einen magischen Kreis.

28 Echt wahr, dass Sie als junger Mann in Fiebertrance in einem Schuppen in Ägypten lagen, wo die Ratten an Ihnen genagt haben?

Ich war sehr krank, hatte starkes Fieber und mich in einen Geräteschuppen zurückgezogen. Da haben Ratten in die Ellbogenbeuge meines Pullovers ein Loch gefressen.

29 Echt wahr, dass Sie als Schmuggler gearbeitet haben?

Das ist alles ziemlich übertrieben. Ich war in Mexiko, wegen meines Visa-Status hatte ich die USA verlassen müssen. Damals, Anfang der Sechzigerjahre, war die Grenze noch nicht so abgesichert wie heute. In der Zwillingsstadt Reynosa-McAllen in Texas am Rio Grande gab es einen Schwachpunkt an der Grenze. Da bin ich morgens immer mit den Tagesarbeitern rüber und habe für reiche Rancheros teure Elektroartikel aus den USA über die Grenze gefahren. In einem Fall habe ich, was mir den Namen Waffenschmuggler einbrachte, für einen reichen Mann in Mexiko einen Colt aus reinem Silber besorgt.

30 Wie erklärt der Zu-Fuß-Geher Werner Herzog die Schönheit eines Hausfriedensbruchs?

Sie verwenden den falschen Begriff. Sie müssten eher von Einbrüchen in leer stehende Ferienhäuser reden – das ist etwas anderes. Wenn Sie zu Fuß in einem Schneesturm unterwegs sind, dann haben Sie ein natürliches Recht auf Schutz. Und ich hatte, wenn ich zu Fuß unterwegs war, immer dieses stählerne Chirurgenbesteck dabei, mit dem man Türschlösser öffnen kann. Sie brauchen für normale Sicherheitsschlösser ja mindestens zwei Geräte: einen nadelartigen Stahlstift, ein zweites, feines federndes Stahlgerät, das den Zylinder auf Druck hält. Wo immer ich eingestiegen bin, habe ich das Haus in absoluter Ordnung hinterlassen. Oft auch mit einem kurzen Dankzettel auf dem Küchentisch. Manchmal habe ich auch das halb ausgefüllte Kreuzworträtsel zu Ende ausgefüllt.

31 Sind Sie genug zu Fuß gegangen?

Der Mensch ist niemals genug zu Fuß gegangen.

32 Echt wahr, dass Sie Ihre ersten Filme mit einer geklauten Kamera gedreht haben?

Es gab einen Vorläufer der Münchner Filmschule: Deutsches Institut für Film und Fernsehen. Die hatten Geräte, bizarrerweise haben die mir nie eine Kamera geliehen. Ich bin nie auf einer Liste gewesen derjenigen, die als zukunftsfähig angesehen wurden. Also haben wir die Kameras enteignet.

33 Rückblickend, war das ein Glück oder eine Strafe, dass Sie den Bundesfilmpreis gleich für Ihren ersten Spielfilm »Lebenszeichen« im Jahr 1967 – Sie waren 24 Jahre alt – erhalten haben?

Das hat mich positiv tangiert, weil der Preis mit Geld verbunden war. Das Geld wurde sofort in zwei weitere Projekte gesteckt. Bis heute ist es so: Wann immer ich Geld einspiele, wandert es sofort ins nächste Projekt.

34 Worin liegt der tiefere Grund Ihrer ein Leben lang anhaltenden USA-Begeisterung?

Ich habe ja doch ein ambivalentes Verhältnis. Die Gründe, warum ich hier in Los Angeles lebe, sind offensichtlich. Der einfachste aller Gründe: Ich bin hier sehr glücklich verheiratet. Vor 18 Jahren bin ich mit nichts gekommen, ich bin praktisch mit einer Zahnbürste hier angekommen. Seither, glaube ich, habe ich alles richtig gemacht: Ich bin einer von den wenigen Männern, die ich kenne, die wirklich glücklich verheiratet sind. Ich habe absolut Glück gehabt. Das Zweite: Meine Frau und ich haben uns in der Bay Area kennengelernt, sind da ein paar Jahre gewesen, wollten weg. Wir haben gesagt, wir müssen in den Ort gehen, an dem die meiste Substanz in den USA ist. Da war es ganz schnell klar: Los Angeles.

35 Noch mal: warum Los Angeles?

Sie dürfen in Los Angeles nicht nur den Glanz und Glamour von Hollywood sehen. Dahinter verbirgt sich eine ungeheure Dichte an kreativer Intelligenz: Schriftsteller, Musiker, Mathematiker, Zauberkünstler. Wo immer Sie hinschauen, ist eine enorme Tiefe, ein großer Aufruhr da, der mir sehr liegt. Zweitens empfinde ich es als sehr angenehm, in Südkalifornien zu leben, wo alles, was wichtig ist, was die Welt seit einem halben Jahrhundert prägt, entstanden ist: Free Speech Movement, Computer, die Akzeptanz von Schwulen und Lesben als Teil einer würdevoll sich verstehenden Gesellschaft, die kollektiven Träume der Welt – jetzt rede ich von Hollywood. Auch alle Dummheiten stammen von hier: die Hippie-Bewegung, die New-Age-Idiotie, Aerobic-Studios, Starlets, die in Yoga-Klassen gehen. In einer Umgebung zu leben, aus der diese ungeheuerlichen Aufbrüche kommen, ist richtig.

36 Aus der Ferne betrachtet: Was interessiert Sie im Moment an Deutschland?

Deutschland hat, zusammen mit Frankreich, eine gewisse Führungsrolle übernommen. Ich sage das mit der nötigen Vorsicht: Wie Deutschland versucht, das angeschlagene Schiff Europa zu halten, finde ich gut. Als die Europäische Union den Friedensnobelpreis erhalten hat, gab es ein für mich nicht nachvollziehbares Gemaule in den deutschen Medien. Dabei ist das ein ungeheures Ereignis von außerordentlicher Tragweite. Europa ist das größte praktizierte Friedensprojekt in der Weltgeschichte.

37 Einmal Deutscher, immer Deutscher?

Nein. Einmal Bayer, immer Bayer.

38 Haltet ihr Bayern in L. A. eigentlich zusammen?

Nein, es gibt hier keine Bayern außer mir. Das ist ein Unglück, dass es niemanden gibt, der meinen Dialekt sprechen könnte. Der Dialekt fehlt mir hier am meisten.

39 Welcher Satz auf Bayerisch klingt besonders schön?

Da möchte ich natürlich den Klassiker nennen: Mir san mir und schreim uns uns.

40 Welcher Satz auf Denglisch klingt schön?

Vom Komiker Otto gibt es ein paar wunderbare Direktübersetzungen vom Deutschen ins Englische. Zum Beispiel: *Egg freelight*. Für »Ei freilicht«.

41 Wenn Sie sagen: »Entschuldigung, aber ich bin Bayer«, was meinen Sie damit?

Ich sehe mich eher als Teil einer regionalen Kultur denn als Teil der übergreifenden Kultur Deutschlands.

42 Ihr bester Satz als Superbösewicht The Zec in »Jack Reacher«?

Normalerweise haben Böse ja große Kanonen. Oder sie brüllen oder haben Faustgefechte. Die Macher aber brauchten eine Art Epizentrum des Übels und der Bosheit: einen, der gefährlich aussieht, bevor er spricht und schießt. Sie hatten eine Reihe bekannter Darsteller getestet. Dann kamen Tom Cruise und der Regisseur Christopher McQuarrie auf die Idee: Wir holen uns den Herzog. Ich habe das auch richtig abgeliefert. Ich bin wirklich, bevor ich etwas sage, absolut schreckenerregend.

Die Intensität des Gesprächs bleibt hoch. Selten hat man erlebt, dass ein Mensch beim Sprechen und Geschichtenerzählen so auf Wirkung setzt: Er will verstören, aufrühren, in Erstaunen versetzen, er will die totalen Hämmer hinlegen. Gleichzeitig sind der biblische Ernst und die Humorlosigkeit seiner Ansagen natürlich auch kräftezehrend. Eigentlich gilt doch unter Menschen, dass man den eigenen gesprochenen Text durch Gags und Übertreibungen auflockert. Nein, für ihn gilt das nicht. Er muss hier die totale Wahrheit, seine Wahrheit, seine Sicht der Dinge darlegen: Wer braucht da einen Gag? Man merkt ihm an, dass die Plattheit einiger Fragen ihn anstrengt und ihm auf die Nerven geht – dann will er ganz Profi sein und sich keine Verstimmung anmerken lassen. Fragen zu seinem Handwerk, dem Schauspielern und Schauspieler-Führen.

43 Noch mal zum Tom Cruise: Warum ist das ein guter Schauspieler?

Was er macht, das macht er richtig. Das ist natürlich nur eine bestimmte Art von Filmen, in denen er auftaucht – Filme, in denen es weniger um Schauspielern geht als um eine physische Präsenz. Er macht ja alle seine Stunts selber. Ich habe Respekt vor Cruise, wie ich vor Schwarzenegger als Schauspieler Respekt habe – beide stellen Industrieprodukte her, die außergewöhnliche Wirksamkeit in der Welt haben. Ich wünschte mir, die Schauspieler, mit denen ich arbeite, hätten die Hälfte der Disziplin.

44 Ist der James Franco ein guter Schauspieler?

Ja, klar. Sie müssen sich *Spring Breakers* ansehen.

45 Ist der Mick Jagger auch ein guter Schauspieler?

Der war so gut! Ein absoluter Wüterich. Er ist nie wirklich entdeckt worden. An Mick Jagger ist ein ganz großer Schauspieler verloren gegangen.

46 Wie beurteilen Sie die schöpferische Kraft des Teeniestars Robert Pattinson, mit dem Sie demnächst drehen werden?

Das ist ein sehr intelligenter Mensch. Schreibt gut. Weiß genau, was er macht. Er weiß auch, dass er aus diesem nur kurzlebigen Rollenfach des Teeniestars herausmuss.

47 Kann man die Schauspielerei lernen?

Nur bis zu einem gewissen Grad. Vielleicht ist sie für das Theater eher erlernbar als fürs Kino.

48 Haben Sie als schauspielernder Regisseur die Vorbilder Alfred Hitchcock und Otto Preminger?

Daran habe ich noch nie gedacht, nein. In eigenen Filmen tauche ich übrigens nicht als Schauspieler auf, das versuche ich zu vermeiden.

49 Ihr Lieblings-Bösewicht in der Filmgeschichte?

Vielleicht der Edward G. Robinson.

50 Wie kriegt man als Schauspieler das Böse auf die Leinwand?

Ganz einfach: Ich streite mich fünf Schritte von der Kamera entfernt mit einem Produktionsmenschen über das Per Diem, das Tagegeld, das wir als Darsteller kriegen. Und dann heißt es: Die Kamera läuft schon.

51 Was können Sie als Nichtschauspieler spielen, was können Sie nicht spielen?

Sie dürfen nicht immer nur von Bösewichten reden. Wenn Sie sich Harmony Korines Julien Donkey-Boy anschauen: Der brauchte einen Vater in einer völlig dysfunktionalen Familie. Gefährlich feindselig zu den Kindern, chaotisch, ein Epizentrum im Untergang dieser Familie. Da bin ich richtig besetzt.

52 Notiz für alle Herzog-Biografen: Haben Sie Ihren Hauptdarsteller Kinski bei den Dreharbeiten zu »Aguirre« nun zu erschießen gedroht oder nicht?
Antwort ist: Ja. Was Sie so lesen im Internet, stimmt trotzdem nicht. Ich habe ihm das ganz leise gesagt. Und ich war unbewaffnet.

Wunderbare Pointe: Er hat es gesagt. Aber er war unbewaffnet. Wir bleiben nun 30 Fragen lang bei einem Thema: Fazit der Herzog'schen Kunst. Wie beurteilt er das, was er in 50 Jahren Filmen und Schreiben geschaffen hat?

53 Drehkreuz und Flaschenzüge?
Interessant, dass Sie das fragen. Ich bin mit beiden Werkzeugen gerade intensiv beschäftigt. Ich war jetzt, vor zweieinhalb Wochen, im Geheimar-

chiv der Vatikanischen Bibliothek, für ein ganz spezielles Projekt. Ich hatte festgestellt, dass der Obelisk, der auf dem Petersplatz steht, genau so aufgerichtet wurde, wie ich mein Schiff über den Berg gezogen habe – eine Methode, die ich selber entwickelt habe. Mit Drehkreuzen, Flaschenzügen, schrägen Ebenen und riesigen, gewaltigen Stahltrossen. Da ist mir Material von 1560 vorgelegt worden, das ich noch durcharbeiten möchte – eine Art von körperlicher Logik, die ich mir selber erarbeitet habe, aber die natürlich auch die Renaissance zu entwickeln verstanden hat.

54 Warum eigentlich immer wieder in den Dschungel?
Da müssten Sie auch fragen: Warum immer wieder ins Hochgebirge? Warum immer wieder in die Wüste? Die einfache Antwort: Der Dschungel ist der Ort der Fieberträume. Da fühle ich mich richtig angesiedelt. Da passen Kino, Oper, Kinski und ich hin.

55 Ist das Ihr Ernst, dass in »Fitzcarraldo« ein Dampfschiff über einen Berg gezogen wird?
Das war ein Dampfschiff, ja. Sie müssen das noch mal in meinen Aufzeich-

nungen *Eroberung des Nutzlosen* nachlesen. Der Moment, in dem ich das Schiff über den Berg habe und es auf der anderen Seite in den Parallelfluss hinuntergleitet – das war ein Moment völliger Sinnentleertheit. Und völliger Entleertheit aller Emotionen: keine Freude, keine Begeisterung, kein Aufatmen, nichts. Bis heute gibt es von dieser Sinnentleertheit ein Echo. Wenn Sie mich fragen, ob es mich gefreut hat, das Ding über den Berg zu bringen – Antwort: Nein! Aber ich habe das Schiff über einen Berg gebracht. Es ist eine zentrale Metapher in einem Film, und diese Metapher hat weltweit beim Publikum gegriffen.

56 Warum ist Ihnen der Stummfilmregisseur Friedrich Wilhelm Murnau wichtig?

Deshalb, weil die Generation der Großväter für mich wichtig war. Die Väter waren ja ein ziemlicher Totalausfall, wegen der Nazizeit und all der Entsetzlichkeiten. Mein Großvater war mir auch rein physisch wichtiger als mein eigener Vater. Und Murnau ist ganz schlicht der Beste von allen. Schauen Sie sich Nosferatu an. So

stark, so visionär. Er hat einen düsteren Film gemacht, in dem sich auf eine Art schon der Schrecken der Nazizeit ankündigt. Dadurch, dass ich auch einen *Nosferatu* gemacht habe – sicher kein Remake, sondern einen eigenen *Nosferatu* –, konnte ich mich in Richtung Murnau verbeugen. Er hat mir kulturell einen Boden unter den Füßen bereitet.

57 Warum sollen die jungen Leute lesen, wenn Sie selber kaum lesen?

Ich lese selber sehr viel – jedenfalls viel mehr, als ich ins Kino gehe. Ich schaue im Durchschnitt vielleicht drei Filme im Jahr. Den Schülern in der Rogue Film School predige ich jeden Tag: Lest, lest, lest, lest, lest. Wenn ihr nicht lest, werdet ihr nie einen guten Film machen. Ich habe sogar eine verpflichtende Liste von Lektüre erstellt. Sie fängt mit Vergils *Georgica* an. Kurzgeschichten von Hemingway. Dann der Warren Commission Report.

58 Warum ist der »Warren Commission Report« eines der spannendsten Bücher auf Erden?

Das ist der Bericht der Kommission des Präsidenten Johnson über die Ermordung des Präsidenten Kennedy. Jeder, der über das Kennedy-Attentat spricht, tut diesen Warren-Report als Regierungsakte ab – auch der Regisseur Oliver Stone, dem es nur um Legendenbildung und Verschwörungstheorien geht, hat den Warren-Report natürlich nie gelesen. Es handelt sich in erster Hinsicht um eine außerordentliche Kriminalstory. Nichts, was ich gelesen habe, hat mich je so gefesselt. Dieser Report hat eine logische Schlüssigkeit, die völlig einzigartig ist. Ein ungeheures Zivilisationsprodukt.

59 Nach wie vor der Meinung, dass Ihre Aufzeichnungen »Eroberung des Nutzlosen« besser sind als alle Ihre Filme?

Ich versuche es immer anders zu sagen: Mein Gefühl sagt mir, dass die *Eroberung des Nutzlosen* oder mein Buch *Vom Gehen im Eis* ein längeres Leben in der Zukunft haben werden als die Filme.

60 Und: Stehen Sie weiter zu Ihrem schönen Selbstlob, dass es unter den deutschsprachigen Autoren der Gegenwart kaum einer mit Ihnen aufnehmen kann?

Das ist kein Selbstlob. Das ist eine simple Feststellung: Wenn Sie sich in der Literaturlandschaft umsehen, dann entdecken Sie keinen, der solche Prosa schreibt.

61 Warum schreiben Sie nicht mehr?

Das frage ich mich auch. Filme sind vordringlicher im Moment. Die letzte Zuflucht war immer Sprache. Andere nehmen Drogen oder werden religiös.

62 Wer genau war diese Lotte Eisner?

Eine Filmhistorikerin, die viel mit Literatur zu tun hatte. Die große Mentorin des jungen deutschen Films. Sie wurde unter entsetzlichen Drohungen aus Deutschland vertrieben, floh am Tag der Machtergreifung nach Paris. Mit Henri Langlois hat sie an der Cinémathèque française gearbeitet. Von ihr gibt es die großen Monografien über Murnau und Fritz Lang und mit *Die dämonische Leinwand* das grundlegende Buch über den deutschen Stummfilm. Für mich war sie von großer Wichtigkeit, weil sie seit meinem ersten Film gesehen hat, dass ich jemand bin, der unterstützt werden sollte. Fritz Lang hatte ihr gesagt: »Aus Deutschland wird nie wieder ein guter Film kommen.« Und sie schrieb zurück: »Fritz, das stimmt nicht. Ich schicke dir einen Film vom Herzog.«

63 Wie sehen Sie das heute: Haben Sie Lotte Eisner mit Ihrem Buch »Vom Gehen im Eis« das Leben gerettet?

Natürlich nicht. Das hat sie selber bewirkt.

64 Ihre surrealste Naturerfahrung?

Ein Gewitter in der Republik Niger. Bei Nacht. Wenn ich »Gewitter« sage, dann, weil es in unserem Sprachschatz dafür keinen anderen Ausdruck gibt. Sie hätten Zeitung lesen können, so ununterbrochen war der Himmel von Blitzen erleuchtet.

65 Ihre surrealste Erfahrung in einer Großstadt?

Ich hatte schweres Fieber, Denguefieber, kam gerade in Rio de Janeiro an und bin um sechs Uhr früh, bei Tagesanbruch, ausgeraubt worden. Von johlenden Jugendlichen, die in einem offenen Auto angefahren kamen und mir das Messer an die Kehle und die Pistole auf die Brust hielten. Fünf Minuten nachdem sie mir alles abge-

nommen hatten, kamen sie johlend zu mir zurückgefahren und warfen mir meinen Reisepass vor die Füße.

66 Haben Sie als Künstler Fantasien, die Sie mit niemandem teilen können, weil sie zu krass sind, wie, sagen wir, Kinder ohrfeigen, unten ohne auf einer Party rumstehen, mit einem Düsenjet über Los Angeles donnern?

Das gibt es nicht bei mir. Alles, was in mir rumort, hat sich auf der Leinwand, in Büchern oder Installationen niedergeschlagen.

67 Fällt es Ihnen leicht, Ihre alten Filme zu mögen?

Absolut leicht, ja.

68 Wenn Sie an Ihren Film »Aguirre, der Zorn Gottes« denken: Wie lange ist der gefühlt her, 40 oder 140 Jahre?

Als wäre es gestern gewesen. Der Film altert auch nicht. Wenn Sie den heute angucken und Ihnen jemand sagt, der ist 1971 gemacht worden, glauben Sie das nicht.

69 Können Sie jetzt bitte noch mal eine Ihrer lustigen Abfälligkeiten über die Psychoanalyse äußern?

Ich glaube, dass es sich bei der Psychoanalyse um einen der großen Irrtümer des 20. Jahrhunderts handelt. Es hat niemandem gutgetan. Es ist nicht richtig, dass wir zu tief in uns selber hineinschauen. Wir sind nicht dafür gebaut.

70 Was sagt es über den Filmemacher Herzog, dass Sie Ihre Drehbücher stets in einem schnellen Schub hinschreiben?

Ich fange ein Drehbuch eben erst zu schreiben an, wenn ich einen Film ganz vor mir sehe.

71 Großfrage: Wie kommt der Filmer zu seinem Stoff?

Keine Ahnung. Mir schwirren, während wir hier sitzen, mindestens sieben, acht Projekte durch den Kopf. Ich fokussiere aber immer nur auf eines. Ich bin da ganz methodisch: eins nach dem anderen. Wenn Geld ohne Grenzen zur Verfügung wäre, könnte ich innerhalb von zwei Jahren fünf Spielfilme drehen.

72 Richtig, dass die Arbeit des Filmemachens vor allem in die Knie und Oberschenkel geht?

Das habe ich zwar so gesagt – allerdings zielte die Frage damals auf intellektuelle Konzepte und strukturelle Maßnahmen, die ich da angeblich denkerisch vollbringe. Ich habe damals etwas entnervt entgegnet: Filme kommen nicht vom analytischen Denken, vom akademischen Ansatz. Filme kommen aus den Knien. Im Übrigen waren ein relativ hoher Prozentsatz von Filmemachern athletische Leute. Viel mehr als Musiker oder Schriftsteller.

73 Bringt's die eigentlich, die Unterscheidung in Dokumentation und Spielfilm?

Für mich ist da die Grenzziehung nicht so streng. Weil ich mit Dokumentationen ja auch sehr erfinderisch bin und im hohen Grade stilisiere.

74 Warum ist ein guter Dokumentarfilm fiktiv?

Nicht unbedingt nur fiktiv. Mich stört an dem Postulat, dass Dokumentationen ausschließlich faktenbestimmt sein müssen. Das ist öde. Dann wäre nämlich das Telefonbuch von Manhattan das Buch aller Bücher: alles verifizierbar, alles korrekt, jede Nummer ein Anschluss. Es ist aber leider nicht das spannendste Buch.

75 Bedeutet Ihnen die Popmusik noch etwas?

Ich war nie ein großer Anhänger des Pop. Aber ich nehme natürlich wahr, was sich da abspielt.

76 Ist das ein künstlerisches Fazit von Ihnen, dass wichtige Kunstwerke sich erst einmal sperren, also gegen einen Widerstand durchgesetzt werden müssen?

Manches kann natürlich ganz leicht gelingen. Spielerisch, wie nebenbei. Der Mozart war so jemand. Gerade, bevor die Sixtinische Kapelle wegen des Konklaves zugemacht wurde, war ich da noch mal drin und dachte: Was für eine ungeheuerliche Lebensleistung! Gegen unfassbare Widerstände durchgesetzt. Das Werk von nur einem Mann.

77 War das immer die Idee, dass Sie an einem umfassenden Werk arbeiten?

Das klingt zu hochtrabend. Das hieße ja, dass man mit einer weihevollen Zukunft im Visier arbeitet. Im Übrigen, die Nachwelt ist mir auch ziemlich egal.

78 Was können Sie mit 70 besser als mit 25?

Ich bin viel schneller. Und dadurch spare ich Kosten ein. Beispiel: *Bad Lieutenant* mit Nicholas Cage habe ich drei Wochen nach Drehende abgeliefert. *Grizzly Man* war neun Tage nach Drehende fertiggestellt. Und zwar deshalb, weil ich völlig klar sehe, wo ich zu navigieren habe.

79 Sind Sie einverstanden, dass Sie als Filmemacher heute so gut sind wie noch nie?

Ich wiederhole mich nicht. Das ist wichtig.

Hoch konzentrierter Werner Herzog. Der Interviewer ist erschöpft. Der Interviewte ist nicht erschöpft. Das vorgeblich Irre dieses Mannes ist vor allem seine irre Disziplin. So viele Geschichten, Gedanken, Thesen, die, weil es die Form der 99 Fragen so vorsieht, nicht zu Ende besprochen, sondern nur angerissen werden. Er wird nun in den Talenttest eingewiesen.

80 Ich nenne Ihnen jetzt einen Begriff. Sie schätzen bitte Ihr Talent von null Punkten, kein Talent, bis zehn Punkte, maximales Talent, ein. Badass.

Null.

81 Masochist.
Minus 35.
82 Grauhaariger Killer.
Grauhaarig: zwei. Killer: null.
83 Wahnsinniger.
Minus 800.
84 Soldat des Kinos.
Zehn.
85 Deutscher Regisseur.
Zwei. Weil ich mich eher als Bayer sehe.
86 Punk.
Da habe ich keinen Begriff davon.
87 Genie.
Die gab's zur Zeit des Sturm und Drang. Ein Begriff, der jetzt fast zwei Jahrhunderte passé ist. Null.
88 Präsident der Vereinigten Staaten von Amerika.
Da haben wir einen guten. Also, keine Ambitionen. Null.

Die Ratlosigkeit, mit der die klugen Köpfe nach dem ausführlichen, dem sogenannten guten Gespräch dasitzen: Ach echt? Das war's? Was haben wir jetzt eigentlich besprochen? Gut ist so ein Gespräch vielleicht dann gelaufen, wenn der Interviewer, wenn der Leser denkt: »Jetzt fangen wir an.

Jetzt möchte ich mal wirklich etwas erfahren.« Das waren 90 Minuten Interview mit dem großen deutschen Regisseur und Künstler Werner Herzog im Hotel Chateau Marmont in Los Angeles.

89 Haben Sie einen Vogel?
Ein irgendwie verrückter oder manischer Arbeiter bin ich ja nicht. Ich bin ganz methodisch vor mich hin arbeitend. Wann immer Sie mich besuchen würden – Sie würden mich nie hektisch bei der Arbeit sehen. Das bin ich nicht. In aller Ruhe. Mit schönem Schwung. Es sind zu viele Dinge hinter mir, die mich vorwärtsdrängen.
90 Welches ist das größte Rätsel auf Erden?
Da gibt es viele. Punktuell kann ich sagen: der Diskos von Phaistos. Das ist eine auf der Insel Kreta gefundene runde Tonscheibe mit einer Inschrift, die man mit Sicherheit nie entziffern können wird.
91 Woher nehmen Sie diese unendliche Ruhe?
Ich bin tatsächlich ganz ruhig. Ich glaube, ich habe mich mit genügend Philosophie gewappnet.

92 Korrekter Eindruck, dass Sie ein ziemlich undepressiver Mensch sind?

Das kann ich schwer beantworten, weil ich nicht auf mich schaue.

93 Warum haben Sie noch mal keine Angst vor dem Tod?

Weil er zu uns gehört wie das Leben auch. Der Tod beeindruckt mich nicht.

94 Wann zuletzt in der Festivalstadt Hof Fußball gespielt?

Ach, das liegt lange zurück.

95 Ihr Gruß an den deutschen Filmemacher Klaus Lemke?

Den habe ich, glaube ich, nie getroffen.

96 Ist Ihnen klar, dass in Berlin junge Männer rumlaufen, die Werner-Herzog-Schnauzbärte tragen?

Einen Schnauzbart hat in meiner Zeit jeder andere Depp auch getragen. Also, schönen Gruß an die jungen Männer. Ich kann mir schlecht vorstellen, dass das auf mich bezogen ist.

97 Wie schmecken Schuhsohlen?

Die Sohlen habe ich nie gegessen, die waren aus Gummi. Das Leder selber ist okay, das können Sie essen. Unser Verdauungssystem ist dafür eingerichtet. Sie können auch Ihren Gürtel essen.

98 Wie sieht der liebe Gott aus?

Sicherlich weißhaarig, mit Rauschebart und einer wallenden Toga. Nein. Ich scherze.

99 Können Sie einen Zaubertrick?

Mein älterer Sohn ist ein großartiger Zauberer. Ich kann ein paar Zaubertricks, aber auf einem Niveau, das nur mit Fünfjährigen funktioniert: Kartentricks, Münzen verschwinden lassen.

13. April 2013

FRANK CASTORF

Im Pressebüro des Bayreuther Fest-
spielhauses gibt es ein kleines, enges,
im Stil der Fünfzigerjahre einge-
richtetes Besprechungszimmer: Hier
finden seit den ersten Nachkriegs-
festspielen die Interviews mit Regis-
seuren, Dirigenten und Festspiellei-
tern statt, der Reporter hat hier auch
schon oft gesessen. Dieses Mal braucht
der Reporter gar nicht erst anzurei-
sen – das Interview mit dem Regisseur Frank Castorf, der am 25. Juli
die diesjährigen Bayreuther Festspiele
mit dem »Ring des Nibelungen« eröffnet, findet nicht statt. Das Pressebüro
hat den Termin kurzfristig abgesagt
mit dem Hinweis, dass es »zu unserem großen Bedauern in absehbarer
Zeit keine Interviews geben wird«. Ist
doch in Ordnung. Castorf, der Inter-
view-Absage-König (wir haben nichts
gegen Regisseure, die keine Interviews
geben, uns gehen nur die auf die Nerven, die Termine kurzfristig absagen).

Frank Castorf, 61: Früher mal, vor etwa zehn Jahren, war er ein Theater-
könig, heute ist er zumindest noch ein
Mythos. Beliebte Titel für ihn lauten:
der böse Bube, Bürgerschreck, Stücke-
zerstörer, der, hihi, Regie-Terrorist.
Seit 1992 leitet Castorf die Berliner
Volksbühne, er hat dort die Idee, dass
ein Theater groß, wild, anstrengend
und sensationell sein kann und ein
junges, kluges und politisches Publikum ins Haus holt, praktisch im Al-
leingang hochgehalten und durchgesetzt. Seit fünf, sechs, sieben oder acht
Jahren, also nun auch schon seit einiger Zeit, gilt es als ausgemachte Sache,
dass dem ehemaligen König leider
kaum noch etwas einfällt. Castorf-
Stücke, das sind wirre, müde, vor
allem lange Abende. Und nun also,
du liebes bisschen, die große »Ring«-
Inszenierung. Die Leitung der Bayreuther Festspiele beweist seit 40 Jahren (also etwa seit der grundlegenden,

immer wieder zitierten Patrice-Chéreau-Inszenierung von 1976) ein grauenhaftes Talent, die Großen aus Theater, Kino und Kunst etwa zehn Jahre zu spät zu fragen, ob sie eine Inszenierung übernehmen möchten. Spätestens seit vorletztem Jahr gilt die »Ring«-Inszenierung 2013 als Problemfall. Erst sollte Wim Wenders sie machen (abgesagt), dann Tom Tykwer (nie zugesagt), dann gab es überhaupt niemand mehr, der es machen wollte: Krise. Nun also Castorf. Er ist der Einzige, der die Stahlnerven und die lässig verschlampte Chuzpe hat, das Opernmonster aus vier Abenden oder 17 Stunden Laufzeit in der absurd knappen Probezeit von einein- halb Jahren auf die Bühne zu bringen. Es gäbe, natürlich, unendlich viel mit dem Regisseur zu besprechen. Andererseits: Gar keine Antwort ist doch auch super. Stellen wir hier unsere Fragen und lassen Frank Castorf mit seiner »Ring«-Regie in Bayreuth antworten. Im Folgenden die 99 Fragen, die Castorf hätte beantworten müssen, hätte er das Interview nicht abgesagt.

1 Kokain oder Whisky?
2 Brecht oder Müller?
3 Angela Merkel oder Brigitte Bardot?
4 Romane oder Theaterstücke?
5 Fünf Uhr nachmittags oder fünf Uhr früh?

Es folgen: Fragen zum Irrsinnsprojekt des »Rings« und zur Unmöglichkeit, das Riesending pünktlich auf die Bühne zu bringen.

6 Ist Ihre Laune gerade schlecht oder ganz hundsmiserabel?
7 Ein Wahnsinn, dass Sie in diesem Jahr den »Ring des Nibelungen« inszenieren?
8 Sie wollten einmal durch sein mit dem »Ring«, bevor Sie mit Journalisten sprechen. Und? Sind Sie durch?
9 Haben Sie im »Ring« Ihren Meister gefunden?
10 Sind eineinhalb Probenjahre für den »Ring« ein Witz?
11 Ist das ein Fehler, den »Ring« an vier Abenden, nicht in einem Stück zu zeigen?
12 Korrekt, dass die erste Wagner-

Inszenierung, die Sie gesehen haben, der Film »Apocalypse Now« ist?

13 Stimmt die irre Geschichte, dass Sie sich mit dem Hören des neuen Black-Sabbath-Albums »13« in Stimmung für Bayreuth gebracht haben?

14 Können Sie auswendig die Akkordfolge aufsagen, zu der Brünnhilde im dritten Aufzug des »Siegfried« erwacht und ihr neues Leben beginnt?

Und weiter: Wir versuchen, da hinzugehen, wo er sich im Kopf wohl gerade aufhält, bei seiner Inszenierung, und ihn möglichst konkret nach seinem Regiekonzept zu fragen.

15 Bei Ihrer »Ring«-Inszenierung, sagen Sie, haben Sie »an Öl gedacht, an die Route 66, eine Tankstelle, einen Pool«. Woran haben Sie bitte gedacht?

16 In zwei Sätzen, wovon handelt der »Ring«?

17 Wer ist Siegfried?

18 Wer ist Wotan?

19 Ist der »Ring« eine Oper des 19. Jahrhunderts?

20 Ist der »Ring« eine Volksbühnen-Oper?

21 Walhalla Wall Street?

22 Ihnen klar, dass Wolfgang Wagner das Regiekonzept »Walhalla Wall Street« schon im Jahr 1960 erfunden hat?

23 Konnten Sie als alter Regiehase sich davor drücken, das Libretto zu lesen, bevor Sie den »Ring« inszenierten?

24 Ist das ein Problem, dass man selbst beim Bayreuther Publikum die Leitmotive nicht als bekannt voraussetzen kann?

25 War Dirigent Kirill Petrenko geduldig mit Ihnen?

26 Ihr Bühnenbildner, der Serbe Aleksandar Denic, hat den Alexanderplatz in Berlin nachgebaut. Wieso denn den Alexanderplatz?

27 Kann man sagen, dass, wenn das »Rheingold« sinnvoll inszeniert auf der Bühne steht, die restlichen drei Abende nur so wegschnurren?

28 Richtige Information, dass Sie das Bayreuth-Publikum damit ärgern werden, dass es Film auf der Bühne geben wird?

Wir werden in den nächsten Fragen Sachverstand zeigen, ein wenig Bayreuther Insider-Wissen bringen müssen.

29 Welche »Ring«-Szene ist dramaturgisch die spannendste?

30 Ewiges »Ring«-Regisseur-Vorbild Joachim Herz?

31 Kennen Sie einen klügeren »Ring«-Essay als die sozialistische Parabel von George Bernard Shaw aus dem Jahr 1898?

32 Wie ist es möglich, der Jahrhundertinszenierung von Patrice Chéreau aus dem Jahr 1976 zu entkommen?

33 Wär's nicht lustig, die Bärenfelle und Flügelhelme von 1876 mal wieder auf die Bühne zu bringen?

34 Wäre das eine Idee, den »Ring« als »Drittes Reich«-Geschichte zu inszenieren, mit allen Plattheiten, Bosheiten, Übertreibungen: Hagen und Mime sind Juden, Wotan und Siegfried Nationalsozialisten?

35 Geht das überhaupt, den »Ring« neu zu inszenieren?

36 Spinnen die, die Franken?

37 In welchem Bayreuther Lokal wird der beste Schweinsbraten serviert?

38 Echt wahr, dass ihr in Bayreuth auch eine gute Oben-ohne-Bar habt?

39 Ist es wurscht, dass Wagner 200 Jahre alt wird?

40 Macht es für Ihre Kunst auch keinen Unterschied, ob Wagner ein schlimmer oder ein ganz entsetzlich schlimmer Antisemit war?

41 Haben Sie den Richard-Enkel Wolfgang noch persönlich kennengelernt?

42 Ein Glück, dass Gudrun Wagner nicht mehr heimliche Chefin am Grünen Hügel ist?

43 Mit wem kann man besser reden, mit der Eva oder der Katharina?

44 Verstehen Sie, warum die legendär harten Sitze im Festspielhaus bis heute nicht gepolstert sind?

45 Ihnen eigentlich bekannt, warum Lars von Trier die »Ring«-Regie abgesagt hat?

46 Ist es schade, dass das Bayreuther Publikum im Durchschnitt 72 Jahre alt ist?

47 Ein Jammer, dass die erzkonservative Wagner-Fraktion sich kaum noch traut, den Mund aufzumachen?
48 Wie wollen Sie den Bayreuth-Stammgast Thomas Gottschalk überzeugen?
49 Ab wie viel Minuten Länge macht für Sie ein Buh-Konzert so richtig Spaß?

Wir gehen nun weg von Bayreuth und öffnen zur Legende des großen Theatermanns: Kurzporträt des Regisseurs Frank Castorf.

50 Prolo-Schnauzer, Schiebermütze, Achselhemd?
51 Echt wahr, dass Sie seit 1992 die Volksbühne leiten?
52 Ihre Erinnerung an das Stadttheater in Anklam?
53 Ist die Castorf-Nummer »Lässiger Prolo krempelt Theater um« nicht auch schon ein bisschen alt?
54 Was genau hat es zu bedeuten, dass auf dem Dach der Volksbühne das Wort »Ost« festmontiert ist?
55 Warum eigentlich immer wieder Dostojewski?

56 Ist »Fuck off America« wirklich ein guter Stücktitel?
57 Regieprinzip totale Überforderung?
58 Wofür sind Skandale noch mal gut?
59 Wissen Sie, was das ist, ein Stückezertrümmerer?
60 Feindbild Frank Baumbauer?
61 Stein, Zadek, Flimm, Bondy, Peymann: Sind die alten Regie-Haudegen die Besten?
62 Worin liegt noch mal der Unterschied zwischen einer Geisterbahn und einem Theater?
63 Kann man sagen, dass Ihr Theater derzeit auf eine wirklich tolle und produktive Art abgemeldet ist?
64 Nach Ihrer Erfahrung: Wie viele Stunden kann man ein Publikum ohne Pause auf Theaterstühlen sitzen lassen?
65 Großfrage: Wie kriegt man die Leute, die jung und nicht dumm sind, ins Theater?

Und, nächste Wendung: Wir müssen hier, natürlich, auch noch mal über Politik und Gesellschaft reden.

66 »Wir hatten in der DDR eine gute Zeit.« Haben Sie das wirklich mal gesagt?

67 Im Juli 2013: Wie geht's Ihrer kommunistischen Prägung?

68 In zwei Sätzen: Was war so toll an der DDR?

69 Warum liebt ihr aus der DDR den Wilden Westen eigentlich alle so wahnsinnig doll?

70 Können Sie noch mal erklären, warum die Political Correctness das größte Denkverbot unserer Zeit darstellt?

71 Wie sieht die Inszenierung aus, die Sie im Gezi-Park in Istanbul aufführen würden?

72 Was könnt ihr Theaterregisseure gegen die Obdachlosigkeit in Deutschland tun?

Und: ihm noch näher rücken. Castorf-Style. Wir versuchen, die DNA seiner Künstlerexistenz auszubuchstabieren.

73 Wie nennen Sie den Dialekt, den Sie da sprechen?

74 Was war 1951, im Jahr Ihrer Geburt, auf der Welt so los?

75 Wie geht's Ihrem Hass auf das deutsche Kleinbürgertum?

76 Hobbys »Frauen, Geld verdienen und die Welt verändern«?

77 Wahre Geschichte, dass Sie Regisseur geworden sind, weil Sie in diesem Beruf lange ausschlafen können?

78 Echt wahr, dass Sie noch nie in den USA waren?

79 Sie sagen: »Ich bin psychopathogen.« Was ist das für eine Krankheit?

Wir schicken ihn in den berühmten Talenttest der 99 Fragen: Er soll sein Talent beurteilen von null Punkten (kein Talent) bis zehn Punkten (maximales Talent).

80 Sadist.

81 Macho.

82 Borderliner.

83 Bakunin.

84 Dinosaurier.

85 Stalinist.

86 Arschgeige.

87 Jahrhundertregisseur.

Frage an den Regisseur Frank Castorf, der dieses Interview hier vielleicht liest: Wollen Sie zumindest die 30 Fragen, mit denen Sie spontan etwas anfangen können, beantworten? Wir drucken Ihre Antworten dann im Feuilleton der ZEIT. Versprochen! Herzliche Grüße! Letzte Fragen an den großen Regisseur Frank Castorf.

88 Frei nach Wagner: Wird die Liebe uns alle retten?

89 Wie geht's dem Magen?

90 Haben Sie eher sechs oder neun Kinder?

91 Wie fühlt es sich an, als 61-jähriger Mann mit dem dreijährigen Sohn an der einen Hand und den Papiertüten in der anderen Hand am Samstagnachmittag vor dem Biosupermarkt zu stehen?

92 Was ist das, zwischenmenschlicher Faschismus?

93 Ist René Pollesch neben Ihnen der tollste Mann im deutschen Theater?

94 Noch zwei Sätze zu Christoph Schlingensief, bitte.

95 Ihr Gruß an die Nike Wagner?

96 Ihr Gruß an die Winifred Wagner?

97 Ihr Gruß an Gerhard Stadelmaier?

98 Wollen Sie auf den Dorotheenstädtischen Friedhof?

99 Haben Sie in all den Jahren etwas Besseres kennengelernt als den Vollrausch?

11. Juli 2013

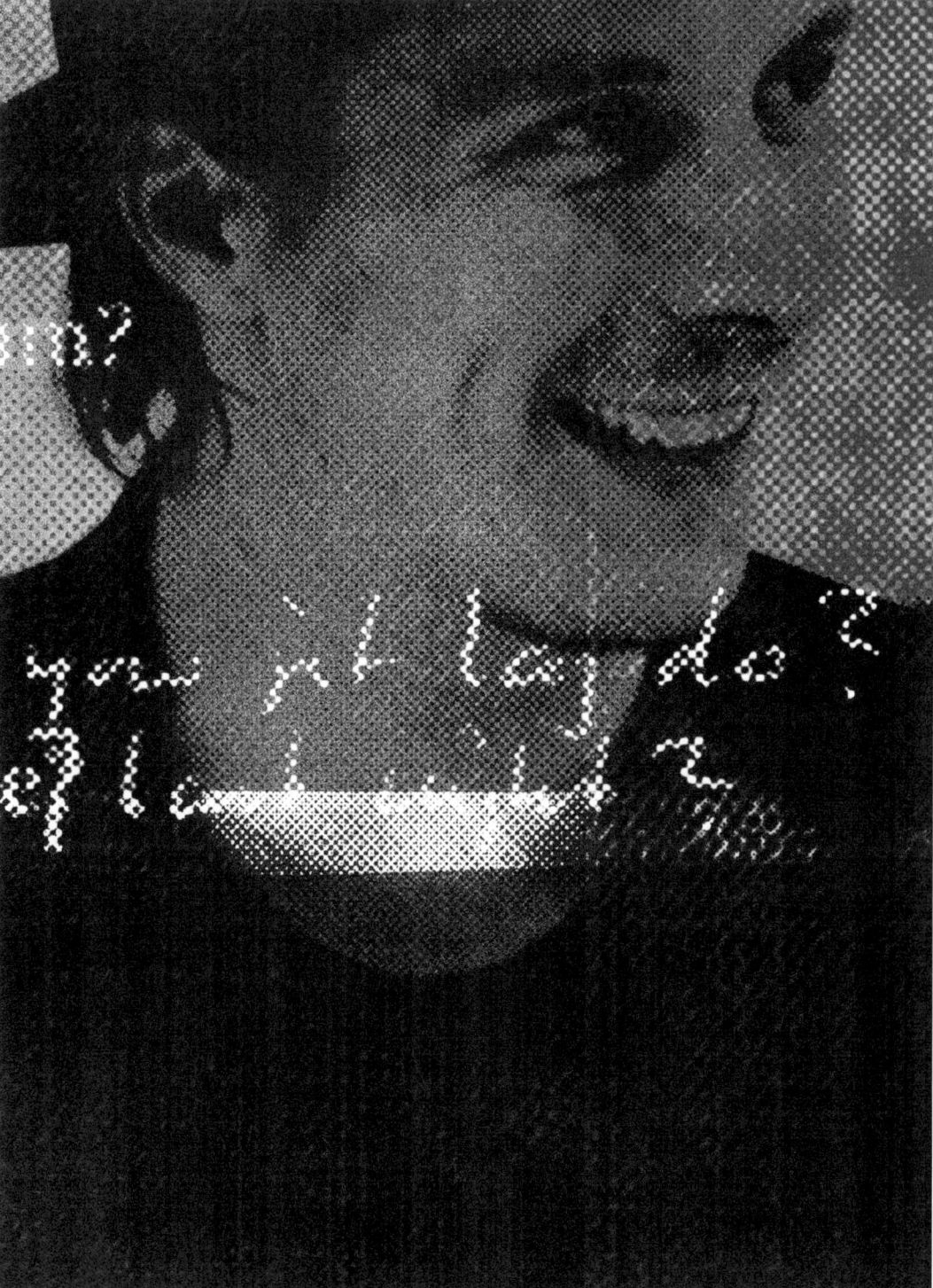

CYPRIEN GAILLARD

Interview vor Publikum bei der ZEIT-magazin-Modekonferenz im Privat-museum me Collectors Room in Berlin-Mitte: etwa 200 Zuhörer. Beim Thema Mode ist der Künstler Cyprien Gaillard ein origineller Gesprächspartner, weil ihm zu diesem Thema, so hat er das vor dem Gespräch klargestellt, praktisch nichts einfällt (wir werden also über viele Dinge, bloß kaum über Mode reden). Er trägt Jeanshemd, Jeans, rote Stoffturnschuhe. Er schlägt seine Beine übereinander: Eine bezaubernde Junge-Männer-Nervosität steht ihm im Gesicht. Wer ist der Typ da oben auf der Bühne? In aller Kürze: Wer in den letzten Jahren in Berlin öfter mal ein Bier trinken war, dem ist der Name Cyprien Gaillard praktisch automatisch einmal zu Ohren gekommen, oder er ist dem Künstler selbst mal über den Weg gelaufen. Gaillard, 33, in Paris und San Francisco aufgewachsen, lebt heute in New York und unterhält eine Zweitwohnung in Berlin. Seine Kunst gilt dem Verhältnis von Architektur und Natur, er ist von antiken Gebäuden, sozialem Wohnungsbau, von Gebäudeabrissen und -sprengungen fasziniert (die Kritik zählt Gaillard zum Genre der Land- oder Field-Artists). Das Tolle an diesem Künstler ist, dass es absolut ausreichen würde, wenn seine Kunst nur mittelgut wäre (der Künstler selbst sieht doch schon aufregend genug aus und ist sich selbst Kunstwerk genug): Das noch junge Werk Cyprien Gaillards muss man sich allerdings als ein wunderbar tiefgründiges und komplexes Werk vorstellen (unvergessen ist die Pyramide aus Efes-Bier-Sixpacks, die er vor zwei Jahren in den Berliner Kunst-Werken ausstellte). Wir wollen dieses Mal, so ist das mit ihm besprochen, ein möglichst schnelles und flaches Gespräch führen: bloß kein Tiefgang! Das Frage-Antwort-Spiel soll, in der Hauptsache, möglichst schnell vorbei-

281

gehen. Ein freundlich interessiertes Publikum hat sich eingefunden. Der Künstler hat – sympathische Sache –, obwohl es erst ein Uhr mittags ist, schon drei kleine Bier getrunken, um für das Spiel in Stimmung zu kommen.

1 Gold oder Silber?
Ich mag Bronze.
2 Hüte oder Kappen?
Hüte.
3 Mädchen oder Frauen?
Beide. Moment, doch anders: keine von beiden.
4 Efes oder Löwenbräu?
Efes.
5 Pergamon- oder Guggenheim-Museum?
Pergamon.
6 Hochkultur oder Populärkultur?
Beide.
7 New York oder Berlin?
Berlin.
8 Fünf Uhr morgens oder fünf Uhr nachmittags?
Fünf Uhr morgens. Vor allem im Sommer. Gutes Licht.
9 Wie geht's dem Jetlag?
Ich habe keinen Jetlag mehr.

10 Wie viele Biere hatten Sie vor diesem Interview?
Dreieinhalb kleine Bier.
11 Was ist gestern Nacht mit Ihrem Handy passiert?
Es gibt dieses Gesetz, dass Dinge auf der falschen Seite landen, wenn sie hinfallen. Mein Handy ist mir gestern Nacht auf die Straße gefallen, auf dem Bildschirm gelandet und zerbrochen. Mir kam das auch wie ein kleiner Sieg gegen die Technik vor.

Er spricht mit kleiner, leiser Stimme. Noch keinerlei Reaktion des Publikums. Vielleicht sind das Publikum und der Künstler aber auch nur darüber erschrocken, dass es mit so herrlich eindimensionalen Fragen losgeht: Wir halten diesen Kurs. Die nächsten 16 Fragen sind gewissermaßen Biografie und Kurzporträt des Künstlers.

12 Ihre Haarfarbe?
Blond.
13 Ihre Augenfarbe?
Grün. Manchmal Rot.
14 Ihr Gewicht in Kilogramm?
83.

15 Schuhgröße?

43.

16 Ihre Muttersprache?

Französisch.

17 Ihr Beruf?

Ich bin Künstler.

18 Was sind die Stationen Ihrer Ausbildung?

Abitur. Diplom an der Kunstschule in Lausanne. Das war's. Immerhin, ich habe eine Ausbildung.

19 Kennen Sie einen anderen Cyprien?

Ich kenne einen. Er ist Künstler, er ist schwarz, er lebt in Paris. Sein Name ist Cyprien Chabert.

20 Waren Sie je Daumenlutscher?

Nie.

21 Waren Sie ein Muttersöhnchen?

Nein.

22 Das Trauma Ihrer Jugend?

Perfekte Kindheit. Kein Trauma.

23 Wahre Geschichte, dass Sie als junger Mann ein Techno-DJ waren?

Ich habe immer Platten gesammelt, hatte aber nie den Impuls, sie vor anderen zu spielen. In den Neunzigerjahren reiste ich, auch wegen meines Interesses an Techno-Musik, in großartige amerikanische Städte wie Chicago und Detroit.

24 Schon mal bedauert, nicht Alte Geschichte studiert zu haben?

Nein.

25 Was sind die Irrpfade durch die Vorstadt, auf die Sie sich als junger Mann gemacht haben?

Ich war mit zwei Freunden in den Vorstädten von Paris unterwegs und habe kleine Filme gedreht. Später haben wir unsere Reisen nach Osteuropa ausgedehnt: Warschau, Belgrad, Kiew, Odessa, Moldawien.

26 Wie viel haben Sie im Jahr 2012 verdient?

Da müsste ich nachschauen.

27 Wie viel haben Sie in den letzten zwölf Monaten für Reisen ausgegeben?

Es waren nicht so viele Reisen. Ich habe im letzten Jahr in New York gelebt.

Man kann jetzt schon sagen, dass er das sehr souverän macht: das Antworten. Hat ein Spion dem Künstler die Fragen vorab zugespielt? Oder warum antwortet er immer wie aus

283

der Pistole geschossen? Gaillard schlägt jetzt die Beine neu übereinander.

28 Was macht ein Konzeptkünstler?
Er hilft der Welt, die mystische Wahrheit aufzudecken. Das ist von Bruce Nauman.
29 Was bedeutet der lustige Begriff Land-Art?
Künstler ohne Studios.
30 In wenigen Worten, was haben Sie in den letzten drei Monaten so getrieben?
Ich war an der Pazifikküste im Nordwesten der USA, in Seattle und Portland. Danach war ich in New York.
31 Richtig, dass zeitgenössische Künstler in diesen Tagen Angst davor haben, mit James Franco verglichen zu werden?
Ich weiß nicht, wer das ist.

Das Publikum reagiert: Gelächter. Das ist natürlich ein guter Gag, dass der sehr gut aussehende, hippe und erfolgreiche Künstler Cyprien Gaillard den sehr gut aussehenden, hippen und erfolgreichen Künstler und

Hollywoodstar James Franco angeblich nicht kennt. Grinsender Künstler. Wir widmen uns jetzt in den nächsten Fragen, im Allgemeinen und Konkreten, seiner Kunst.

32 Jemals etwas Schöneres mit eigenen Augen gesehen als die ägyptischen Pyramiden?
Vielleicht die große, verspiegelte Pyramide in Memphis, Tennessee, am Ufer des Mississippi gelegen. 1991 gebaut. Fantastisch.
33 Die schönsten Ruinen auf Erden?
Die im Süden des Iraks: die Ruinen in der ehemaligen Doppelstadt Seleukia-Ktesiphon und die Ruinen in der alten sumerischen Stadt Ur, einem Zentrum von Mesopotamien.
34 Wo steht das schönste Einkaufszentrum auf Erden?
Da nehme ich das Quartier 205 in der Berliner Friedrichstraße, mit der John-Chamberlain-Skulptur im Foyer.
35 Der schönste Plattenbau auf Erden?
Es liegt nicht in der Natur von Plattenbauten, schön zu sein.

36 Wie sehen Hotels in Tschernobyl aus?

In Tschernobyl gibt es keine Hotels. In der Stadt Prypjat, wo das Kernkraftwerk liegt, ist es ebenfalls unmöglich zu übernachten. Ich habe damals in Kiew gewohnt.

37 Die schönste Explosion, die Sie je mit eigenen Augen gesehen haben?

In Glasgow: die Sprengung der Wohnanlage Sighthill. Ich habe eine Arbeit daraus gemacht. Die Sprengung fand eines Samstagnachts um zwei Uhr früh statt. Ich saß weit oben, auf einem Hügel oberhalb eines Friedhofs. Nach der Sprengung konnte ich die riesige Staubwolke über den Friedhof auf mich zukommen und alles unter sich begraben sehen.

38 Die am besten aussehende Waffe der US-Army?

Es liegt nicht in der Natur von Waffen, schön zu sein.

39 Welche Firma stellt die schönsten Bagger her?

Caterpillar.

40 Kennen Sie ein Ding, das sexyer ist als ein Helikopter?

Ein Zeppelin.

41 Was sind die »Gateways to the Underworld«, die Sie im Frühjahr in Los Angeles ausgestellt haben?

Es ist eine Serie von Frottagen von Gullydeckeln in Los Angeles: meine Luken in die Unterwelt. Mich hat die merkwürdige Oberfläche, das Relief, die Geografie dieser Gullys interessiert. Auf den Deckeln ist die Inschrift »City of LA/Made in India« zu lesen. Es hat etwas Absurdes, die Gullydeckel einer Stadt am anderen Ende der Welt zu produzieren.

42 Was zeigt Ihr Film »Artefacts«?

Er zeigt verschiedene Ansichten des Nachkriegs-Iraks: Wie sehen die Spuren, die Stempel und die verschiedenen Schichten des Verfalls in einer der ältesten Städte der Zivilisation aus?

43 Was bedeutet der Cleveland Indian, den Sie in Berlin auf dem Dach eines leer stehenden Plattenbaus ausgestellt haben und jetzt als Ring an Ihrer rechten Hand tragen?

Ich habe schon als Kind über die Indianer in Cleveland nachgedacht. Die einst wohlhabende Industriestadt hat im Jahr 1915 den Indianer zu ihrem

Wappenmotiv gemacht: die Karikatur eines rotgesichtigen, breit grinsenden Indianers. In dem Zeitraum von fast einem Jahrhundert hat die Stadt einen beispiellosen wirtschaftlichen Niedergang durchgemacht, die Bevölkerung ist extrem geschrumpft. Das Wappen der Stadt blieb jedoch dasselbe, und der Indianer grinst weiter.

44 Verwahrloste Architektur, städtischer Verfall, entweihte Nationalsymbole, erodierende bürgerliche Ordnung: Sind das die Themen Ihrer Kunst?

Ja.

45 Was ist sonst noch so das Thema Ihrer Kunst?

Verfall und Neubeginn.

46 Worin liegt Ihre Faszination für den Verfall?

Für mich ist der Verfall der Ausgangspunkt für etwas Neues. Eine Chance. Ein Anfang.

47 Einverstanden, dass Ihre Bier-Pyramide in den Berliner Kunst-Werken Ihr bisher bestes Kunstwerk war?

Das beste kommt noch.

48 Stimmt die Geschichte, dass Sie als eines Ihrer nächsten Kunstprojekte planen, den Obelisken vom Pariser Place de la Concorde abzubauen und nach Ägypten zurückzuführen?

Ja.

49 Sollte die Nofretete vom Neuen Museum in Berlin zurück ins Ägyptische Museum in Kairo gebracht werden?

Brauchen die Ägypter noch ein antikes Kunstwerk? Da bin ich nicht sicher. Vielleicht sollte eine Delegation aus Kairo nach Berlin ins Neue Museum kommen und sich dort etwas anderes aussuchen.

Das Publikum hat er längst: immer wieder Zwischenapplaus und Geräusche, die davon künden, dass sich hier alle gut unterhalten fühlen. Die Überraschung sitzt, dass dieser coole Typ auf der Bühne auch noch so ein waches, gut funktionierendes Gehirn hat. Jetzt kommen, an dieser Stelle unerwartet, vier Fragen zur Mode.

50 Wie lautet die Geschichte der sehr gut aussehenden Segeltuch-Turnschuhe, die Sie tragen?

Geschichte? Keine Ahnung. Ich habe gleich zwei Paar dieser Schuhe gekauft.

51 Der eleganteste Hutträger aller Zeiten?

James Lee Byars.

James Lee Byars (1932 bis 1997) war ein amerikanischer Performance-Künstler.

52 Rückblickend, war es ein Fehler, für den Fotografen Terry Richardson zu posieren?

Nein, ich habe meine Kleidung anbehalten.

53 Unter den großen Fragen, die die Gegenwart bestimmen: Gibt es ein müderes, schlafferes, egaleres Thema als die Mode?

Keine Ahnung. Wahrscheinlich.

Jetzt, wo das Publikum auf seiner Seite ist und Cyprien Gaillard fast zu gekonnt und ein bisschen brav die Fragen pariert, ist es am Interviewer, für Unruhe zu sorgen. Wir schalten das Niveau noch weiter runter: In den nächsten Minuten werden wir ihn mit Fragen zu Liebe, Sex und Frauen

quälen. Ihm geht doch so ein Donnerruf als Frauenverführer voraus. Er wird es hassen.

54 Braunhaarig oder blond?

Die Haarfarbe spielt keine Rolle.

55 Blaue oder braune Augen?

Die Augenfarbe spielt keine Rolle.

56 Wie buchstabieren Sie »girls«?

So, wie Sie es aussprechen.

57 Mögen Sie rote Rosen?

Klar.

58 Wie sieht das Stofftier aus, mit dem Sie sich abends ins Bett legen?

Kein Stofftier.

59 Wie sagen Sie »I love you«?

Rosen sind gut.

60 Waren es eher 15 oder 50 Freundinnen?

Weniger als 15.

61 Wann haben Sie zuletzt wegen einer Frau geweint?

Letzte Nacht.

62 Der Vorname Ihrer derzeitigen Freundin?

Kein Kommentar.

63 Was weiß eine Frau mit 21, das sie mit 25 schon wieder vergessen hat?

Vielleicht Französisch oder eine andere Fremdsprache, die sie in der Schule gelernt hat.

64 Was haben Sie persönlich von Giacomo Casanova, dem großen Verführer des 18. Jahrhunderts, gelernt?

Seine Erinnerungen sollen gute Literatur sein. Ich muss sie noch lesen.

65 Was haben Sie persönlich von Hugh Hefner gelernt?

Etwas über Bademäntel.

66 Was haben Sie von James Franco gelernt?

Ich kenne diesen Menschen ja leider nicht.

67 Wer ist der größte Verführer aller Zeiten?

Julius Werner. Ich nenne außerdem: Barack Obama.

Julius Werner, Galerist und sehr charmanter Sohn des einflussreichen Galeristen Michael Werner: gehört zu Gaillards Berliner Nachtleben-Entourage.

68 Echt wahr, dass Sie eine zweitägige, vor der Klatschpresse geheim gehaltene Beziehung mit Beyoncé führten?

Gerüchte führen ein Eigenleben.

Der Interviewer selbst findet seine Fragen sagenhaft komisch. Der Interviewte und das Publikum eher: nicht so. Hahaha! Wir setzen das fort. Die superlustigen Plattheiten müssen ihn leider noch ein wenig weiterquälen.

69 Wie geht es heute Ihrer für das alte Europa typischen Intellektualität?

Nur diese reicht heutzutage nicht aus.

70 Und wie geht es bitte Ihrem typisch amerikanischen Just-do-it-Optimismus?

Nur dieser reicht heutzutage nicht aus.

71 Warum sind Sie kein Architekt geworden?

Zu langes Studium.

72 Hätten Sie ebenso gut, sagen wir, ein Pilot der Lufthansa wie ein erfolgreicher Künstler werden können?

Ja, wie James Turrell.

James Turrell, 1943 geboren, amerikanischer Land-Art-Künstler, be-

kannt für seine Raum-Licht-Installationen.

73 Welches war Ihre beste Idee, während Sie auf Drogen waren?
Nüchtern werden.

74 Die große, dumme Frage, die Ihnen gestellt werden muss: Sind Künstler die Popstars unserer Zeit?
Nein. Vergleichen Sie eine Kunstgalerie mit einem Stadion, die Serpentine Gallery mit dem Wembley-Stadion. Also: nein. Kunst findet in kleinerem Maßstab statt.

75 Kann man als Künstler zu viel reisen?
Nein.

76 Kann man als Künstler zu viele Preise gewinnen?
Preise bedeuten gar nichts.

77 Kann man als Künstler zu viel Geld verdienen?
Man sollte die Kunst beurteilen, nicht den Preis.

78 Kann man als Künstler zu gut aussehen?
Fragen Sie James Franco.

Gelächter, Applaus.

79 Ist es okay, eine Botschaft zu haben?
Eine Botschaft ist okay.

80 In Ihrem lebenslangen Kampf gegen den Grand Ennui, wo stehen Sie?
Der Grand Ennui berührt mich nicht.

Es ist praktisch schon vorbei. Das Publikum denkt ganz offensichtlich, dass die wesentlichen Fragen jetzt langsam kommen müssen: Es kommt aber fast nichts mehr. Dem Künstler geht die ironische Metaebene des Gesprächs auf die Nerven. Denkt er an das vierte Bierchen? Wir kommen zum berühmten Talenttest, da muss er durch.

81 Bitte schätzen Sie Ihr Talent als die folgenden Persönlichkeiten von null Punkten (keinerlei Talent) bis zu zehn Punkten (maximales Talent) ein. Heinrich Schliemann.
Null Punkte.

82 Peter Beard.
Null Punkte.

83 David Bowie.
Null Punkte.

84 Mies van der Rohe.

Null Punkte.

85 Federico Fellini.

Null Punkte.

86 Ihr Talent als Großer Diktator.

Null Punkte.

87 Ihr Talent als Schauspieler?

Null Punkte.

Das ist intelligent, dass er sich in jeder Kategorie null Punkte gibt – das macht, Entschuldigung, einfach Spaß. Applaudierendes Publikum, zufriedener Künstler. Ihn noch mal anschauen: Er macht schon krass einen auf James Dean (Aura des an der Welt leidenden Rebellen). Das ist bei diesem Künstler – wie gesagt – ganz unegal, wie gut er aussieht. Die Spannung entsteht, weil er gut aussieht und trotzdem gute Kunst macht.

88 Tötet Kapitalismus die Liebe?

Entschuldigung, aber diese Frage ist mir jetzt zu demonstrativ tiefsinnig.

89 Das Bier bei Ihrer gefeierten Kunstaktion »The Recovery of Discovery« in den Berliner Kunst-Werken war warm. Ist ein eiskaltes Bier eine vollkommen überschätzte Sache?

O ja. Absolut.

90 Ist es eine Gemeinheit, dass das Rauchen in Museen nicht erlaubt ist?

Nein. Das ist ein sinnvolles Verbot.

Mittlerweile gibt es auf fast jede Antwort Applaus. Wir wollen das Gespräch maximal riesig und gut daneben enden lassen, zum Schluss also neun vollkommen inadäquate Fragen. Meine Damen und Herren, Applaus für den großen Künstler und Unterhalter Cyprien Gaillard!

91 Wie geht's Fidel Castro?

Alles in Ordnung.

92 Wie geht's Julian Assange?

Da müssten Sie ihn fragen.

93 Was würden Sie unsere Bundeskanzlerin Angela Merkel gerne fragen?

Vielleicht könnte sie ja einen guten Ersatz für François Hollande vorschlagen.

94 Was ist Ihre Botschaft an die Demonstranten im Gezi-Park in Istanbul, über die – nach ihrem heldenhaften Protest – heute niemand mehr spricht?

Geht zurück in die Bäume. Versteckt euch.

95 Echt wahr, dass Panflöten Ihr Lieblingsinstrument sind?

Panflöten, deren Klang von einem Synthesizer erzeugt wird, ja.

96 Echt wahr, dass Sie sich Frank Castorfs »Ring des Nibelungen« in Bayreuth im nächsten Jahr anschauen werden?

Wir haben ausgemacht, dass Sie mir als Gegenleistung für dieses Interview Karten für den *Ring* besorgen werden, richtig?

97 Können Sie einen Song der Berliner Popgruppe Einstürzende Neubauten empfehlen?

Ich kenne diese Gruppe nicht so richtig. Berlin habe ich immer mit Basic Channel verbunden.

98 Und? Was kommt als Nächstes?

Ich genieße den Herbst.

99 Können Sie einen Witz erzählen?

Warum fängt ein Konzeptkünstler mit dem Malen an? Weil er gehört hat, das sei eine gute Idee.

17. November 2013

BARBARA SCHÖNEBERGER

Öffentliches Interview in Berlin-Mitte: Bühne, Publikum. Um es mit dem alten Harald Schmidt zu sagen: Sie sieht natürlich sensationell aus (blondes Big Hair à la Dolly Parton, super Figur und so weiter). Barbara Schöneberger ist Moderatorin (laut einer Forsa-Umfrage die beliebteste

Deutschlands), Fernsehpreis-Präsentatorin, Quatschtante, Schlagersängerin (gerade ist ihre zweite CD, eine Sammlung deutscher Schlager, erschienen). Die Schöneberger-Markenzeichen sind: blond, toller Busen, selbstironische Gags über ihr Gewicht, ihre Oberweite, Haarfarbe, wahlweise auch über das deutsche Fernsehen. Sie tritt da auf, wo es eher wenig zu lachen gibt (»NDR Talk Show«, Echo-Musikpreisverleihung), und macht daraus dann einen lustigen Abend. Allein ihretwegen kann also eine Bambi-Verleihung eine halbwegs erträgliche Veranstaltung werden – das ist schon eine Leistung. Schöneberger, der Fernsehprofi: Nur ihr traute Thomas Gottschalk öffentlich zu, die Nachfolge von Thomas Gottschalk anzutreten. Hält man ihr ein Mikrofon hin, spricht sie da zuverlässig einen leichten, fröhlichen und unpeinlichen Kram hinein. Dabei ist es ihr gelungen, das sogenannte Privatleben bis auf die Basisfakten (verheiratet, zwei Kinder, lebt in Berlin) aus dem großen öffentlichen Quatschkonzert herauszuhalten. Schöneberger, der Unterhaltungsprofi: Sie ruht sich vielleicht ein bisschen zu sehr darauf aus, kein tiefsinniger, sondern ein oberflächlicher Mensch zu sein (wir gucken mal, ob wir ihr an diesem natürlich scheinheiligen Punkt auf die Nerven gehen können). Es sitzt viel blonde Frau neben dem Interviewer (Haare, Augen, Busen). Lachbereites Publikum.

1 Marilyn Monroe oder Jane Russell?
Die Marilyn finde ich sinnlicher als die Jane Russell. Von der Psyche her bin ich aber eher bei Jane Russell. Die Monroe hatte doch zu viel Probleme.
2 Hollywood oder ZDF?
ARD.
3 Spontan, können Sie sich eine größere Enttäuschung vorstellen als einen zu kleinen Brillantring?
Schmuck kann man sich auch selber kaufen. Die Zeiten, in denen die Frau darauf wartet, dass der Mann ihr den großen Klunker schenkt, sind vorbei.

Das Publikum hat bisher bei jeder der drei Antworten gelacht. Jetzt gibt es Zwischenapplaus.

4 Naturblond?
Ja. Wobei ich sagen muss: Früher war alles heller.

5 Was ist das, ein Blondfaktor?
Das hat sich meine Redaktion einfallen lassen, als wir die Sendung Blondes Gift mit Inhalt füllen wollten. Im Nachhinein betrachtet: eine sinnlose Angelegenheit.

6 Kennen Sie einen Blondinenwitz?
Hängen Sie mit Ihrem Humor noch in den Achtzigerjahren? Da fällt mir nichts ein.

7 Was muss man beim Friseur sagen, um einmal Barbara Schöneberger zu bekommen?
Das weiß ich nicht, ich weiß aber, dass viele Schwule beim Christopher Street Day als Barbara Schöneberger gehen. Wie das dann aussieht? Zu enge Klamotten, nuttige Schuhe.

8 Wie lautet Ihre Liebeserklärung an die andere deutsche Blondine, Thomas Gottschalk?
Es kann nur eine Blondine geben. Da räume ich gerne den Platz für Thomas Gottschalk.

Applaus. Johlendes Publikum. Sie ist: Vollprofi. Wir könnten schon hier abbrechen. Es ist praktisch alles gesagt. Wir bleiben weiter dabei, dass wir ihr möglichst viele Vorlagen für Schöneberger-Pointen liefern.

9 Sehen Sie einfach toll aus?
Nicht mehr so. Ich habe das ganze Thema ausgesourct und jetzt eine Profikraft an meiner Seite, die sich dieser Sache – tolles Aussehen – annimmt.

10 Was ist das, Natürlichkeit?
Das ist in meinem Fall: wenn ich jetzt langsam im Supermarkt nicht mehr erkannt werde.

11 Sind Sie immer ganz frech?
Nein.

12 Kann das sein, dass Ihre blauen Augen immer größer werden?
Ich hoffe nicht!

13 Rückblickend, haben Sie mit Ihrer Oberweite in den letzten Jahren ein bisschen zu sehr angegeben?
Nein. Wirklich nicht. Ich gebe nicht mit der Oberweite an.

14 Richtige Beobachtung, dass Sie bei Talkshows mittlerweile am liebsten schwarze Rollkragenpullover mit Perlenkette tragen?

Das mit dem Perlenkettchen bestreite ich glattweg. Einen schwarzen Rollkragenpullover? Da ist man, einerseits, ab einem gewissen Alter gut beraten. Andererseits sieht das ja doch nur noch geiler aus.

Applaus! Das ist ja ein guter, ziemlich rougher Gag.

15 Andersrum: Müssen Sie sich mittlerweile anstrengen, nicht zu seriös zu wirken?
Ich mache mir da wenig Gedanken. Glücklicherweise ist es so, dass die private Person und die Fernsehperson Barbara Schöneberger relativ deckungsgleich sind.
16 Ich zitiere nun Ihre fünf flottesten Sprüche, Sie erklären, was sie bedeuten sollen. Erster Spruch: »Ich will ein Leben wie in der Käse-Werbung!«
Ja. Ich glaube, das war eine Bresso-Werbung. Ich sehe einen natürlich gebeizten Holztisch vor mir. Viele lustige Menschen daran, herumrennende Kinder. Man bricht Baguette ab – nicht schneiden, brechen. Und unter dem Baum, an dem die Runde tafelt,

steht ein Leuchter mit Kerzen. Wunderbar. So ist mein Leben.
17 »Meine Kleider sind so eng, dass sie automatisch glatt gezogen werden, wenn ich sie anziehe.«
Ja, das ist meine Antwort auf die beliebten Fragen: Bügelt sie auch selber? Wie viel Hausarbeit macht sie wirklich?
18 »In jeder Beziehung kann der Punkt kommen, an dem man sagt: Wenn wir nicht im Bett sind, muss ich gar nicht mehr über ihn lachen.«
Das ist wahnsinnig lustig, aber nicht von mir. Da muss ich auch ehrlich sagen: So weit war's bei mir noch nie. Ich würde vorher aussteigen, bevor es so weit kommt.
19 »Ich mache kein Yoga oder so.«
Stimmt. Ich hab's bisher immer geschafft, ohne Sport durchzukommen. Wobei mir die Gelenke mittlerweile wehtun, wenn ich morgens aufstehe. Ich schieb's auf die Kinder und die Übersäuerung durch Kaffee.
20 »Ich habe eine ganz wunderbare Schwiegermutter.«
Die ist bei mir wirklich super. Ich

muss das jetzt die ganze Zeit auch deshalb sagen, weil ich auf meiner neuen CD ein Lied habe, auf der Schwiegermütter nicht so gut wegkommen.

Bravo. Ja, sie ist wirklich gnadenlos locker, schnell, lustig. So unterhält man ein Millionenpublikum. Wir konfrontieren sie jetzt mit dem sogenannten Image.

21 Bekannt aus Funk und Fernsehen?
Das ist der Titel meiner neuen CD. Namen für Kinder und die Titel für neue CDs und Bücher sind eine schwierige Sache. Den Titel hat mein Manager auf einer Taxifahrt von vorne nach hinten gerufen.

22 Schöne Erinnerung an die Foto-Love-Story in der Zeitschrift »Mädchen«?
Nein. Den Typen, der scharf ist und Mini Cabrio fährt, durfte ich nicht kriegen. Ich musste den nehmen, der kleiner als ich und so ein Menschenversteher war.

23 Echt wahr, dass Sie mal als Handy verkleidet in einer Fußgänger-zone gestanden und Zettel verteilt haben?
Ja, und das war nicht der schlimmste meiner Jobs.

24 Beruf Künstlerin?
Ich sehe mich als Dienstleisterin.

25 Schimpfwort Moderatorin?
Nein. Wieso?

26 Sind Sie die Gute-Laune-Versicherung des deutschen Fernsehens?
Das klingt noch ganz gut. Meistens stammen die Attribute, mit denen ich umschrieben werde, aus dem Militär- und Kriegsbereich: die Stimmungskanone, Allzweckwaffe, der Atombusen, der Spaßkracher. Ich bin durchaus froh, wenn es mal weniger aggressiv ist.

27 Gibt's eine fiesere Bezeichnung als Allroundtalent?
Finde ich ganz gut getroffen.

28 Wie war die letzte Firmen-Weihnachtsparty, auf der Sie aufgetreten sind?
Das war in der Saturn-Hauptverwaltung. Ich war nicht alleine da, a-ha und Bryan Adams sind auch aufgetreten. Mit Letzterem habe ich ein Duett gesungen.

29 Gibt's eine größere Strafe, als den Deutschen Fernsehpreis zu moderieren?

Das ist der einzige Preis, den ich noch nicht moderiert habe. Diese Preis-Moderationen sind in der Tat eine Herausforderung. Am schwierigsten ist der Echo. Da sind alle aus der Musikbranche und sind alle ganz cool.

30 Sitzt der Komplex, dass Sie gar nichts können, tief?

Nein.

31 Prinzip »quatschen, quatschen, quatschen«?

Nein.

32 Haben Sie's satt, von allen geistig überschätzt zu werden?

Nein.

33 Haben Sie für Kohle immer alles gemacht?

Nein.

34 Finden Sie das lustig, dass es jetzt schon eine zweite Schlager-CD von Ihnen gibt?

Zu dem Kohle-Ding möchte ich ganz kurz noch sagen: Manche sehen mir an, dass ich manche Dinge auch umsonst mache. Wie dieses Interview hier.

35 Kein Sport, viel Wurst essen – ist das in aller Kürze Ihr Image als Werbebotschafterin?

Fleisch ist zu kurz gegriffen. Ich werbe ja auch für Heringssalat und Brotaufstriche. Ich werde halt immer mit kulinarischem Genuss in Verbindung gebracht, das ist ja nichts Schlechtes. Der Umsatz von Fleischsalat in Deutschland ist um vierzig Prozent gestiegen – nicht weil ich das esse, sondern weil ich dafür werbe.

Lächelnder Unterhaltungsprofi. Sie hat natürlich null Probleme damit, wenn der Interviewer unverschämt fragt. Bissl unverschämt, nicht zu unverschämt, das ist ihr Ding. Fragen zum Barbara-Schöneberger-Thema Fernsehen.

36 Ein Wahnsinn, dass nicht Sie »Wetten, dass ..?« moderieren?

Schaue ich mir die Presse an, die auf Wetten, dass ..? niedergeht, bin ich froh, dass ich damit nichts zu tun habe.

37 Sind Sie die neue Thomas Gottschalk?

Nein.

38 Im Ernst: Warum hat das nicht geklappt, dass Sie Europas erfolgreichste Sendung »Wetten, dass ..?« von Thomas Gottschalk übernehmen?

Das stand überhaupt nie so richtig zur Debatte. Ich wurde da so reingequatscht.

39 Würden Sie den Thomas Gottschalk als Sidekick akzeptieren?

Wir machen jetzt *Die 2*, das läuft super, und ich hoffe, dass das noch eine Weile so geht. Ich stehe in der Mitte und muss ab und zu sagen: »So, jetzt gehen wir da mal rüber.« Oder: »Wir haben ein neues Spiel.«

40 Langweilthema Deutsches Fernsehen?

Ich glaube, dass Fernsehen nicht mehr eine so große Rolle in unser aller Leben spielt. In meinem ja auch nicht. Da bin ich überhaupt nicht beleidigt.

41 Sind Sie für Volksmusik?

Nein. Ich bin allerdings dafür, dass Volksmusik weiter im Fernsehen läuft, weil viele alte Leute Volksmusik gerne mögen, und alte Menschen gibt es viele in Deutschland.

42 Sollten ARD und ZDF einfach freiwillig auf Zuschauer unter 60 verzichten?

Das tun sie ja schon.

43 Müssen Sie über die »Halli-Galli«-Show auf ProSieben auch so lachen?

Ich war letztens da. Das sind schon sehr junge Leute, die da Fernsehen machen. Da kamen so Japaner, die sich gegenseitig mit einem Teppichklopfer auf den nackten Hintern gehauen haben, und plötzlich waren die wieder weg. Meine Plattenfirma Universal hatte gesagt, du gehst da hin, singst *Mein Mann der Wal* und verkaufst deine CD. Ich kam mir vor wie so eine alte Tante, die sinnlos dazwischenruft: »Ich habe Marmorkuchen gebacken!«

44 Thomas Gottschalk, Günther Jauch: Wird's nicht mal Zeit, dass Sie sich mit den heutigen Stars des Fernsehens, mit Jan Böhmermann und Klaas Heufer-Umlauf, anfreunden?

Mit den Fernsehmachern muss ich mich gar nicht anfreunden, wenn überhaupt, dann mit dem jungen Publikum. Die jungen Leute? Wenn die ein Foto von mir machen, dann höre ich immer öfter: »Ist nicht für mich, ist für meine Mutter.«

45 Ist das eine Gefahr, dass Sie zu oft im Fernsehen auftreten?

Guter Punkt, interessanter Punkt. Die Gefahr besteht derzeit, glaube ich, nicht.

Ihr wird erklärt, dass jetzt Schluss ist mit den netten, den wohlmeinenden Fragen. Jetzt kommen die asozialen Fragen zum Privatleben. Unruhe im Publikum: Solidarität mit dem Fernsehstar. Das hat das Publikum nicht gerne, wenn der Star sich finstere Klatschfragen anhören muss.

46 Wie lautet der Nachname, der bei Ihnen im Pass steht?

Da steht noch mein Name.

47 Ihr Ehemann, ist er Prinz, Fürst, Graf oder Baron?

Es ist ja so: Jetzt habe ich so lange nicht öffentlich über meinen Mann gesprochen, jetzt muss ich mir überlegen, ob ich dazu etwas sage. Heute Abend die Bombe platzen lassen? Meine Antwort lautet: Nein.

48 Muss Ihr Traummann Golf spielen können?

Nein.

49 Schon schön, wenn er den Jagdschein hat?

Nein. Das würde ja bedeuten, dass er am Wochenende weg ist zum Jagen. Klingt bescheuert.

50 War das Ihr Lebenstraum, mit einem Adeligen verheiratet zu sein?

Nein.

51 Ist der Sigmar Gabriel sexy?

Was haben Sigmar Gabriel und ich gemeinsam? Warum sollte ich den sexy finden? Ich fand den im sogenannten Skandalinterview mit Frau Slomka zum ersten Mal okay. Wenn er diesen Weg weitergeht, kommen wir vielleicht noch zusammen.

52 Komische Assoziation: Ist der russische Präsident Wladimir Putin genau Ihr Männertyp?

Sagen wir: Ich finde, ein Mann muss stark sein. Und groß. Und, um's mal so zu sagen, wie die meisten deutschen Frauen: kinderlieb. Und tierlieb.

Das »kinderlieb« und »tierlieb« spricht sie jetzt plötzlich mit fränkischem Akzent aus. Lustig.

53 Was müsste Ihnen die »Bild«-Zeitung bezahlen, wenn sie ein Foto von Ihrem Ehemann druckte?

Die zahlen dann tatsächlich an uns, wenn die über meinen Ehemann schreiben. Deshalb drucken sie nicht. Ich finde das ja schön, wenn die über mich schreiben. Noch muss ich ja nicht anrufen und sagen: Morgen laufe ich nackt durch den Garten, kommt doch mal vorbei.

54 War das schwer, einen Ehemann zu finden, der nicht in die »Bunte« möchte?

Ja, das war sehr schwer. Gott, was habe ich gesucht.

55 Was waren die zwei gelösten Verlobungen von 2004 und 2007 für welche?

Das waren weitaus mehr Verlobungen – aber nur zwei davon sind in die Presse gekommen.

56 Ausgeschlossen, dass Sie sich 2014 scheiden lassen?

Ausgeschlossen.

57 Jetzt schon ausgemacht, dass es unter dem Weihnachtsbaum wieder einen schönen Familienkrach gibt?

In der Tat liegt ein gewisser Druck auf diesem Fest, dem man sich manchmal nicht entziehen kann.

58 Gilt die alte Adelsregel »Alles unter vier Kindern ist spießig«?

Mir gegenüber hat man das noch nicht offen geäußert. Aber vielleicht stehen diese Erwartungen im Raum. Ich bin ja noch wahnsinnig jung.

Das Publikum ist bei ihr: Reagiert sie verhalten, ist das Publikum verhalten. Gibt sie Gas, gibt das Publikum Gas. Interessant. Wir bleiben weiter in Gebieten, in denen sie ihr Talent, das Vollgas-Quatschen, nicht ausspielen kann. Politische Fragen, gesellschaftspolitische Fragen an Frau Schöneberger.

59 Kurz zu einem brennenden Thema: Sind Sie für oder gegen die Legalität von Prostitution?

Für was ist noch mal Alice Schwarzer? Also, ich bin dafür. Nein, dagegen. Ich muss ehrlich sagen, ich habe wenig Übung, was die politischen Fragen angeht. Ist die Prostitution Teil des Koalitionsvertrags?

60 Schon mal in einem Puff gewesen?

Nee. Aber ich würde natürlich wahnsinnig gerne mal gucken gehen: Mäuschen spielen. Hinter der Plastiksäule stehen, um die sich das Plastikefeu rankt, im Raum Aphrodite.

61 Warum gibt es keine Bordelle für Frauen?

Weil Frauen keine Bordelle brauchen. Wenn Frauen mit jemandem schlafen wollen, dann gehen sie einfach abends ins Restaurant. Das ist ja das Tolle – als Frau. Für Männer ist es halt immer wahnsinnig schwierig, deswegen sind die auch so sauer: fünfmal ins Kino, zur Pizza einladen, Komplimente machen, toll siehst du aus. Eine Frau geht eben einfach irgendwohin. Reicht auch, wenn du auf die Straße gehst. Das ist eben sehr viel einfacher.

62 Sind Sie eigentlich sehr katholisch?

Ich bin nicht getauft. O Gott. Ich bin o. B., ohne Bekenntnis, so steht das, glaube ich, in meinen Papieren.

63 Sehen Sie sich als Antifeministin?

Nein. Noch einmal: Die politische Dimension meines Schaffens ist mir in der Form gar nicht so bewusst. Ich bin als Frau noch nie benachteiligt, wenn überhaupt, dann bevorteilt worden. Ich hatte noch nie das Gefühl, dass es besser laufen würde, wenn ich ein Mann wäre.

64 Korrekt, dass Sie nur in Anwesenheit eines Machos richtig entspannen können?

Das sind alles Fragen, die eigentlich nicht zu meinem Leben gehören – keine Ahnung. Ich bin ab und an von Machos umgeben, aber immer weniger. Die meisten Männer trauen sich ja gar nicht an mich heran. Richtig ist, dass die Männer, die mich ansprechen, oft Machos und Vollidioten sind, die Kumpels zeigen wollen, was für ganze Kerle sie sind.

65 Wie lautet Ihr Aufschrei?

Hat das etwas mit Twitter zu tun? Das mache ich nicht, tut mir leid.

66 Wie stehen Sie zum Phänomen des Victim-Blaming, bei dem Frauen vorgeworfen wird, sie seien selber schuld an ihrem Schicksal?

Finde ich Schwachsinn, die Frage. Also nicht die Frage, sondern den Vorwurf.

67 Wie stehen Sie zum Phänomen des Slut-Shaming, bei dem ameri-

kanische Hardcore-Feministinnen den Kritikern von sexuell sehr aktiven Frauen vorwerfen, dass sie diese Frauen kritisieren?
Können Sie die Frage noch mal wiederholen?

Stille. Genervt guckender Fernsehstar. Wunderbar: Es ist dies der erste vollkommen unlustige Moment. Das war wichtig, dass wir die Unterhaltungsmaschine Barbara Schöneberger einmal stoppen – das wäre hiermit geschafft. Der Interviewer liest die komplizierte, mühselige, letztlich wohl sinnlose Frage noch einmal vor.

Ich hab's immer noch nicht verstanden. Ich bitte darum, diese Frage per E-Mail nachzureichen.
68 Femen-Aktivistin Barbara Schöneberger?
Gott! Ich würde ja glatt das Wort »Feminismus« auf meine Brüste geschrieben kriegen, also, ich kriege da viele Buchstaben unter!

Tosendes Gelächter! Natürlich, natürlich.

69 Gegen was demonstrieren Femen-Aktivistinnen eigentlich, wenn sie ihren blanken Busen zeigen?
Ich weiß es nur ganz vage. Die Femen-Aktivistinnen, muss ich sagen, sind gar nicht so mein Thema. Ist es denn Ihr Thema?
70 Welches Kompliment würden Sie dem Rainer Brüderle machen, wenn Sie fünf Minuten mit ihm an der Bar stünden?
Ich würde Rainer Brüderle wahrscheinlich kein Kompliment machen. Ich kann nicht ausschließen, dass er mir eins machen würde. Ungern hätte ich jedenfalls, wenn von einem Kompliment Rainer Brüderles eine ganze Talkshow-Welle ausgelöst würde. Ich glaube, das wollte die Dame vom stern damals auch gar nicht. Ich fand's überaus albern. Lernen aus dem Fall Brüderle: Ich finde, als Frau darf man sich da nicht in die Opferrolle hineindrängen lassen.
71 Wie lautet Ihre Solidaritätsbekundung mit den Inhaftierten von Pussy Riot?
Hey! Ihr! Haltet durch! Ist das gut?
72 Sind Sie heimlich ganz politisch, und wir wissen es bloß nicht?

Jaja. Und nein. Ich bin in der Tat nicht wahnsinnig politisch und möchte es auch nicht sein. Ich mache leichte Unterhaltung und möchte mit Politik nichts zu tun haben. Ich habe es auch immer abgelehnt, mich von den politischen Parteien engagieren zu lassen, um dort Weihnachtsfeiern, zu denen ich auch schon eingeladen wurde, zu moderieren.

73 Sind Sie, natürlich, eine Konservative?

Ich bin der klassische Wechselwähler.

74 Wann bauen Sie endlich einen Trinkwasserbrunnen in Afrika?

Ich habe jetzt erst mal gegen Tetanus in Madagaskar geimpft. Wenn wir damit durch sind, kommen die Trinkwasserbrunnen in Afrika.

75 Noch mal die Großfrage: Was ist lustig?

Es gibt ein übergeordnetes Lustig. Und es gibt ein spezielles Lustig. Wenn man es schafft, für viele Leute lustig zu sein, also den übergeordneten Humor anzusprechen, dann ist das sehr viel wert, dann ist das gut.

76 Wer ist die lustigste Frau der Welt?

Keine Deutsche.

77 Ist sehr lustig automatisch auch klug?

Meine Erfahrung ist: Wenn ich mit Leuten sehr lachen musste, mit ihnen und über sie, dann waren das nie dumme Menschen. Umgekehrt ist es sehr wohl möglich, dass man intelligent und kein bisschen lustig ist.

78 Ist der deutsche Filmhit »Fack ju Göhte« lustig?

Ich habe gesehen, dass Uschi Glas, die da einen gefeierten Auftritt hat, den Fuckfinger auf dem roten Teppich gezeigt hat. Da habe ich ein bisschen Angst gekriegt.

79 Ist das lustig, wenn Oliver Pocher und Boris Becker sich hauen?

Ich verstehe beide Seiten nicht.

80 Ist das auf den Punkt Ihr Humor, dass Sie die Männer verspotten, aber eigentlich ganz lieb zu den Männern sind?

Ich verspotte die Männer ja nicht. Aber ich merke schon, dass Frauen mittleren Alters sich von meinem Humor angesprochen fühlen und zu mir sagen: »Sie sind so wie wir – nicht mehr ganz frisch, aber immer gut drauf.« Das hat allen Ernstes letztens eine Frau zu mir gesagt, die zu meinem Konzert gekommen ist.

Das ist natürlich ein Leitmotiv im Humor Barbara Schönebergers: Sie nimmt sich selbst nicht ernst – mehr noch, sie drängt einem geradezu auf, sie bitte nicht ernst zu nehmen. Manchmal geht sie so weit, dass sie sich selbst geradezu runtermacht. Das ist dann schon eine sehr brachiale Aufforderung, mit ihr und über sie zu lachen. Uff.

81 Wir kommen zum Talenttest – Sie schätzen bitte Ihr Talent von null Punkten, keinerlei Talent, bis zu zehn Punkten, maximales Talent, ein. Ihr Talent als Florian Silbereisen.
Acht Punkte.

82 Ihr Talent als Dolly Parton.
Dolly Parton hat auf die Frage, wie lange sie für ihre Frisur braucht, gesagt: »Keine Ahnung, ich bin ja nie dabei, wenn die gemacht wird.« Großartig. Ich entwickle mich langsam in diese Richtung. Zehn Punkte.

83 Vegetarische Köchin.
Acht.

84 Mutter vom Prenzlauer Berg.
Zwei. Ich habe nie Taschentücher und nie geschnittene Möhren aus dem Bio-Supermarkt dabei.

85 Putzfrau.
Zehn. Ich putze gerne. Putzen fordert das Gehirn, aber überfordert es nicht.

86 Ihr Talent als Schwulenidol.
Neuneinhalb. Achtzig Prozent der Käufer meiner CD sind schwul. Schwule haben einen super Musikgeschmack und lieben alle Frauen, die Glitzer tragen und ein bisschen ihren Zenit überschritten haben. Wie Liza Minelli und Barbra Streisand – mit den Frauen in einer Reihe zu stehen ist rückblickend irgendwann schon mal super.

87 Pet of the Month.
Was ist das? Ach so, die Ausklappbilder in Nackedei-Zeitschriften. Ich habe heute, beim Fotoshooting für das *ZEITmagazin*, wieder gesehen: Photoshop macht alles möglich. Elf Punkte.

88 Daisy Duck.
Fünf.

Zum Schluss stellen wir ein paar Fragen, die schiefsitzen, also keinen Sinn geben.

89 Ist Ihnen jetzt gerade brutal langweilig?
Nein.

90 Echt wahr, dass Sie mit dem Bayern-Präsidenten Hoeneß noch gestern beim Abendessen saßen?
Das wäre schön. Mit Uli Hoeneß würde ich gerne mal zu Abend essen, den finde ich nämlich, glaube ich, sehr unterhaltsam und wunderbar.

91 Was war da neulich in Madagaskar?
Da haben wir gegen Tetanus geimpft. Und wir haben es fast geschafft, dass es keinen Tetanus mehr auf Madagaskar gibt.

92 Wie sieht Barbara Schönebergers Adventskranz aus?
Ich hasse Rot. Aber ich habe trotzdem einen roten Adventskranz.

93 Welches Mittel schlucken Sie morgens gegen die Depressionen?
Momentan nehme ich eine Kräuterpille. Aber die macht nichts mit meinem Kopf. Die macht nur was mit meinen Oberschenkeln. Es geht langsam voran.

94 Wie haben Sie Ihre schwere Drogensucht überwunden?
Ich war dreißig, als ich zum ersten Mal Alkohol getrunken habe. Wer bei mir Drogen- und Alkoholexzesse vermutet, der ist … keine Ahnung.

95 Welches Nietzsche-Zitat wollen Sie hier noch unbedingt loswerden?
»Wenn du zum Weibe gehst, vergiss die Peitsche nicht.« Ist das Nietzsche? Oder der von mir so geschätzte Arthur Schopenhauer? Prüfen Sie das bitte nach.

96 Warum ist das letzte Attentat schiefgegangen?
Attentat? Attentat? Wieso Attentat?

Herrlich, sie versteht es gar nicht. Das Publikum versteht auch nicht. Da ist ja auch kein Sinn. Danke an die große, die professionelle, die mitreißende Unterhalterin Barbara Schöneberger, dass sie diese Fragen hier so gut ertragen hat.

97 Sagen Sie doch jetzt bitte was über das größte Tabu unserer Gesellschaft, den Tod.
Ist das die letzte Frage? Schließen wir mit diesem Kracher ab? Der Tod spielt in meinem Leben – noch – eine untergeordnete Rolle. Ich hoffe, dass das noch lange so bleibt.

98 Leben Sie Ihren Traum?
Zu tausend Prozent.

99 Schon Pläne für Ihren 40. Geburtstag?
Ich habe gestern die Einladungen geschrieben.

16. Dezember 2013

DANKSAGUNG

Danken möchte ich dem Popstar Neneh Cherry dafür, dass sie mein erstes Interview war. It never got any better. Danken möchte ich außerdem dem »100 Fragen«-Erfinder Christian Kämmerling; den ZEIT-Redakteuren Christoph Amend, Matthias Kalle, Stephan Lebert und Moritz Müller-Wirth dafür, dass sie mich drucken und unterstützen. Dank auch, wie immer, an meine journalistischen Lehrer Thomas Hüetlin, Markus Peichl und Claudius Seidl. Dank meinem Lektor Olaf Petersenn.

Prominente im Schnellfeuer-Verhör

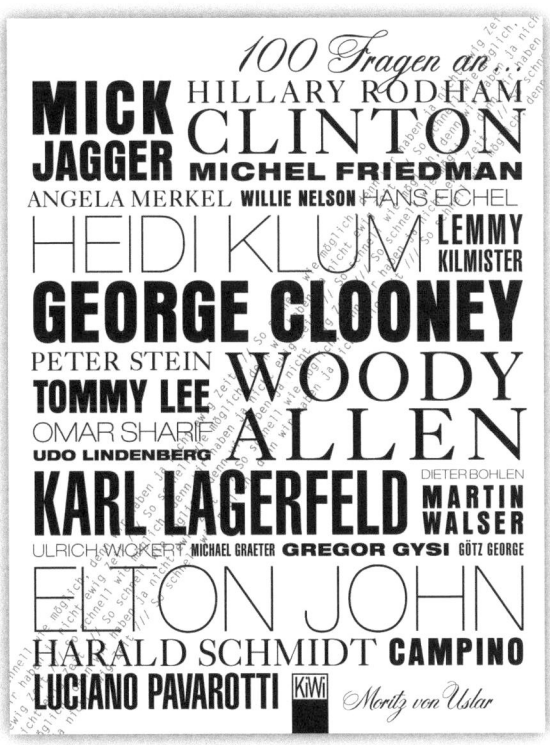

Moritz von Uslar. 100 Fragen an ... Taschenbuch

Mick Jagger, Woody Allen, Udo Lindenberg, Harald Schmidt, Angela Merkel, Götz George, Karl Lagerfeld, Luciano Pavarotti, George Clooney, Heidi Klum, Hillary Rodham Clinton u. a.

»Endlich einer, der nicht fragt, was er schon weiß« *Martin Walser*

»Kurz, knallhart und witzig« *Hamburger Abendblatt*

www.kiwi-verlag.de

»Uslar ... dieser wunderbare Sprachprügler«

Moritz von Uslar. Waldstein oder Der Tod des Walter Gieseking
am 6. Juni 2005. Roman.Taschenbuch

Walter Gieseking, 30 Jahre alt, Journalist und Namensvetter des großen
deutschen Pianisten, verlässt ein Landhaus und eine Liebe, die nicht
weiter glücklich ist, treibt durch die Großstadt und stellt sich die
alten Fragen neu: Lust oder Liebe? Sinn oder Unsinn? Boys oder Girls?
Und: Gibt es das, dass Frau und Mann es besser nicht miteinander tun
sollten? Der gefeierte Debütroman von Moritz von Uslar ist der manische Monolog eines heutigen Werther, ein Entwicklungsroman eines
Zauderers unserer Zeit.

www.kiwi-verlag.de

Willkommen in jenem unbekannten Land, das Deutschland heißt

Moritz von Uslar geht in eine Kleinstadt im Osten Deutschlands, er bleibt drei Monate und kehrt mit dieser großen Erzählung, einer Geschichte der Gegenwart, die gleichzeitig Reportage und Abenteuerroman ist, zurück.

»Eines der besten Bücher über Deutschland nach der Wiedervereinigung«
Süddeutsche Zeitung

»Eine existentialistische Erzählung mit gleich drei überraschenden Tugenden: Anmut, Ironie, Zärtlichkeit« *Der Spiegel*

»Eine exzellente Mentalitätsgeschichte für das wiedervereinigte Deutschland« *FAZ*

Kiepenheuer
&Witsch

www.kiwi-verlag.de